興亡の世界史

イスラーム帝国のジハード

小杉　泰

講談社学術文庫

目次

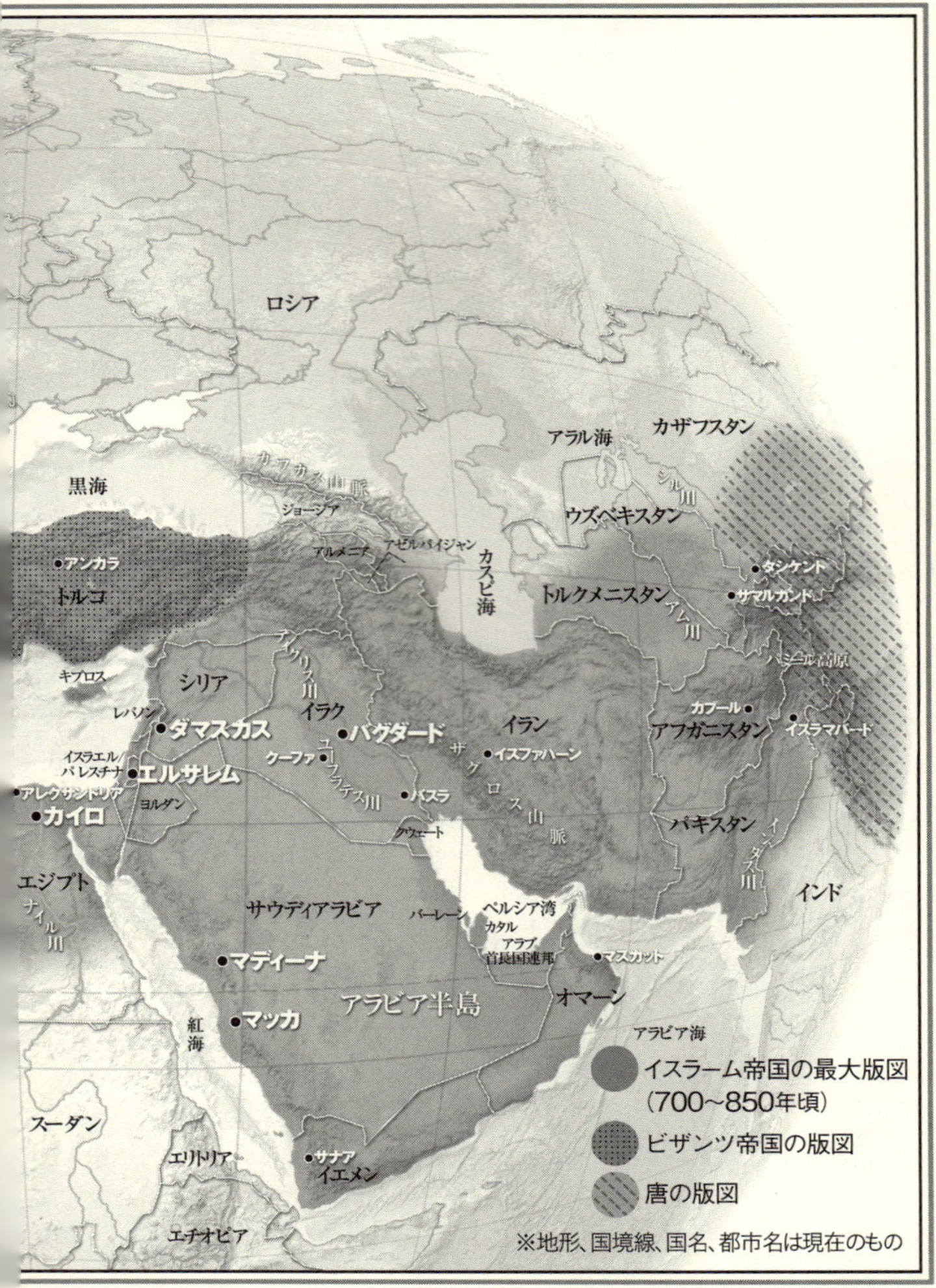
ロシア
アラル海
カザフスタン
黒海
カフカス山脈
ジョージア
シル川
ウズベキスタン
アルメニア
アゼルバイジャン
カスピ海
アンカラ
トルコ
タシケント
サマルカンド
トルクメニスタン
アム川
ティグリス川
パミール高原
キプロス
シリア
イラク
レバノン
ダマスカス
バグダード
イラン
カブール
アフガニスタン
イスラマバード
イスラエル/パレスチナ
エルサレム
クーファ
ユーフラテス川
ザグロス山脈
イスファハーン
アレクサンドリア
カイロ
ヨルダン
バスラ
クウェート
パキスタン
インダス川
エジプト
ナイル川
サウディアラビア
バーレーン
ペルシア湾
カタル
アラブ首長国連邦
インド
マディーナ
マスカット
オマーン
アラビア半島
紅海
マッカ
アラビア海
イスラーム帝国の最大版図（700～850年頃）
ビザンツ帝国の版図
唐の版図
スーダン
エリトリア
サナア
イエメン
エチオピア
※地形、国境線、国名、都市名は現在のもの

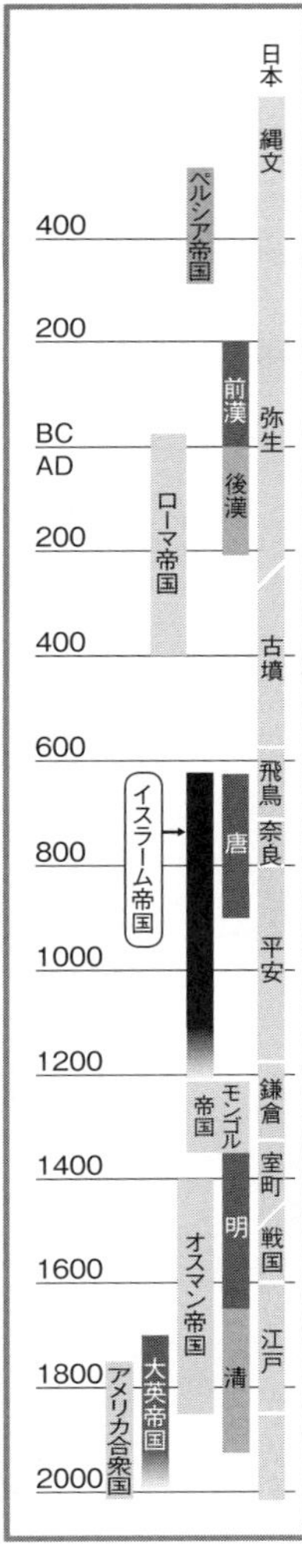

拡大するイスラーム帝国

文明の空白地帯アラビア半島に
突如として登場した新興の世界宗教イスラーム。
ムハンマドの没後、都市国家から帝国へ発展し、
わずか1世紀ほどの間にその支配領域は東西に広がり、
西はイベリア半島、東は中央アジアにまで達した。

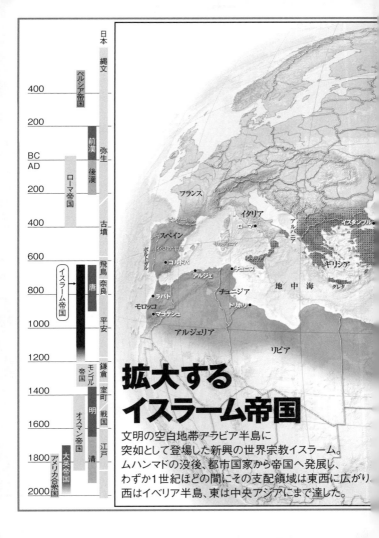

地図・図版作成
ジェイ・マップ
さくら工芸社

興亡の世界史

イスラーム帝国のジハード

はじめに──「夜陰の旅立ち」から

迫害を逃れて

ある情景から、始めたい。

その日、ムハンマドは夜陰に紛れて、マッカ（メッカ）から旅立った。厳密な日付は確定しがたいが、西暦で言えば六二二年、夏の終わり頃のことと考えられる。アラビア半島の夏は酷暑であり、そのような季節の旅は月光の下で行われるのが通例である。その意味では、夜の旅立ちはおかしなことではない。

しかし、夜陰に紛れる理由は、別にもあった。追っ手が迫っていたからである。伝承によれば、危険を察知したムハンマドは、従弟とはいえ年が離れており我が子のように育ててきたアリーを呼んだ。彼はアリーに密かに、自分が寝床に寝ているかのように偽装するよう、指示をあたえた。旅立つムハンマドに従ったのは、わずかに長年の盟友アブー・バクルひとりであった。

その情景を思うと、おそらく心細い旅立ちであったことは想像に難くない。このとき、イスラームは「風前の灯」であったと言ってよい。

一三年におよぶそれまでの布教は、マッカの人々の頑強な抵抗、強烈な迫害によって、困難をきわめた。人間の平等を説く教えは、富と権力におごったマッカの指導者たちの喜ぶところとはならなかった。彼らは部族的紐帯《ちゆうたい》を重んじ、系譜と血統の価値を信じ、部族の神々をまつっていたから、見えない唯一神を信奉し、弱者救済を訴えるイスラームは認めがたかった。むしろ、貧しき者や弱き者が、人間的価値を説く新しい教えに帰依したが、部族的な保護のない者の中には迫害で命を落とす者もあった。

絶対神アッラーを認め、ムハンマドに従う者の数は、次第に増えたとはいえ、マッカの人口から見ればその数はきわめて少なかった。およそ一万人の人口に対して二、三百人にすぎない。しかし、彼らは確信に満ち、迫害に耐える人々であった。マッカ側は危機感を強め、可能なあらゆる手段を動員して、イスラームの禁圧をはかった。布教開始から一〇年を超えたあたりから、ムハンマドたちの生活は困難をきわめた。マッカ側から見れば、イスラームを阻止する戦いは、もう少しで成功するところであった。この頃には、ムハンマドを保護していた族長が亡くなり、新族長はムハンマドを保護しないことを明言していた。また、長年つれそい、ムハンマドを支え続けた妻ハディージャもすでに世を去っていた。もはや、マッカにとどまることは不可能となった。この危機に際して、ムハンマドは別天地を探し、移住を決意した。彼がマッカを脱出するとの情報を得たマッカ勢は、ムハンマドを殺害すべく討伐隊を差し向けた。

この旅立ちの夜、暗殺に成功していれば、イスラームはそこで短い歴史を終わったことであろう。しかし、逆に、その後の歴史を考えれば、どれほど心細い旅立ちだとしても、この夜の旅立ちは、その後のイスラームの発展の始まりであった。そこから、イスラームの共同体と国家へと、道は続いていた。さらに彼の死後には、誰も予期しなかった結果として、イスラーム帝国ができあがってしまう。

マッカ時代は、迫害にじっと耐える日々であった。しかし、このときから時代の相が変わる。ムハンマドが、盟友アブー・バクルと密かに旅立った先に、剣のジハードの時代が待っていた。イスラーム共同体の建設、国家の樹立に成功すると、その防衛も不可避となるからである。

新しい型の帝国

本書は、イスラームについて、その宗教・社会・国家の原理を考察しようとするものである。最初のイスラーム国家の成立から帝国への展開を、イスラーム以前の西アジアの政治状況を踏まえながら考えていきたい。イスラーム帝国の成立と発展は、いろいろな意味で人類史の中でユニークな光彩をはなっている。ビザンツ帝国とササン朝ペルシアの狭間に位置するアラビア半島は、長らく国家をもたない政治的空白地帯であった。そこに生まれた新しいイスラームという原理が、それまでにない型の世界帝国を短期間に生み出したことは、それだけでも、歴史的な大事件であった。この事件が興味深いのは、この帝国を築いたのがイスラームという宗教だったからであろう。

本書が扱うのは、西暦七〜一〇世紀である。イスラームは七世紀に、ムハンマドという開祖によって、マッカとマディーナ（メディナ）において確立された。彼が築いたイスラーム共同体はアラビア半島全域に広がったが、後継者たちは半島の外にあふれ出るように「大征服」に赴いた。そこから、帝国の時代へと向かう。いわゆる「剣のジハード」によって、正統カリフ時代（六三二～六六一年）からウマイヤ朝期（六六一～七五〇年）に広大な版図が生まれた。都市国家は帝国へと変容し始めた。そして、本格的なイスラーム帝国であるアッバース朝（七五〇～一二五八年）の時代となる。特に、一〇世紀半ばまでが黄金期である。

「帝国」とは歴史上に存在した諸帝国を表すと同時に、近年は現代における超大国などをも意味する用語として、広く使われている。本書では、ササン朝ペルシアとビザンツ帝国の伝統をも継承したアッバース朝の事例を念頭に、帝国を「大きな原理によって多民族・多言語・多宗教の人々を統合する版図の大きな国家」と定義しておきたい。軍事力や権力だけでは、どれほどの専制や圧政が行われたとしても、帝国は維持できない。広大な地域で多様な人々が統治される以上、それらの人々を包摂しうる原理が必要である。

イスラーム帝国の場合、すでに触れたように、その原理がイスラームによって形成されたところに最大の特徴がある。帝国の建設が宗教と結びついていることはしばしばあったが、宗教それ自体が帝国を創造する原理となることは稀有である。イスラームは明らかに、私たちが普通に理解している宗教とは異なっている。そこには、いわゆる宗教と政治の統合、政教一元論の問題がある。その背景に、どのような社会観、世界観があるかについても、じっくり考えてみたい。

また、六三二年に開祖ムハンマドが没したあと、わずか一世紀ほどの間にイスラームの支配領域は東西に広がり、西はヨーロッパのイベリア半島、東は中央アジアに達した。俗に言う「イスラームの大征服」の結果である。軍事力に支えられたこの拡張は、ヨーロッパにおいて長らく「力による布教」という誤解を生んだ。近代に至ってもマックス・ウェーバーが「戦士の宗教」と、偏った特徴づけをした性格である。「右手に剣、左手にコーラン」という誤ったイメージは、ヨーロッパで近代に至るまで広く流布し、日本にも伝わった。

これは、言いかえればジハードの問題であろう。ジハードはしばしば聖戦と訳されるが、それはごく一面にすぎない。ジハードの根幹には、本来、いかに社会正義を樹立するかという政治・社会的な課題と、そのために信徒が自己犠牲を厭《いと》わないという宗教的な命題が、イスラームの固有の世界観とともに横たわっている。実は、この原理と融和の原理が合わさって、後のイスラーム帝国が多民族、多人種、多言語、多文化の人々を包摂し、さらには多宗教をも融和するようなシステムが構築された。ジハードと融和は一見関係がないように見えるが、二つの主題はイスラーム帝国の存立基盤において深く結びついているのである。

現代のイスラーム理解

さて、私たちの生きている現代をかえりみれば、二一世紀の最初の年には、九月一一日の米国「同時多発テロ」事件がおきた。この事件が国際社会に与えた衝撃と影響は、きわめて大きなものであった。また、この事件をきっかけとして、イスラームのジハードについて強い社会的関心が集まるようになった。ジハードをテロと関連づける短絡的な議論さえも生まれた。このような単純化は、イスラームの誤解を助長するのみならず、今日の国際社会の実態的な理解をも妨げる。ジハードを武力の行使という一面に限定して論じるならば、それは歴史的事実に反するだけではなく、現代におけるイスラーム理解についても誤ったイメージを再生産するものとなる。

イスラームは、宗教と国家を結びつけて考えるがゆえに、国家のレベルにおいて武力を否定しない。否、むしろ必要な場合には軍事力を肯定さえもする。これは、政治と断絶して平和を希求する他の宗教とはあきらかに異なっており、宗教としてのイスラームが理解されにくい原因を作っている。しかし、その一方で融和の原理があり、軍事力は融和のためにこそ容認されることが強調される。郷土を防衛し、社会秩序を維持しなければ、人々が安全に幸せに暮らすことができない、と考えるのである。イスラームはさまざまな面において、現実主義的な発想を示しており、ジハードと融和という二つの原理の間のバランスについて、適切な理解が必要とされる。

実際問題として、力だけでは、何世紀も続く帝国を作り出すことはできない。また、イスラーム帝国というとイスラーム一色のように思えるが、決してそうではない。歴史的事実として、最初の一、二世紀は帝国内のイスラーム人口はマイノリティであったし、その後もイスラーム帝国は常に他の宗教共同体を包摂し続けた。包摂の原理がイスラーム帝国の基盤であった。包摂される人々が、合理的に考えて自分たちにも利益になると思ってこそ、帝国の存在を肯定し、その営為に参加するのであり、システムも永続性を持つものとなる。ジハードが確保する安全保障は、明らかに、帝国に正当性を与える一つの要素であった。

これから続く諸章では、このような二面性を持つ複雑な問題について、イスラームの成立・発展期からその原像を探り出しながら、徐々に解きほぐしていきたい。さらに、歴史の中からその真実を汲み取ることによって、現代・未来を考える上でも何らかの示唆が得られるのではないかというのが、筆者の密かな願いである。

第一章　帝国の空白地帯

古代帝国の間で

乾燥地帯の情景

アラビア半島の気候・風土は厳しい。乾燥した地域が多い中東の中でも、大きな砂漠が広がり、ほとんど河川がない半島は、とりわけ生存条件が厳しい。有史以前から次第に砂漠化が進んでおり、イエメンのような天水農業が可能な山岳地帯は別として、多くの町はオアシスに依存して、生命をつないできた。厳しい生活環境と水の重要性が、旅人に対する保護の習慣や、部族間の連携による安全保障の観念を生み出したことは、しばしば指摘されている。

乾燥気候の厳しさは、今日でも変わらない。ただ、二〇世紀に入って、人類全体がエネルギー革命と工業製品の大量消費時代に入ると、それにともなって、エネルギー資源を有する国々も「産油国」として勃興《ぼっこう》した。アラビア半島の周辺には、大量の原油が埋蔵されている。サウディアラビア、クウェート、オマーン、アラブ首長国連邦、カタルなどの産油国が、その名を知られるようになった。半島に隣接するイラン、イラクを含めると、この一帯に、現在確認されている世界の原油の半分が埋蔵されている。

今日、アラビア半島を訪れると、突如として、砂漠の向こうに近代都市が出現する。サウディアラビアの首都リヤドもそうであるし、聖都マッカ（メッカ）の入り口に当たる港湾都市ジェッダもそうである。かつては小さかった伝統的な町は大きく姿を変え、世界経済を支える石油コンビナート都市も各地に建設されている。巨大な近代的空港、高層ビル、植樹された街路、あるいは大量の小麦を生産している農地などは、いずれも石油の富が転換されて生まれた。

アラビア半島の沙漠　ラクダの家畜化は乾燥地帯での生存を可能にした

しかし、人間の手が入った一部の地域を除くと、今でも茫漠たる乾燥地帯が広がっている。近代都市から外へ出れば、美しい砂漠の情景に出会う。ふつう「砂漠」と書かれるが、厳密に言えば土壌が砂かどうかは問題ではなく、「沙漠」と書くべきとされる。文字通り、水が少ないのが「沙」の字であり、日本沙漠学会も、この漢字を用いている。

ふだんは冷房の効いた近代的なビルに住んでいても、時には、沙漠に出かけるのが、半島に住む人々の憩いであるという。休日にランドローバーに絨毯《じゅうたん》を積み、家族とともに郊外にでかける。沙漠を眺めながら、団欒《だんらん》のひとときを

ザムザムの泉　巡礼者に無料で配られるこの水は特別の祝福を感じさせる。Mawardi Bahar/Shutterstock.com

持つというのである。山河を美しい自然のモデルと考える私たちとは、確かに異なった暮らしがそこにある。

あちこちにある山も、岩山が多く、草木はほとんど生えていない。しかし、樹木が茂るところは、植物が繁殖し枯れることで、生死のサイクルを繰り返す。それに対して、沙漠と岩山の情景は、時を超える。アラビア半島の情景は、私たちをイスラームが誕生した時代、さらにそれ以前の時代へと容易に誘ってくれる。

マッカに水源が生じて居住可能になった頃も、沙漠に取り囲まれた厳しい環境は、今日とほとんど変わらないものであった。マッカのカアバ聖殿には「ザムザム」と呼ばれる泉があり、少なくともイスラームが始まって以来、ずっと住民と巡礼者の渇《かわ》きを癒《いや》してきた。ザムザムなどの泉によって、マッカは居住可能となった。明確な記録は残っていないが、それはいつの頃だったであろうか。

アラビア半島の地理

イスラーム帝国の発祥の地であるアラビア半島をもう少し詳しく見てみよう。

この半島は世界でももっとも面積の大きな半島の一つである。アラブ人たちは、しばしば略して「アラブ人の島」「アラビア島」と呼ぶ。半島は東側をインド洋、アラビア海、南北を紅海とペルシア湾に囲まれ、残りがアジア大陸とつながっているが、こちら側も沙漠で隔《へだ》てられていると考えれば、「島」という気持ちはわからなくもない。沙漠を越えて北西に進めば、地中海に達する。地中海に向かってどのあたりまでを半島と考えるかは、いくつか考え方がある。ユーフラテス川が「島」の北限ともされる。

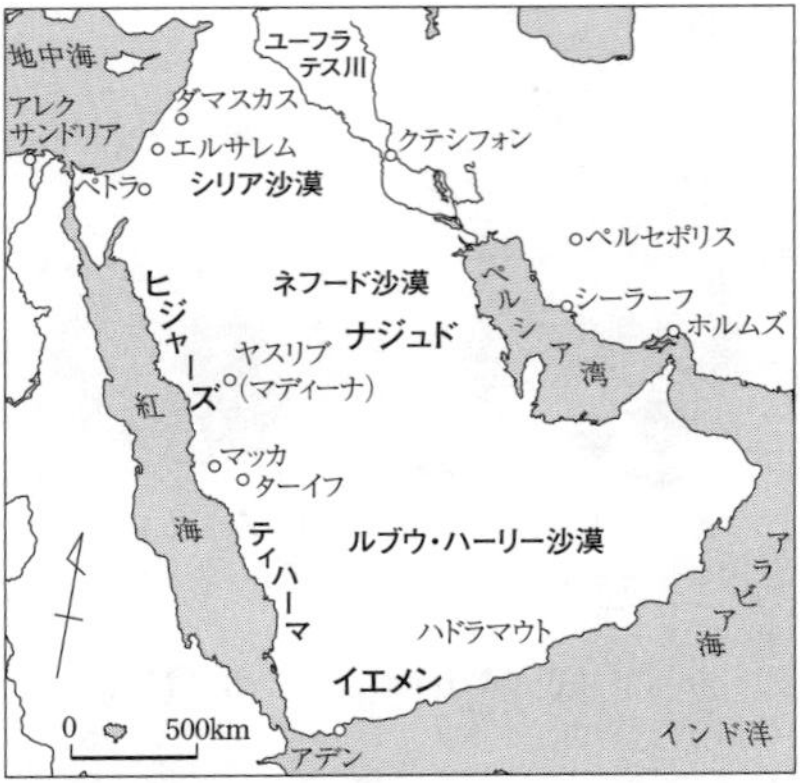

6世紀のアラビア半島

古代においていつ頃、「アラブ人」が成立したのかは今ひとつ判然としないが、イスラームが登場する前後には、非常にはっきりしたアラブ意識を持つ人々がアラビア半島に住んでいた。当時「アラブ人の島」という時のアラブ人は、言うまでもなく今日のアラブ人とは異なっている。アラビア語を話し、同じような部族的系譜を持つ人々が、自分たちを「アラブ」と呼んでいた。その後のアラブ人には、これらの血統的なアラブ人の子孫もいるが、イスラームとアラビア語を通してアラブ人となった人々も数多く含まれている。

満々と水を湛える新マアリブ・ダム　現代に再現されたダム湖。著者撮影

半島の中を地理的に区分すると、おおむね五つに分けられる。イエメン、ヒジャーズ、ティハーマ、ナジュド、そしてルブウ・ハーリー（空白の四分の一）と呼ばれる沙漠を含む半島の東部である。本書にとっては、このうち最初の二つがとりわけ大きな意義を有している。インド洋に面した東南の角はイエメンである。この地域は、古来、多くの人口を擁していた。その中央には山岳地帯がそびえるが、山岳では天水農業が可能であり、また、山脈の東側の低地ではワーディー（涸《か》れ谷）で水を集めることができる。マアリブには、古代のダムがあり、今日でもその一部の遺跡が残っており、そこから往時の威容を想像することができる。近年、アラブ首長国連邦の援助で「新マアリブ・ダム」が建設されたが、満々と湛えられた水を見ると、地下の伏流がいかに大きな水量を地表の下に隠しているか看取することができる。

古代イエメンでは、季節風を利用したインド洋交易が栄え、香料などアジアからの産品を陸揚げし、キャラバン貿易によって地中海地域へと産品を運んだ。季節風の利用はながらく機密とされており、香料などを購入するヨーロッパ側では、その原産地を知るよしもなかった。そのため、ローマ人たちはイエメンを「幸福のアラビア（アラビア・フェリクス）」と呼んで、羨《うらや》んだ。

イエメンの山岳地帯から下りて北へ延びる紅海沿岸部を、ヒジャーズ地方という。イスラームはここで誕生した。主要な町をあげれば、南からターイフ、マッカ、ヤスリブ（のちのマディーナ）などである。この中でも、マッカがカアバ聖殿を有するために巡礼地として栄え、商業路をも掌握していた。産業として言えば、マッカは可耕地がほとんどない灼熱の地であり、商業で身を立てなければ暮らしが成り立ちがたいという側面を持っていた。マッカの南方五〇キロほどにあるターイフの方が、気候ははるかによい。そのことは、今日のサウディアラビア王国で、この町が夏の首都（国王の避暑地）となっていることからもわかる。

紅海沿岸のヒジャーズ地方の南はティハーマ地方と呼ばれている。ここもヒジャーズのうちに含めることがあるが、イエメンの山岳地帯と紅海に挟まれた低地で、山岳地帯からは急な斜面を下りる。夏は温度も湿度も高く、しのぎにくい。筆者も、「あまりに暑くてマラリア蚊が出ない」と言われる盛夏にティハーマを訪れ、その蒸し暑さに閉口した記憶がある。ちなみに、ティハーマ地方は私たちに縁もゆかりもなさそうであるが、かつて（一六世紀頃）コーヒー豆の出荷でさかえた港ムハー、すなわちモカがここにある。モカの名はいまや日本人の食卓でも普通名詞であろう。もっとも、コーヒーが飲料として発明されモカの港が栄えたのは、飲酒を禁ずるイスラームが広まって何世紀か過ぎてからなので、はるか後代のことである。

王権も大都市もない半島

アラビア半島の中央部はナジュドであるが、これもイスラーム以前にはほとんど重要性を持っていなかった。イスラーム時代になっても、さほど重きをなすようなことはなかった。後代の一八世紀になって、サウード家が登場するまで、政治的な意義も薄かった。沙漠の砂のように、拳でしっかり握っている間は統御できるが、力をゆるめると好き勝手にこぼれ落ちてゆく遊牧の諸部族が、この地域で暮らし続けてきた。

アラビア半島がこのような乾燥地帯になったのは、いつ頃であろうか。紀元前二千年紀の中頃にはまだ湿潤で、多くの町が栄えていたとも言われる。クルアーン（コーラン）の中にも、滅びたアラブ人たちの町の名がいくつも登場するし、近年は遺跡の発掘も行われている。

いずれにしても、乾燥地帯では移動、生活を可能ならしめる遊牧の技術が重要なものとなった。特に、ラクダを制御する技術は、決定的な重要性を持っていた。中東のラクダはひとこぶラクダであるが、その家畜化は最初は紀元前三千年紀に始まったとされる。それによって、沙漠も人間が居住可能な地域となった。ただし、遊牧民は文字史料をほとんど残さないため、彼らの活動について詳しい歴史はなかなかわからない。

農業生産力が低いことは、多くの人口を維持することができないことを意味する。オアシスがあるところに町はできても、それらを統合するような、大きな国家はできなかった。例外はイエメンであり、ここにはサバア王国やヒムヤル王国などが栄えた。しかし、そのイエメンも、ひとたび災害が起こると、人々は飢え、人口が大挙して北方に向かって移動する事態を繰り返した。アラビア半島全体で、厳しい環境の中でかろうじて維持している人口が、危機の度に北方へ、シリア、地中海地方へと移動する歴史が続いてきたのである。

人口の集中、剰余生産物の蓄積、都市の建設などができないため、国家も育たなかった。アラビア半島は、歴史を通じて、王権も大都市もなかったと言ってよい。わずかに例外だったのが、農業力を持つイエメンと、半島の北の外れ、シリア、イラクのあたりで、ここにはいくつか小さな王国があった。たとえば、イスラームが登場する直前の五世紀末から七世紀初めにシリアにあったガッサーン朝は、おおむねビザンツ帝国の衛星国家の位置にあった。アラブ人の小王国という点では、イラクのラフム朝を数えることもできる。この王国は三世紀末からあったが、六〇二年にササン朝ペルシアに滅ぼされた。キンダ朝という部族連合による王朝もしばらく存在したが、ヒジャーズ地方には及ばなかった。アラビア半島の歴史的な中央部というべきヒジャーズ地方は、文明という点でも、帝国という点でも空白地帯であった。

ここでは、いかにイスラームが登場したかを語る準備として、アラビア半島の地理を説明した。しかし、イスラームが誕生しなければ、この半島はいつまでも世界史の片隅にいたに違いない。わざわざ、それぞれの地方の特徴を論じるほどのこともなかったであろう。

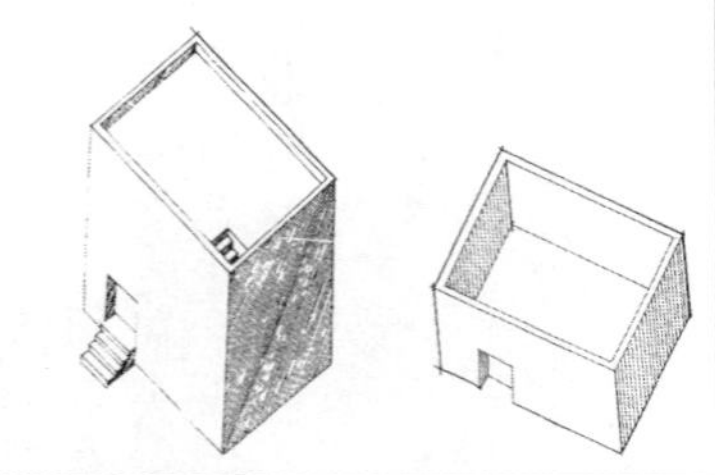

カアバ聖殿の想像図　イブラーヒームによる建立時は屋根がなかった（右）。左はクライシュ族による再建時（605年頃）

カアバ聖殿の起源

マッカは周囲を低い岩山に囲まれているが、要害というほどのものではない。イスラーム興隆以前から、カアバ聖殿があって、アラビア半島の中でも重きをなしていた。当時の多神教は、巨木、奇岩などの自然物や、北方のギリシアやナバタイなどから輸入された神々など、多種多様な偶像を神として崇拝するものであった。偶像はおのおのの部族の守護神であったが、体系的な神話をもっていたわけでも、中心となる神殿や神官組織があったわけでもない。しかし、そうは言っても、カアバ聖殿だけは特別な位置を占めていた。カアバ聖殿を訪れる聖なる四ヵ月には、部族間の争いも禁止されるなど、それなりに共通のルールも存在した。

五世紀頃から、クライシュ族の貿易が増進すると、マッカの商業都市としての機能も増大した。巡礼は、市場を通じた交易と結びついていたから、マッカにとっては有利なことであった。

カアバ聖殿は、誰がいつ頃建てたのであろうか。これについては、伝承しか存在しない。それによれば、イブラーヒーム（アブラハム）がこの地を訪れて、息子イスマーイールとともに建立した、という。イスマーイールは、母ハージャル（ハガル）とこの地に住み着き、アラブ人の部族の娘と結婚した。ハージャルはもともと奴隷身分で、イブラーヒームの側妻であった。ハージャルとイスマーイールはカアバ聖殿の北西の壁に面したヒジュルと呼ばれる場所に埋葬されたという。

伝承によれば、イブラーヒームは、ハージャルと幼い息子をいったん置き去りにした。幼子のために水を求めたハージャルが、蜃気楼を見て走り回ったところ、イスマーイールの足元から水が湧き、それがザムザムの泉となったという。ハージャルが走り回った場所は、サファーの丘とマルワの丘という、小高い岩山の間とされている。今日でもこの故事にならって、巡礼者たちは二つの丘の間を往復する行を行う。イスラームの巡礼は、その儀礼の多くをイスラーム以前から継承しているが、この二つの丘をめぐる儀礼も七世紀以前からずっと行われていた。

カアバ聖殿　イブラーヒームが建てた「いにしえの館」に向かって、今も信徒たちは日々、礼拝を捧げる

のちにイブラーヒームは、神の命によって、息子とともに泉のそばに石造の立方体を建てた。これが「神の館」としてのカアバ聖殿である。言うまでもなく、彼が建てたとされる聖殿は残っていない。ムハンマドが生まれるまでにも、カアバ聖殿は洪水で何度も壊れ、幾度も再建されたことであろう（マッカの谷は水源は少ないが、一時的な大雨で洪水が生じる形をしている）。ムハ

ンマドが生まれてからも、彼自身が参加したカアバ聖殿の再建の作業があった。おそらく、西暦六〇五年頃のことである。しかし、「カアバ」という名称が立方体を指すことを考えると、何度再建されたにしても、基本的な形はずっと継承されていたと思われる。

旧約聖書には、イスマーイールの子孫がアラブ人になったことがかろうじて触れられているだけで、イブラーヒームがアラビア半島に来た、という記載はない。西洋人の中には、これをもってアラビア半島の伝承を否定する者もいるが、それは、ヒジャーズ地方が聖書の記録者たちの関心外だということは意味しても、その関心外の地域で何もおこらなかったという証拠にはならない。現実の問題として、地中海地方の史料にマッカが「マコラバ」という名で初めて登場するのは二世紀（プトレマイオスの『地理書』）であるから、それ以前には、ヒジャーズ地方のことは全く意識されていなかったであろう。

クライシュ族のマッカ定住

クライシュ族が、マッカに定住したのは五世紀半ば頃のことである。日本語で「〜族」と訳されているのは、通常「バヌー・誰々」すなわち「誰々の子孫」と表現されている。誰か傑出した人物が出ると、その子孫であることを誇りとともに示す。どの時点の誰を起点とするかは、集団によって異なる。部族は時代を経て大きくなると、さまざまに枝分かれするのがふつうである。その枝分かれした同族の中では、互いに小さな単位で認め合うが、他の集団に対しては大きな単位を示すことも多い。

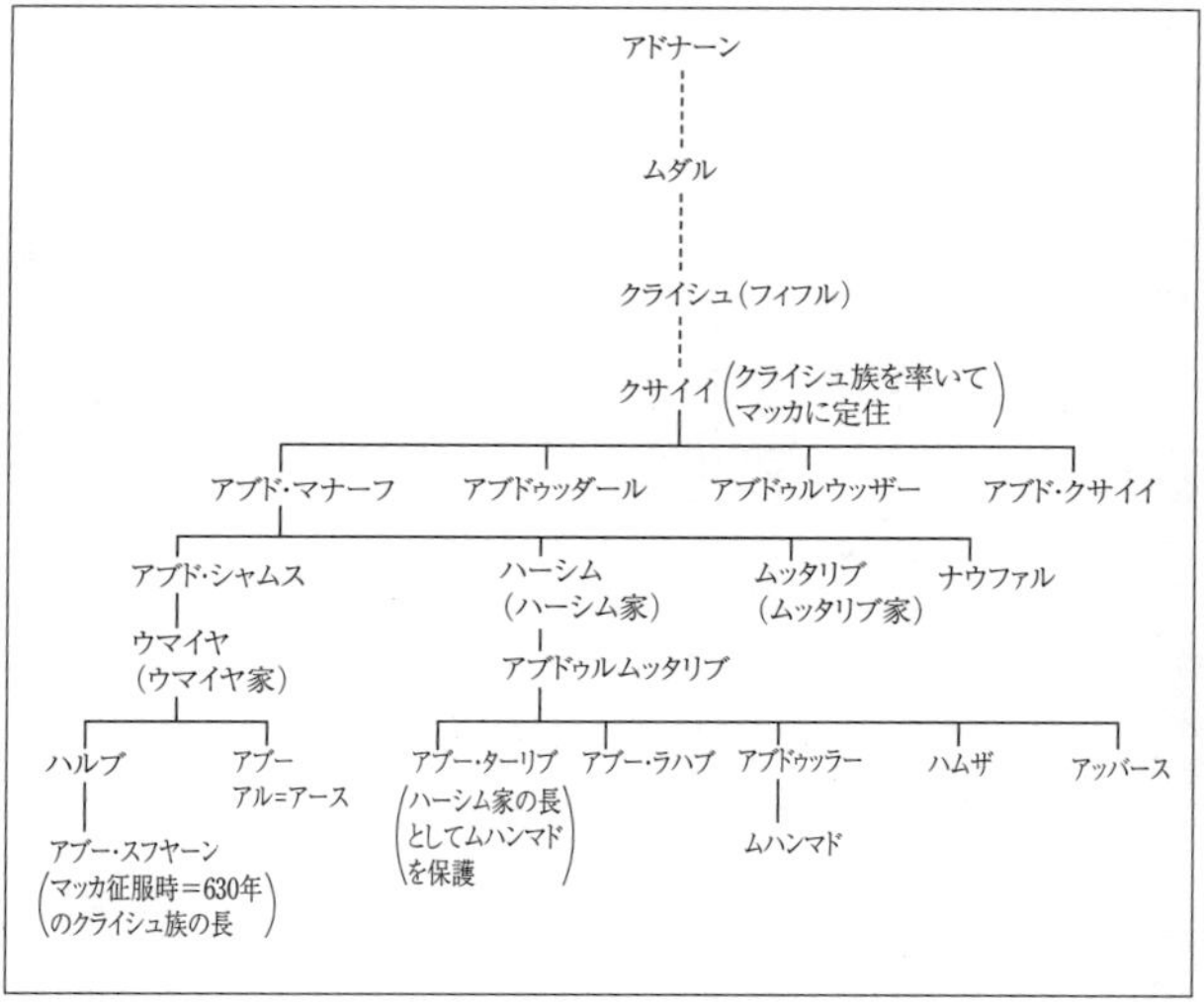

クライシュ族の系譜

クライシュ族という以上、彼らはクライシュの子孫であるが、この人物は本名をフィフルと言った。なぜか、クライシュ族だけは「フィフルの子ら」ではなく、「クライシュ」という特別の名で知られている。その理由は判然としない。フィフルの六代後に出たクサイイという人物が優れた指導者で、クライシュ族をまとめあげ、一族を連れてマッカに定住し、この町の支配者となった。ムハンマドは、さらに五代後の子孫である。

　クライシュ族がマッカに来たときは、すでに他の部族が居住していた。クサイイは、先住者のフザーア族からカアバ聖殿の管理権を奪った。管理権の中には、カアバ聖殿の鍵（聖殿内部は空洞で、金属の扉が付けられているが、その鍵）の管理権、巡礼者に水を供給する権限などがあり、それらは、クライシュ族の支族（部族内で枝分かれした単位）の間で分割・分担され、それも各支族の名誉の源泉となった。

人類の宗教思想地図

人類文明揺籃の地

このクライシュ族の子孫からムハンマドという人物が出て、イスラームの開祖となった。それだけではなく、彼はアラビア半島を史上初めて統一する国家をも樹立した。その国家が、彼の没後、短期間で東西に広がるイスラーム帝国となった。

このことは、いわば大きな「謎」を含んでいる。イスラームの登場がどのようにして可能となったのか、なぜアラビア半島にこのような世界宗教が誕生したのか、ここから新しい世界帝国がいかに登場しえたのか、という大きな疑問である。すでに見たように、アラビア半島は当時の文明の周辺地域であり、イスラームのような新しい文明が誕生するべき場所とは思われていなかったし、今日振り返ってみても、そのことは不思議に見える。

帝国という観点から見ても、同様であろう。中東の中でも、メソポタミアとエジプトは文明の揺籃《ようらん》の地であり、早くから都市国家が登場し、帝国と呼ぶに値する大型の国家も生まれた。今日において「中東」にあたる地域は、古代を指す場合は「オリエント」と呼ばれる。

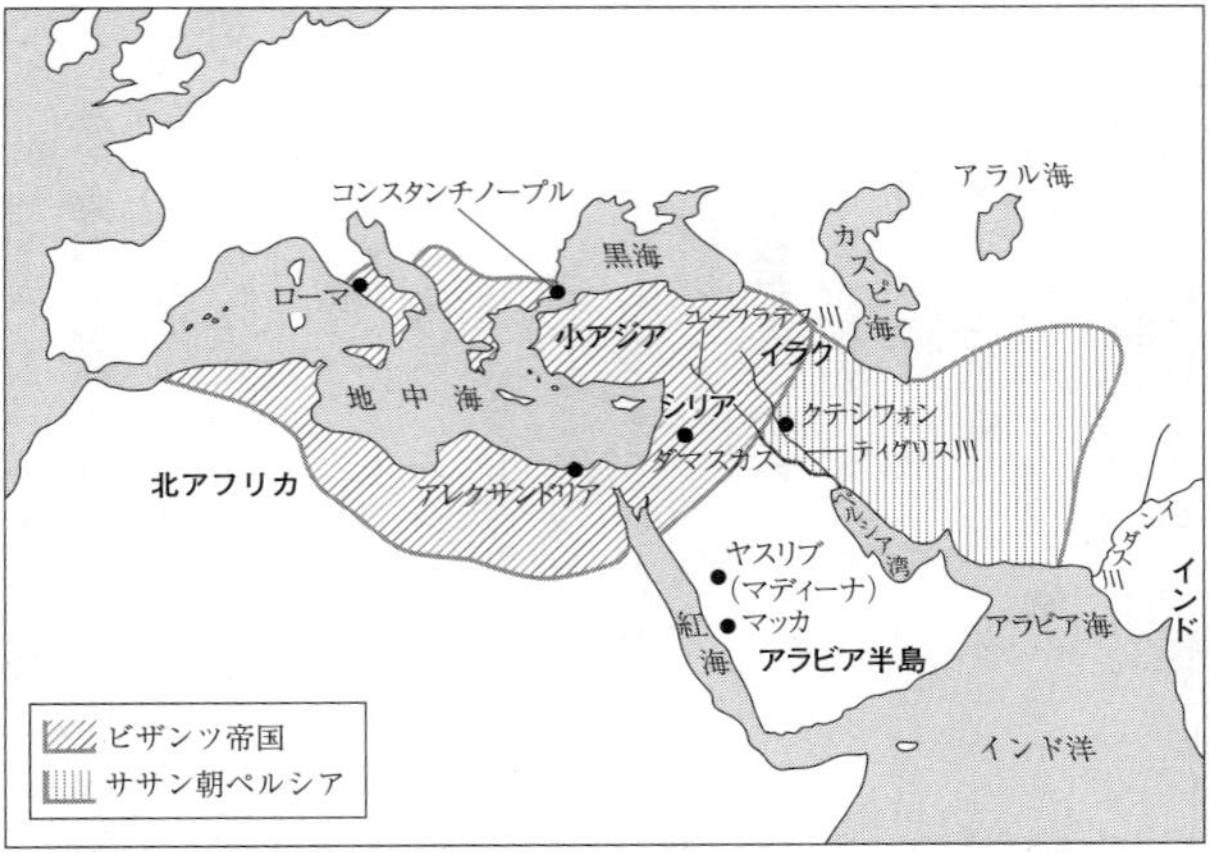

6世紀の西アジア・地中海世界　二大帝国と空白のアラビア半島

オリエントは人類文明の揺籃の地であり、王権、都市国家、文字を始めとして、多くの文明的な概念や装置が古代オリエントで生み出された。

この地域を最初に統一したのは、アッシリア帝国であろう。紀元前七世紀のアッシリアは、今日のイランの西部、イラクからエジプトに至る領域を支配した。それ以前には、新王国時代の古代エジプトが、アジア側に大きな勢力を伸ばしたものの、イラク、イランには達していない。紀元前六世紀に成立したアケメネス朝は、今日のパキスタンの西半分から、イラン、イラク、シリア、エジプト、またヨーロッパ側もいくらか支配して、中東全域をカバーする大帝国へと発展した。

この領域をほぼ継承したのがアレクサンドロス大王であった。さらに、地中海地域では、西地中海をも含めて、現在私たちが「帝国」と呼ぶものの祖型であるローマ帝国が成立した。東西分裂の後は、ビザンツ帝国が東地中海から西アジアにかけて、ササン朝ペルシアと覇を競っていた。イスラーム誕生前の五世紀後半から六世紀は、ビザンツ帝国とササン朝ペルシアが二大帝国であり、両者の間にあるイラクからシリアの地域は激しい覇権抗争の舞台であった。

もし、この地域で次の帝国が生まれるとしたら、そしてビザンツ帝国やササン朝の後継者となるとすると、これらのどこから生まれるであろう。そう問うならば、答えはペルシア、メソポタミア、エジプト、東地中海といった地域だったはずである。今まで国家すら持ったことがない、遥かな周縁のヒジャーズ地方が新たな帝国（ないしは、すぐに帝国に発展する国家）を生むとは考えられていなかった。

キリスト教世界の悩み

イスラーム帝国が誕生すると、これはヨーロッパにとって深刻な問題となった。ササン朝ペルシアはイスラームによって終止符を打たれ、イスラーム帝国に吸収されたが、西洋側はイスラーム帝国と直面しつつ、生きていくことになった。ビザンツ帝国はイスラームによって領土の過半を奪われつつも継続し、また、他のキリスト教諸国も地中海の北側で生き延びたから、彼らはイスラーム帝国がどこから生まれたのか考えざるを得なかった。

周知のようにキリスト教は、紀元直後にパレスチナの地で成立した後、次第にローマ帝国の支配下で広がった。多神教を奉じていた帝国はキリスト教を禁圧し、しばしば厳しい弾圧を加えたが、その教勢の広がりに耐えきれず、三一三年にコンスタンティヌス一世が寛容令を出した。さらに三八〇年には、その教勢を帝国支配のために利する方向に転換し、国教となした。「背教者」と呼ばれたユリアヌス（在位三六一～三六三年）のように、多神教の側から最後の抵抗を試みる皇帝もいたが、もはや大勢は覆《くつがえ》らなかった。

したがって、五～六世紀はキリスト教がいよいよ地中海地域に広がり、さらに東方をうかがうべき時期であった。一〇〇年以上にわたるペルシア帝国との闘争は厳しいものであったが、もし、ビザンツ帝国がこの戦いの最終的な勝利者となっていたならば、キリスト教こそがペルシアの地を制するものだったであろう。キリスト教の隆盛がこの教えの正しさを証明するものであったとすれば、イスラームの登場と多くのキリスト教の地の喪失は、ヨーロッパにとって思想的にも深刻な問いを突きつけるものとなった。

先走って言えば、ヨーロッパは八世紀以降は数世紀にわたって、イスラーム帝国とその文明から学ぶと同時に、イスラーム世界をいかに克服するか、腐心していくことになった。ヨーロッパはイスラーム帝国の領土によって地中海の北側に封じ込められたから、それを打破し外に発展するためには、イスラームとの対決が不可欠であった。イベリア半島における「レコンキスタ（再征服）」、十字軍、大航海などには、そのモチーフが濃厚に反映している。

そのことは、イスラームに対して常に対抗的、あるいは敵対的に考える傾向をヨーロッパの中に残したように思われる。それは、時代がずっと下ってからも、近代西洋のイスラーム理解やイスラーム世界との関係に暗い影を落としている。

一神教と多神教

ここで、もっと巨視的な人類史の観点から考えてみたい。イスラームの登場を理解するためには、より広い視野が必要であろう。

西アジアから東地中海にわたる一帯には、古代から豊かな宗教的な遺産がある。多くの帝国が宗教性と深い結びつきをもって生起した。王がしばしば神とされた。神殿などの遺跡を見れば、最初に目につくのは、多神教的な信仰の華麗さである。

主神と多くの神々の世界という点では、まず私たちの脳裏に浮かぶのは古代のアテネのパルテノン神殿であろう。アクロポリスの丘の神殿は、今日に残るわずかな遺跡から見ても、きわめて豪壮なものである。しかし、豪壮さを言えば、東地中海で海を隔ててすぐのところにあるレバノンのバアルベクの神殿こそが、起源もさらに古く、威容を誇っている。壮大な遺跡が今日に残るのはユピテル神殿であるが、原初の主神はバアル神で、豊饒の神であった。日本人に馴染みが深いのは、古代エジプトの神殿であろう。特にルクソールにあるカルナク神殿は、中東でも最大の壮麗な神殿である。ここには、アメン・ラー神を中心とする神々がいた。

これらは、どこへ行ってしまったのであろうか。キリスト教という一神教がこれらの命運を絶ち、さらに、イスラームがその仕上げをした。古代オリエント世界は、それによって姿

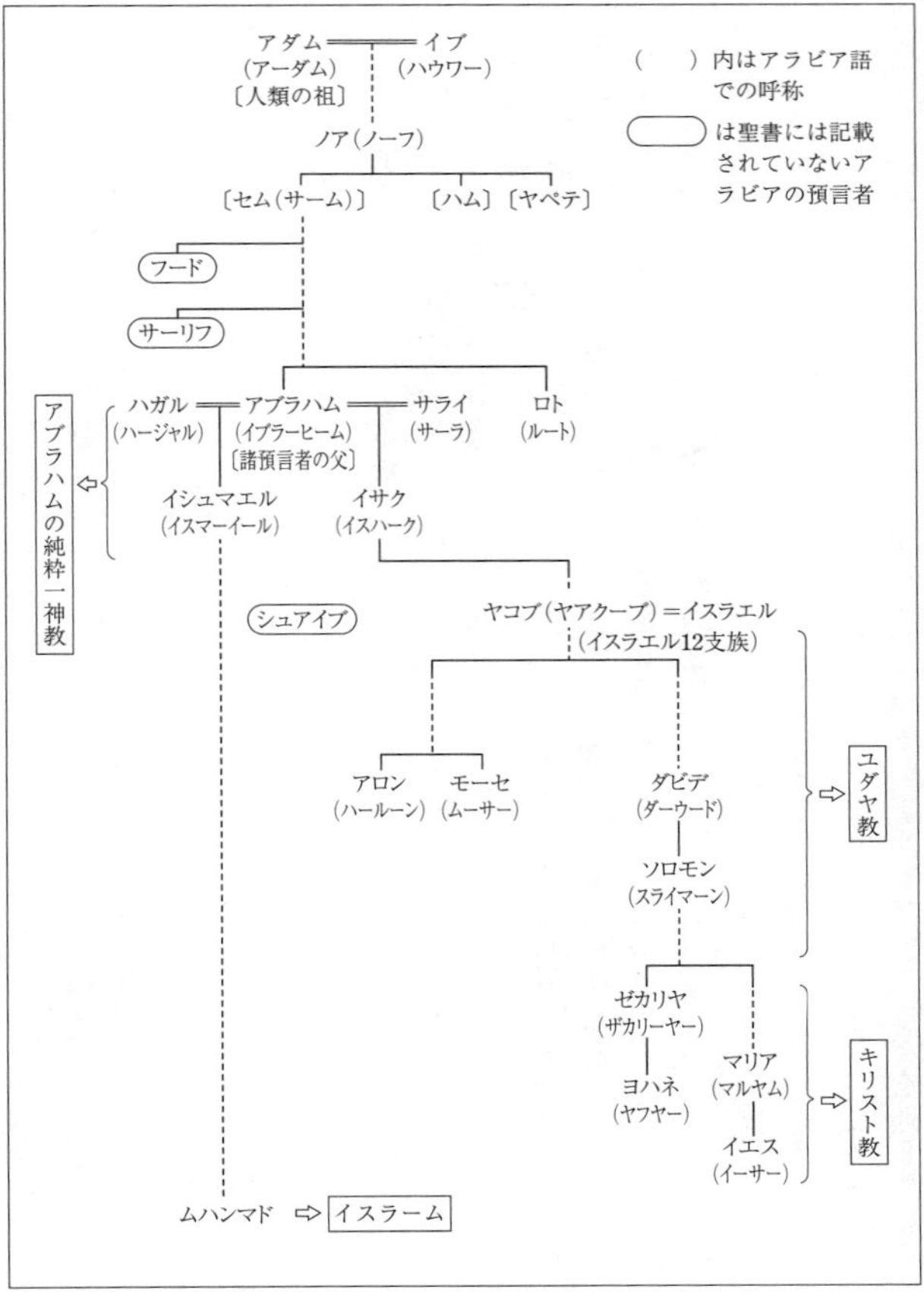
アダム
(アーダム)
〔人類の祖〕
イブ
(ハウワー)
(　) 内はアラビア語での呼称
は聖書には記載されていないアラビアの預言者
ノア (ノーフ)
〔セム (サーム)〕
〔ハム〕
〔ヤペテ〕
フード
サーリフ
ハガル
(ハージャル)
アブラハム
(イブラーヒーム)
〔諸預言者の父〕
サライ
(サーラ)
ロト
(ルート)
アブラハムの純粋一神教
イシュマエル
(イスマーイール)
イサク
(イスハーク)
シュアイブ
ヤコブ (ヤアクーブ) =イスラエル
(イスラエル12支族)
アロン
(ハールーン)
モーセ
(ムーサー)
ダビデ
(ダーウード)
ソロモン
(スライマーン)
ユダヤ教
ゼカリヤ
(ザカリーヤー)
ヨハネ
(ヤフヤー)
マリア
(マルヤム)
イエス
(イーサー)
キリスト教
ムハンマド
イスラーム

セム的一神教の系譜

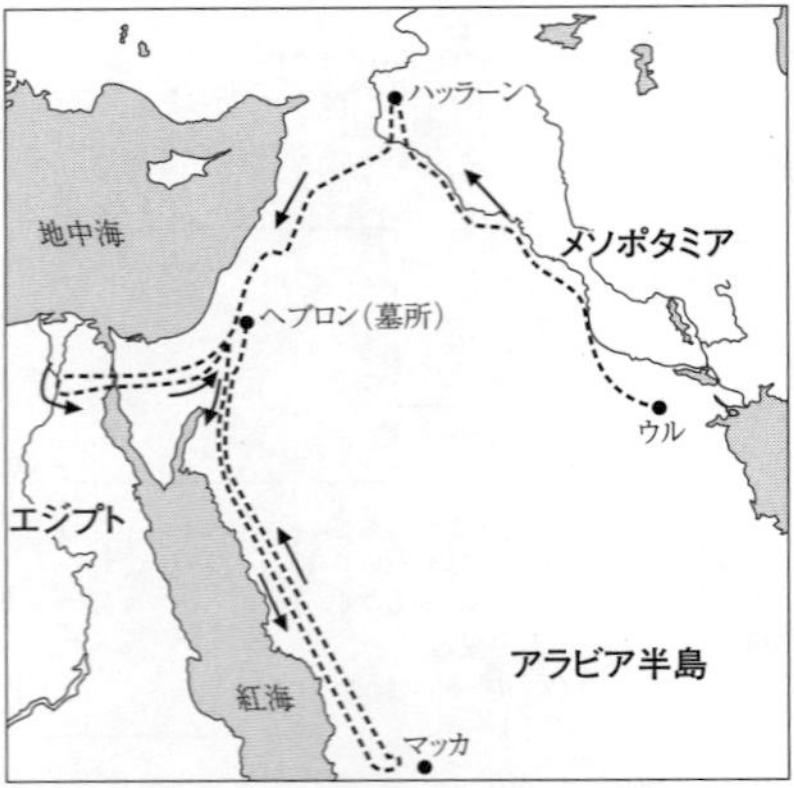

聖書とクルアーンによるアブラハム（イブラーヒーム）の移動

を消したのである。問題は、それを、多神教から一神教への「進歩」「発展」ととらえるのか、ということである。人類が、精霊崇拝などの「原始的」な宗教から、次第に次元の高い宗教へと移り、最終的に一神教に到達した、という発展のイメージは、一九世紀のヨーロッパで、進歩史観とともに広がった。今日でも、私たちはそのイメージを引きずっている。

しかし、工業や経済の発展と同じように、宗教や文化が発展するわけではない。世界の各地でそれぞれに固有の発展があって、経済水準がそれなりに向上したというような意味で、各地で一神教が生まれたというような事実は存在しない。私たちの知っている一神教とは、セム的一神教、すなわち、ユダヤ教、キリスト教、イスラームの系譜であり、それはいずれも中東で生まれ、他の地域に広がったものである。「セム的」という語は、ノアの一子セムに由来する。この一神教の預言者たちは、いずれもセムの子孫とされる。より客観的に言えば、「啓示」がセム諸語（モーセのヘブライ語、イエス・キリストのアラム語、ムハンマドのアラビア語）などを通して語られるため、「セム的」と言われる。セム的一神教の特徴は、唯一神と被造物を峻別する点にあるが、そのような一神教は、人類の宗教思想地図を描くと中東に固有の宗教であるように見える。「中東」という言葉すら、広すぎるであろう。セム的一神教をアブラハムに始まるものとして考えるならば、彼は今日のイラクに生まれ、かの地の星辰《せいしん》信仰を否定し、唯一神の教えを広めようとして故郷を追われ、シリア、パレスチナ、エジプト、さらにイスラームの伝承をも加えて言えば、アラビア半島の一部を放浪し、最後は、神によって与えられた「約束の地」パレスチナで没した。今日も、彼の墓廟とされるものは、パレスチナにある。ハリールという町のアラビア語名は、彼が「神の友（ハリール）」であったことにちなむ。ユダヤ教、キリスト教、イスラームは、地理的にこの範囲の中から生まれてきた。

肥沃な三日月地帯の宗教的系譜

アブラハム以前が何か、ということは、歴史の記録からだけでは判然としないように思われる。というのは、一神教についての記録が旧約聖書を中心とするものだからで、旧約聖書自体が宗教書であって歴史書ではない以上、そこからわかることには限界がある。聖書と各地から出土する考古学的な資料を突き合わせた研究でも、さまざまな仮説は提出されているが、私たちに決定的な事実がわかるわけではない。歴史学者の中には、アブラハムを実在の個人と考えない説さえも出されている。

もちろん、旧約聖書からユダヤ教へと発展する流れを緻密に研究し、一神教の成立を論じた考察はいくつも存在する。しかし、そのような研究はキリスト教までは視野に入れても、一神教としてのイスラームはほとんど視野に入れられていないか、ユダヤ教とキリスト教からの伝播で説明することが多い。結果として、イスラーム研究の立場から見ると、十分説得的な説明がなされていない。

しかし、当面はそのことよりも、歴史的に「肥沃な三日月地帯」と呼ばれているあたりで古くから二つの宗教的系譜として、多神教と一神教が対立し競合してきた、という点に着目すべきであるように思われる。というのは、唯一神が普遍的概念としてどこの地域でも発展すべきものだとするならば、なぜ、この地域でだけ一神教がこれほど強くなったのかという疑問があるからである。キリスト教世界では、自らの優位を確信するあまり、一神教が最終的に広がることについて「なぜ」という疑問は生じないかもしれないが、セム的一神教が中東に固有の文化的磁性を帯びていることは疑いを入れないように思う。

とはいえ、一神教だけをもって中東の特色とすることは間違いであろう。キリスト教、イスラームが広まるまでは、古代からずっと多神教が圧倒的な影響力を持っていたからである。ユダヤ教、キリスト教にとってみれば、古代イスラエルの建国なども重要な出来事であるとしても、古代オリエントを全体としてみれば、ごく小さな王国にすぎない。さらに、イスラエル自体が、建国者は一神教を奉じていたとしても、内部で常に多神教との摩擦を抱え、時には、多神教の勢威が優勢となった。そのことは、一神教側の記録である聖書さえ、明白に記している。

総合的に見れば、この地で多神教と一神教が競合する歴史があった、というべきであろう。それは、少なくとも紀元前二千年紀からあった。ただし、旧約聖書の時代は、多神教の側が、常に優勢であった。しかし、キリスト教は、登場してから三世紀ほどでローマ帝国を宗教的に征服し、一神教の優位を確立した。イスラームは、七世紀に登場し、八世紀にはかつてなかったような広大な帝国を樹立した。その版図は、ローマ帝国を凌駕《りょうが》した。

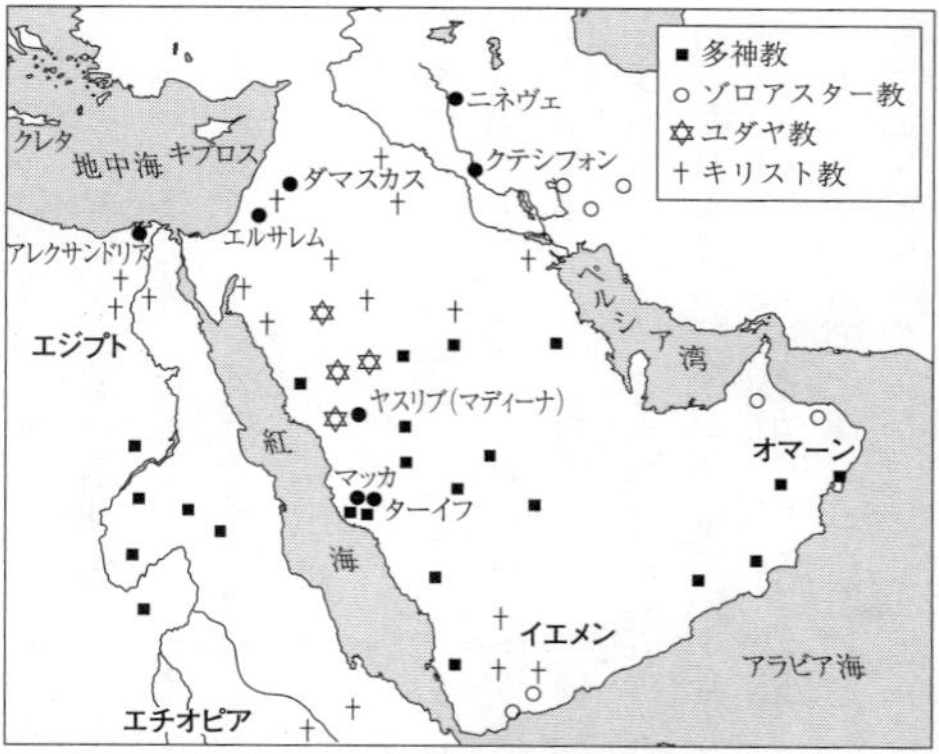

イスラーム以前のアラビア半島の宗教分布

イスラーム史の大家である後藤明氏は、これを「一神教革命」という概念で表している。キリスト教の出現とともに、地中海一帯に一神教革命が広がり、イスラームがそれを継続・発展させた、という。「革命」という表現は、魅力的である。革命は、ものごとが逆さまに転じることを意味する。それ以前との断絶も含意される。その意味では、キリスト教は、単にそれまでの旧約聖書的な伝統を発展させたわけではない。そこには、革命的な転換があった。そして、それによって、古代オリエントの多神教世界は消滅したのである。

私たちは往々にして、キリスト教とイスラームの違いを強調しがちであるが、一神教革命という点では、両者は共通項の方がはるかに多い。もっとも、革命性ということで言えば、イスラームの方が徹底しているかもしれない。帝国の構成原理については、二つの宗教では非常に異なっている。そのことは、第三章でまた触れることにしよう。

イスマーイールの伝承

やや大きな議論をしてきたが、それは、イスラームの誕生には謎の部分が多いからである。事実史としては、ムハンマドがマッカに生まれ、イスラームを布教し、マディーナに教団国家を作って没したことには、何の疑いもない。しかし、それだけでは、巨大な帝国をたちまち生み出すような原理がなぜ、このような辺境で生まれえたのか、を明らかにできない。これまでの諸家の説は、いずれも、結果としてそうなったという事実に寄りかかって説明しているから、謎が解かれた満足感を与えない。

イスラーム帝国を建設した原動力の中には、間違いなく、一神教としての宗教的側面が大きな位置を占めている。その原理がどこから来たかを問うとき、欧米の研究者は、ムハンマドがキリスト教やユダヤ教と接触して影響を受けたのではないか、という安易な伝播説に頼る傾向が強い。それを立証する事実の裏付けが薄弱なこともさることながら、文化の伝播で、あのような世界史を激変させる事態が生じうるという前提が間違いであろう。しかも、イスラームは帝国を建設したが、それ以前のユダヤ教もキリスト教も帝国を生んだわけではない。キリスト教は、ローマ帝国を自らのものに作り替えたにしても、それ自体は帝国の原理とはならなかった。したがって、伝播論は論拠が薄弱である。

筆者は三〇年ほども、ムハンマド、クルアーン（コーラン）、イスラームの成立について、さまざまな角度から探究を続けてきた。その一つの結論として言えば、アブラハム的な系譜がヒジャーズ地方にも達していたと考え、その上で、一神教の系譜を継ぐ者としてムハンマドが現れたと見る方が、合理的である。さらに言えば、「肥沃な三日月地帯」をこのあたりまでを含むものとして見た方が、より整合的な説明が可能となる。

歴史的な資料も近年のアラビア半島の考古学的調査も合わせて考えれば、シリアやパレスチナの地と、ヒジャーズ地方やイエメンを切り離して見ることは合理的ではない。言いかえれば、セム諸語がいきわたっていた範囲を全体として、「セム的一神教の故地」とすべきなのではないだろうか。そうであれば、ムハンマドが生まれた頃のアラブ諸部族が、自分たちをイブラーヒーム、イスマーイール親子の子孫と認識していたことも、彼らがマッカのカアバ聖殿を建設したのがイブラーヒームとその息子であると考えていたことも、十分に説明がつく。

旧約聖書の記述者たちは、アブラハムに二人の息子がいたことは記録しているが、奴隷女を側妻としたハガルとその息子イシュマエルの系譜については、ほとんど関心を寄せていない。その後語られるのは、正妻サライとその息子イサクの系譜であり、それはイエス・キリストに至って新約聖書となっても変わらない。イシュマエルの系譜は、アラビア語のイスマーイールという名となって南下し、アラブ人の祖先の中に繰り込まれた。

そして、この一神教の系譜（それをイスラームは「純正な一神教」と呼んだ）が、帝国の空白地帯で、自由に自らを展開したと考えるべきではないだろうか。「空白地帯」であることは、制約が少ないことを意味する。そのために、独自の価値体系が自己発現することになったと言うべきであろう。

アラブ人の系譜

消えたアラブ人、アラブ化したアラブ人

クライシュ族も、ムハンマド自身も、自分たちがイブラーヒームとイスマーイールの親子の血を引く者という意識を強く持っていた。もっとも、預言者を名のってからのムハンマドがこのことをもっぱら宗教的な意味で用いたのに対して、クライシュ族の自意識は血統の高貴さという点に偏っていた。あらためて言うまでもなく、イスマーイールもその父母も、もともとはアラビア語を話すアラブ人ではない。伝承でも、彼はアラブ人の部族の娘と結婚して、ヒジャーズ地方に定着したとされる。母系からはもともとこの地にいたアラブ系の部族の血を引くが、父系は外来である。このため、イスマーイールの系譜は「アラブ化したアラブ人」と呼ばれる。

それに対して、生粋のアラブ人は、「消えたアラブ人」と「真のアラブ人」の二系統があ

る。前者は、その名の通り、かつてはアラビア半島を往還し、都市を築き、歴史のなかに消えた諸部族を指す。クルアーンにも、いくつか名前が登場する。「アード」「サムード」などであるが、そのいくつかは、実際にどこにいた部族なのか判然としない。だから「消えた」者たちなのであろう。クルアーンによれば、サムードの民には預言者サーリフが遣わされたが、その命を聞かずに滅びたという。「サーリフの町々（マダーイン・サーリフ）」と名づけられた遺跡は、岩を掘り抜いて住居・墓所を作った彼らのものと考えられている。

「アラブ的なアラブ人」は、イエメンのヒムヤル王国などを築いたアラブ人たちである。ちなみに、彼らは主としてイエメン系であり、そのため「南方アラブ人」とも呼ばれる。それに対して、クライシュ族を始めとする「アラブ化したアラブ人」たちは、「北方アラブ人」にあたる。さらに、アラブの系譜では、南方アラブ人たちはカフターンの子孫であり、北方アラブ人はアドナーンの子孫とされる。

南北アラブの争い

「消えたアラブ人」以外のアラブ人のすべての系譜を南北二系統とし、すべての諸部族をカフターン、アドナーンという人物に収斂《しゅうれん》させることは、アラブの系譜学では自明のものとされる。しかし、これを歴史的な事実と考える必要は必ずしもない。アラブ人に限らず、「系譜」というものは、実際に血のつながりが確認できる血縁者はともかく、究極的には文化的な自己認識と言うべき性質を持っている。南北アラブ人の場合、アラビア語自体の二系統と結びついてもいた。

南北アラブ人の対抗や対立は、ウマイヤ朝時代には、実際の抗争につながった。しかし、十二、三世紀頃以降は、アラブ人の南北の系譜の違いは、主要な対立軸ではなくなった。

もっとも、後日談として言えば、二〇世紀の半ばになってからも南北対立が目撃されるようなことも、まれにはあったらしい。筆者が、恩師のユースフ・イービシュ博士から聞いた体験談を思い出す。それは、ボストンで、二人のアラブ人が喧嘩をして裁判になった時のことで、当時ハーバード大学の大学院に在籍していたイービシュ先生は、裁判官のアドバイザーとして呼ばれたのだという。「アメリカ人の裁判官に、なぜ、南北アラブ人の間にもともと対立があり、その出身者がボストンで『ヌーフ（方舟のノア）』という固有名詞が正しいアラビア語ではどう語尾変化をするかをめぐって口論をして、暴力沙汰に至るのか、理解してもらうのは非常にむずかしかった」という。これは単なる個人的な一体験にすぎないが、系譜意識が文化であるがゆえに継続性を持つことを示すエピソードであろう。

なお、筆者は系譜意識が時を超えた永続性を持つということを言おうとしているわけではない。ウマイヤ朝期の南北アラブ人の対立にしても、当時の政治的・社会的な対立が系譜を用いて語られていたと見るべきであろう。「部族的対立」というようなものが、社会経済と分離して、それ自体として存在すると安易に考えるわけにはいかないからである。

ただ、イスラーム成立前後のアラビア半島において、人々の自己アイデンティティの第一義的な基準が系譜や部族意識であったことは、疑いを入れない。強烈な部族意識というものが存在した。そして、イスラームはそれを乗り越える新しい原理を提出した。それによって、イスラーム国家はそれまで内を向いていた対立心を外に向けることに成功するのである。

世界史の激変

この章では、世界史を激変させる事件、すなわちイスラームの成立とイスラーム国家の登場、そしてイスラーム帝国の誕生が起こる背景として、七世紀前後のアラビア半島を見た。それは文明の空白、帝国の空白であった。空白地帯から帝国が生まれた不思議さは、いくら強調してもしたりないほどである。また、そこに、一神教的な伝承が生きていたことを論じた。完全なる空白からは、さすがに何も生まれないであろう。

紅海沿岸のヒジャーズ地方には、半島中からの巡礼者を集め、商業の中心となる都市マッカがあった。そこにあるカアバ聖殿は、イブラーヒーム的な一神教の伝承と深く結びついていた。さらに、半島内の交易だけではなく、イエメンとシリアを結ぶキャラバン貿易がこの商業都市の発展を支えた。定説では、ビザンツ帝国とササン朝ペルシアの長年の抗争によって、ペルシア湾側の貿易ルートが衰え、紅海ルートが栄えたとされている。

これから三章にわたって、世界史の一つの転換点とも言えるイスラーム国家の成立、「剣のジハード」の成立を、詳しく見ていきたい。その見取り図を先に示すことにしよう。というのも、次の第二章「信徒の共同体」では、イスラームはもっぱら弱者たちを惹《ひ》きつける公正の教えとして布教されるだけで、容易にジハードの物語とならないからである。この時代は、後の軍事指導者としてのムハンマドを予想させるものは片鱗もない。

かといって、この時代を素通りするわけにはいかない。イスラームがどのように始まったかを丁寧に見ることは、その後の展開をきちんと理解するためにも必要である。ムハンマドは商人の町マッカで新しい教えを説き始めるが、自部族はほとんどそれを受け入れず、迫害を繰り返す。ついに、ムハンマドは転機を求めて、マッカから北方の町ヤスリブに移住することになる。

その次に、第三章「ジハード元年」がやってくる。これは、ヤスリブ改めマディーナにおいて、イスラーム共同体を樹立し、政治的指導権を確立し、軍事的な意味での戦いを行う時期である。主要な三つの戦いと、それを通して「剣のジハード」が確立するさまを描くことにしたい。そして、いかにして、信徒たちが自らの命を捨ててまで戦うということが可能になったのかを考えてみたい。

そして、第四章「社会原理としてのウンマ」では、ムハンマドたちがマッカ征服を行い、アラビア半島を統一してから、さらに彼の没後に正統カリフ国家が成立し、「イスラームの大征服」が始まる段階を見ていく。その中で、新しい共同体（ウンマ）において、ジハードがいかに社会建設の原理としての意味を持っていたのかを考えてみたい。ジハードとはもともと、自己の心の悪と戦い、また社会的公正を樹立するために奮闘努力することを意味し、その原理は戦争の論理ではない。もしそうであれば、それほど息の長い原理ではありえないであろう。戦いだけでは、帝国は建設しえない。イスラーム帝国が優れていたのは、短期間に大きな版図を征服したことよりも、それを統治し、人々がそこで繁栄できるような帝国を建設した点にある。ジハードが、帝国建設といかに結びついていたのかが、そこでの論点である。

時間的な広がりで見るとこれからの三つの章は、ムハンマドが生まれた西暦五七〇年頃から、彼が預言者を名のった六一〇年頃を経て、六二二年のヒジュラ（聖遷）、六三〇年のマッカ征服、六三二年のムハンマド没と正統カリフ制の樹立、そして一二年に及ぶ二代のカリフの治世の終わりまでである。第二代カリフ、ウマルは、和平条約によるエルサレム開城を実現し、この時、マッカ、マディーナ、エルサレムの三聖都がイスラームの傘下に収められた。合わせて、七〇年ほどの間にあたる。この間に、マッカもアラビア半島も大きな変化を体験する。

ムハンマドが預言者を名のってから数えるのであれば、わずか四半世紀の間のことである。

第二章　信徒の共同体

ムハンマドという人

クライシュ族の実直な青年

ムハンマドが生まれた当時（五七〇年頃）のマッカは、人口が一万人程度だったと推計されている。この程度の規模の町では、誰が誰であるか、互いによく見知っている。ましてや、住民の多くは互いに系譜を同じくする部族である。この町を支配していたクライシュ族は、カアバ聖殿があるマッカの渓谷内に住む諸支族と、近郊に住む諸支族に分かれていた。マッカの名声も地位もカアバ聖殿に依存していたから、前者の方がより地位が高いと考えられていた。

ここで「部族」という語について、注釈をつけておきたい。というのも、部族という用語は「未開」のニュアンスがあるとして、最近の日本では使われなくなっているからである。一昔前まではアフリカやアジアについて常用されていたが、かつての「〜族」は、いまや民族集団として「〜人」と呼ばれることが多い。アラビア語でいう「カビーラ（部族）」はそれとは全く違っている。まず、民族なり言語から見ればアラブ人という大きなカテゴリーの中にあって、特定の系譜を共有する集団を指す。しかも、規模は大小さまざまで、一〇〇万人単位の場合から数千人、数百人の場合まである。「バヌー・誰々」すなわち「誰々の子孫」と呼ばれることも多く、その系譜を見ると出自を同じくする血縁集団のようにも見える。しかし、実際の血縁はないのに一族として扱われ、時の経過とともに本来の一員同様となる者もいたし、一〇万人単位の大規模な部族を直接的な血縁集団とみなすことはできない。そもそもアラブの場合に限らず、系譜意識というものは文化的な自己アイデンティティの側面を持っており、実際の血のつながりだけを指すわけではない。

現代を見れば、多くのエジプト人がそうであるように、宗教的なイスラーム化と文化的なアラブ化で「アラブ人」となった人々がたくさんいる。彼らは、部族的な系譜を持っていないし、その自意識もない。しかし、アラビア半島とその陸続きのイラク、シリア、パレスチナなどでは、今日でも系譜意識、部族的なアイデンティティは強い。七世紀には、アラブ人たちはもっぱら部族を単位として区分されていた。クライシュ族も、クライシュ（フィフル）を祖先と自負する集団として、他部族に対して結束していた。

当時の部族には、ハリーフ（同盟者）と呼ばれる者たちがいた。その部族に保護され、その部族と行動をともにする人々である。「同盟者」というと、なにやら同格の印象を与えるが、むしろ「臣従」といった方が近い場合もあった。ただ、当時は部族の構成員は本質的に平等で、族長も「等位者の中の指導者」という考え方が強かった。それからいえば、上下関係を含意する「臣従」の語は語弊が大きい。クライシュ族にも、彼らに仕える同盟者たちがいた。決して、少ない数ではない。一つの目安として、後の大きな戦役（バドルの戦い）での死者をみると、その四割程度がハリーフであった。彼らは、クライシュ族と生活をともにし、戦いでも生死をともにする人々であった。これに対して、ジワール（庇護《ひご》）を受けた者もいたが、こちらは一時的な保護であり、ともに戦役に出陣するような関係ではない。

さらに、当時は奴隷身分の者たちもいた。奴隷の出自はさまざまであるが、紅海を渡ったアフリカ側から購入された奴隷に家内労働者が多く、北方のシリアなどから連れてこられた奴隷は職能を買われる場合が多かったようである。奴隷たちが解放され、主家に従う場合、「マウラー」と呼ばれた。マッカは商業都市であったから、交易のために滞在する外国人もいたが、数百人程度で、その存在は限られていた。

ムハンマドは、カアバ聖殿の近くに住む諸部族の一員として生まれた。その支族はハーシム家と呼ばれるが、クライシュ族の支族を「〜家」と呼ぶのはイスラーム史学の慣行による。ハーシム族と訳しても間違いではない。ムハンマド生誕時の当主は、イエメンからエチオピア軍が来襲した際のマッカ側の指導者であったアブドゥルムッタリブ、すなわちムハンマドの祖父であった。ムハンマドの父アブドゥッラーは、ムハンマドが生まれる直前に亡くなった。アブドゥルムッタリブは息子の遺児ムハンマドを引き取って、慈しんだようである。しかし、ムハンマドが六歳の時に母アーミナも亡くなり、八歳の時、この祖父も亡くなった。

完全な孤児となったムハンマドは、ハーシム家の新しい当主となった伯父アブー・ターリブに養育されることになった。このような状態は、血縁を重視する部族制のもとでは珍しくなかったであろう。しかし、クルアーンの表現を見ると、孤児の遺産を保護者が簒奪《さんだつ》することもあったようで、誰もが親を失った血縁者に公正に接したとは言えない。ムハンマドの伯父は高潔な人物だったようである。ただ、この伯父の率いるハーシム家は貧しく、前代の勢威は失われていた。

要するにムハンマドは、血筋から言えば高貴な家柄であるが、勢力の小さな部族の一員として育った。生粋のクライシュ族の血筋ということは、非常に重要なことであった。もし彼が、系譜の定かでない者であったならば、その布教に耳を貸す者は誰もいなかったであろう。ムハンマドでさえ、後にイスラームの教えを説き始めたとき、「なぜ、人間が神の使いというのか（天使が来るべきではないか）」、人間だとしても「なぜ、こんな弱小部族の一員が？（わが部族の方が立派なのに）」というような不満、批判が浴びせられた。

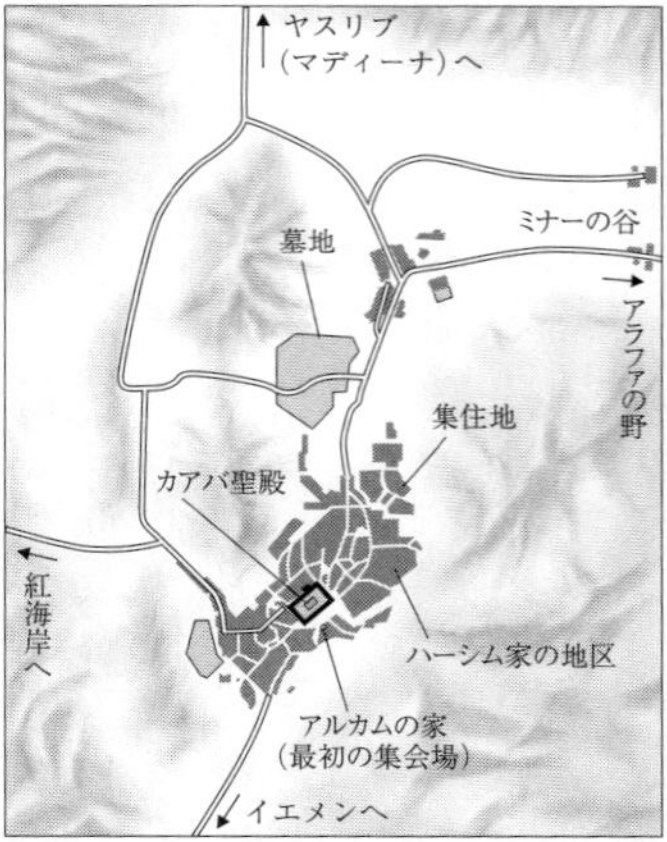

ムハンマド時代のマッカ　フサイン・ムーニス『イスラーム歴史地図』より

青少年の頃のムハンマドは、血筋はよ

いが弱小で貧しい一族の中で、伯父や従兄弟たちと成長した。少年時代には牧畜の仕事もしたし、若くして伯父の隊商についてシリア方面に出かけたこともある。「アミーン（誠実な者、正直者）」とあだ名されていたから、実直な青年であったろう。この時代には、傑出したエピソードもなく、記録も少ない。後に、世界史に巨大な衝撃を与える人物に育つと予見しうるような出来事は全くなかった。

結婚と平穏な暮らし

ムハンマドは二五歳の時、富裕な商人ハディージャに見そめられて、結婚した。ハディージャにとっては三度目の結婚で、すでに四〇歳。容色は優れて若々しかったようであるが、一五歳も年上の妻である。どうやら、この結婚話はハディージャが自分で考えたらしい。前夫に先立たれ、隊商貿易を切り盛りしていた彼女はムハンマドのことを知って、再婚相手にふさわしいと考え、自分がシリアに出す隊商の仕事のために、わざわざ彼を雇った。その上で、隊商の間のムハンマドの様子を聞き、「この男性ならば」と決断したという。

結婚後のムハンマドはよき夫、よき父となり、家庭も円満であった。ムハンマドは、後にハディージャが亡くなった後も、彼女の素晴らしさをしばしば語り、後妻たちの嫉妬を買った。「ハディージャは（その時代の中で）最良の女性」という彼の言葉も残されている。夫としてみれば、ハディージャはよい伴侶を見つけた、と言える。しかし、まさかその夫がやがて預言者となるとは思ってもみなかったであろう。

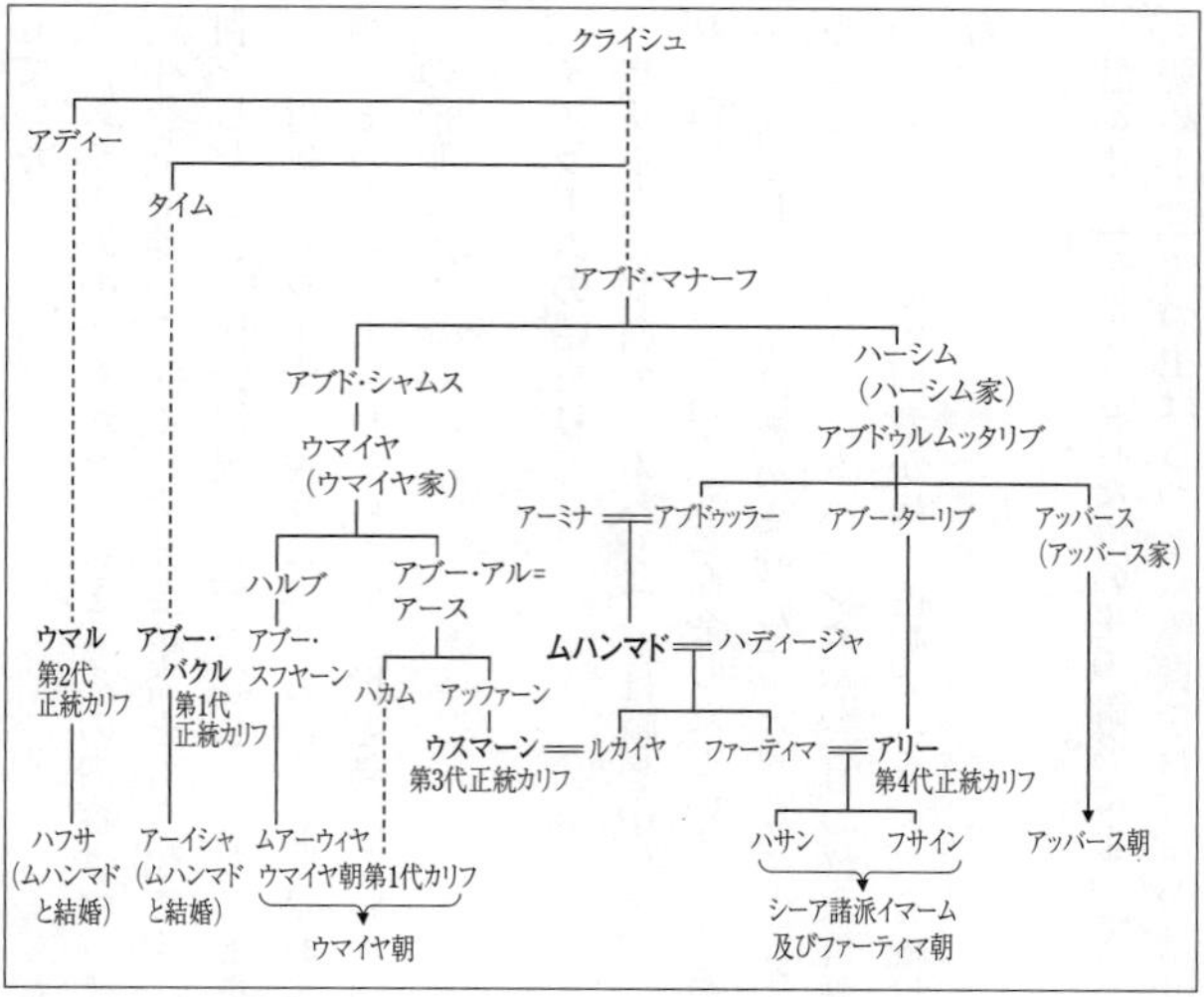

ムハンマドの系譜

それまで暮らしが大変であったムハンマドにとっても、才気ある女性豪商との結婚は幸運であったろう。生活の心配をしなくてもよくなり、伯父のところから幼い子を一人引き取って育てることもしている。後に勇敢で聡明な青年に育ち、末娘ファーティマを娶《めと》らせることになるアリーである。子宝にも恵まれた。男児こそ夭折したが、四人の娘が順調に育った。当時のマッカではあからさまな男尊女卑があり、女児が生まれると生き埋めにして間引く悪習まであったが、この夫妻には男女を分けへだてるような態度はなかった。総じて、四〇歳までのムハンマドは、妻の交易を支えたり、家庭や一族の務めを果たしたり、平穏な暮らしをしていた。

イスラームの布教が始まると、その内容はマッカ社会、さらには当時のアラビア半島の部族社会を根幹から揺るがす社会革命を引き起こす。しかし、それ以前のムハンマドが社会批判をしたとか、社会状況に義憤を感じていたことを示唆する記録は一切ない。四〇歳になる頃、近郊のヒラー山（現在は「光の山」と呼ばれる）の洞窟で瞑想にふけったとされているが、その内容もよくわからない。世を憂えていたのではないか、というのは後の布教内容からの推測に過ぎない。

イスラームの始まり

ヒラー山の洞窟で、ムハンマドは瞑想中に突如、不可思議な現象に襲われた。何者かが現れ、いきなり、「読め！」と命令したというのである。読み書きのできなかったムハンマドが、困惑して「私は読めません」と答えると、その何者かは死ぬほど彼を締め付けたという。とうとう観念したムハンマドが、言われた言葉を復唱すると、復唱という行為が正解だったようで、その何者かは、復唱すべき言葉を続けた。それが、クルアーンの最初の章句となった。


読め！　「創造なされた汝《なんじ》の主の御名《みな》によって。かれは、凝血から人間を創られた」

読め！　「汝の主はもっとも尊貴なお方、かれは筆によってお教えになった方、人間に未

大天使ジブリールの来訪　14世紀の写本『ムハンマドの生涯』の挿絵。トプカプ宮殿博物館蔵

ヒラー山　現在は光の山。啓示の始点である洞窟を訪れる人々

知なることをお教えになった」
（凝血章一～五節）

恐慌をきたしたムハンマドは山を下りたが、立ちつくして動けなかったようである。帰宅が遅いのを心配した妻は、人をやって夫を捜させたという。ようやく家に戻ったムハンマドは、妻にかけてもらった衣にくるまり震えていたという。いずれにしても、何が起こったのか、彼には全く見当がつかなかった。

後に預言者であることを自覚してから、これは大天使ジブリールの訪問の始まりであったという理解が確立されるが、当日は、何が何だかわからなかったであろう。六一〇年頃のことであり、ムハンマドは分別も豊かな四〇歳という年齢であったが、このような異常事態では、年齢は助けにならない。アラビア語では「狂う」という言葉は「ジンに取り憑《つ》かれる」ことを意味する。ジンとは、幽精、精霊などの訳語もあるが、目に見えない生き物である。当時のアラビア半島では、ジンの存在を信じていた。ジンは人間と同じように、子孫をもうけて暮らすが、しばしば人間には災いをなす。そして、人間に取り憑くと、その人間は常軌を逸することになる。ムハンマドは、自分がジンに取り憑かれたのかと、疑いもしたようである。

夫の恐れ、不安をおさめたのは、年上の妻ハディージャであった。記録に残されている限りでは、彼女は全く取り乱すことがなかった。妻は、懸命にムハンマドを励まし、洞窟での出来事の様子を詳しく聞いた。そして、自分の従兄弟のワラカにアドバイスを求めた。この人物は当時のマッカでは珍しいキリスト教徒で、話を聞くと、訪問者は大天使に違いないと断定したという。

実は、天使の訪れを確信したあとのムハンマドに、半年ほど天使が訪れない時期があり、それが逆の不安を呼ぶ、というようなこともあった。いずれにしても、ムハンマドは大天使が自分に遣わされ、神の言葉を預かる「預言者」たることを命じられた、と自分の責務を自覚した。その自覚を助けたのが、妻ハディージャであり、彼女が預言者としてのムハンマドを信じる最初のムスリム（イスラーム教徒。女性形はムスリマ）となった。

啓示という現象

「唯一神アッラーがムハンマドを預言者として選び、大天使を遣わして啓示を届けさせた」という現象をどう理解するのかは、非常にむずかしい問題である。もちろん、ムスリムたちから見れば、これは文字通りの事実である（そのように受け入れるのがムスリムである）ということになるが、それは結果論であり、当時のマッカでは、やがてムスリムになる者ですら、すぐにはこのことを受け入れることはできなかった。布教は遅々として進まなかったのである。

読者の便宜を考えて、問題の要点を二つ指摘しておきたい。一つは、神や啓示について、どう考えるかという点である。ヨーロッパはイスラームの登場によって大きな影響を蒙ったため、イスラームを否定する議論を数限りなく繰り返してきたが、近代以前はキリスト教に立脚しているため、唯一神や啓示は認めるが、イスラームの真実は認めない、という立場を取ってきた。しかし、近代以降には、キリスト教も含めて否定する無神論的な立場から、宗教現象を解釈しようとする考え方も強まった。その場合、ふつうは神や啓示の実在を脇に置いて、超常的なトランス状態で通常は起こらないようなことが起きた、というふうに考える。宗教者たちの超常体験は、それがどのようなメカニズムで生じるかは別として、確かに存在する。そこから分析を始めないと、宗教現象を理解することは困難になる。

二つ目の点は、他の文化の価値体系をどうとらえるか、という点である。イスラームの価値体系は、欧米人にとっても、多くの日本人にとっても他者の文化、異文化である。ということは、自分たちとは違う価値観、世界認識、概念に満ちている。それの一つ一つを信じなければ理解できない、というのであれば、異文化理解は不可能になってしまう。他の文化においては、そのような価値、認識が現実のものとして存在するということを、そのままに理解する必要がある。どのような社会にも、その社会では自明とされているが、外から見れば実在しているとは見えないことがたくさん存在する。日本社会にも、外から理解しにくい価値や概念はたくさんあるであろう。そのような異文化の価値、認識は、まず、そのようなものとして存在することを理解すべきであろう。それに対する賛否は、その先に判断すればよい。

唯一神、預言者、啓示、啓典などは、セム的一神教の基本概念であり、しかもそれを世界化するにあたってはイスラームが大きな貢献をなした（このことについては、拙著『ムハンマド――イスラームの源流をたずねて』でも論じているので、関心のある読者はご参照いただきたい）。預言者や啓典といったものが自明として認識される世界が存在する、ということを理解しないと、ムハンマドもイスラームもわからないし、イスラーム帝国の誕生もなにやら宗教的な擬制（フィクション）の上に立っているかのように見えてしまう。

ここでは、セム的一神教では王道とも言える形で、宗教としてのイスラームが始まった、ということを確認して先に進みたい。

クルアーンという啓典

ムハンマドは用心深く布教を始めた。当初は、一族や友人だけに教えを説いた。この段階では、妻ハディージャが入信した後、成人では非常に親しい友人であったアブー・バクル、未成年者では、手元で育てていた従弟のアリー、またかつての奴隷身分から解放して養子にしていたザイドなどがイスラームに入信した。秘密の布教期は三年ほど続いた（なお、「入信」の語は「帰依する（アスラマ、その名詞形がイスラーム）」に相当する。熱心な多神教徒であれば「改宗」にあたるが、個々人のイスラーム以前の宗教にかかわらず、本書では「入信」「改宗」を同じように用いる）。

やがて、クライシュ族全体に布教を開始することになった。それを迎えたのは、クライシュ族の驚き、困惑、否定であった。イスラームを嫌悪して、激しく否定する者も現れた。いくつかの理由が考えられる。

宗教的に言えば、まず、彼らは啓典と預言者というものが理解できなかった。クライシュ族は、イブラーヒームとイスマーイールの子孫であることを誇りにしていたし、カアバ聖殿を彼らが建立したという伝承も保持していた。当時の信仰には、一神教の痕跡が明らかに認められる。ムハンマドに対して、クライシュ族がその教えは「いにしえ人の伝説だ」と反論したのは、その一つであろう。偶像をアッラーへの「仲介者」として正当化したのも、アッラーという目に見えない神を認めていたことを物語っている。その意味では、前章で述べたように、マッカも広義の「セム的一神教の故地」の中にあった。

しかし、当時のアラビア半島で流布していた多神教には、聖典が全くなかった。ましてや、啓示を通じて預言者が伝える「啓典」に相当するものは存在しなかった。そのため、ムハンマドが預言者である、それゆえ彼のもたらす啓典を受け入れよ、という観念が、非常に新奇であった。啓示を容易に理解しないクライシュ族に、クルアーンは言語的な力によって、「神の言葉」であることを理解させようとした。

ダードを発声する者

クルアーンは基本的に押韻《おういん》散文から成っている。章句の語尾は、韻が美しく踏まれ、時に荘厳に、時に軽快に、聞く者の脳裏に鮮明なイメージを生み出す力を持っている。それについては、ヨーロッパの東洋学者も多くが認めている。しかし、押韻されているから詩だと思うと間違いである。アラビア語の詩にはさまざまな様式があるが、クルアーンはそれに従っているわけではない。しかし、詩の様式を超える力を持つものとして、クライシュ族に挑戦した。

当時のアラビア半島は「詩人の時代」とも言われる。美しい詩を紡ぎ出す詩人は、社会的にも大きな役割を果たした。部族間の抗争があった場合、戦場での勝敗にもまして、自分の部族の勇猛さ、高潔さをうたう詩の対抗が重要であった。戦場でさえも、詩によって戦士たちを鼓舞することが重要であった。現代的な言葉では宣伝戦と言ってもよいが、優れた詩人が自部族にいなければ、戦闘での勝敗、戦後での勝敗にも差し障りが生じた。詩人たちは敬意を払われ、優れた詩は、口承で半島全体に広がり、作者の名を高めた。

遊牧民の場合、産品の蓄積や建築によって財産を形成できない。家畜や天幕、身につける装飾品など、移動可能なものが主要な財産となる。そのような暮らしにあって、美しい詩や言葉は持ち運び可能な貴重な財産である。

今日でも、アラブ人のことを「ダードを発声する者」と呼ぶ表現が使われる。ダードは、ローマ字で言うとDの重い音にあたるが、アラビア語特有の重い子音の一つである。七世紀にも、このダードをきれいに発音できることがアラブ人の特徴とされた。「ダードを発声する者」という表現は、誇りと自信に満ちた表現なのである。「ダードが発音できたからと言って、それにどれほどの意味が？」と疑問に感じる者には理解できない、深い思い入れがある。

クルアーンにも登場する「アジャム」という言葉がある。当時のアラブ人の認識では、人間はアラブとアジャムに分かれる。アジャムとは何か。主として、ペルシア人などを指すが、原義はアラビア語を話さない人を意味する。実際に、イスラームの広まりとともに、多くのアラビア語単語がペルシア語に入ったが、断食月の「ラマダーン」はペルシア語では「ラマザーン」と発音される。この「ダ」がダードである。

つまりは、ダードを美しく発音し、アラビア語を雄弁に使えるだけで、人間として質が高いというのである。「言語誇り」とでも言うべきであろうか。この心性を踏まえないと、当時の状況はわからない。ムハンマドは、次々とクルアーンの章句を公表し、それが唯一神アッラーからの啓示であると主張した。それを迎えたクライシュ族は、章句がただならぬインパクトを持つ言語であることは認めた。しかし、神の言葉とは認めたくない彼らは、「魔術師」「巫者《ふしゃ》」「詩人」「ジン憑き」などの嫌疑をムハンマドにかけた。

社会変革の教え

旧体制の抵抗

なぜ、神の言葉と認めたくなかったのであろうか。彼らがムハンマドを否定した二番目の理由は、これが父祖伝来の多神教を否定するからであった。部族主義としばしば呼ばれる当時の部族的な価値観には、血統の重視とともに、血統集団内での伝統の重視が含まれる。多神教が宗教として正しいかどうかの前に、父祖伝来の伝統であるだけで守るに値するとされていた。彼らは、「われわれは父祖たちが一つの共同体であったのを見て、その足跡に導かれているのだ」（装飾章二二節）と主張した。それに対して、クルアーンは最初の父祖とは、イブラーヒーム、イスマーイールであり、その一神教に還るべきではないかと主張したが、それに対するクライシュ族の反論は、上述のように、「それは、いにしえ人の伝説にすぎない」というものであった。

クライシュ族がイスラームを拒絶した三番目の、より重要な理由は、ムハンマドのもたらす教えが、商業都市マッカの社会体制を覆《くつがえ》す革命性を持っていたからであった。部族主義は、血統や身分による人間の差別を前提としている。しかし、イスラームは、人間は平等であると主張した。また、商業の成功は、富者の支配と驕《おご》り、弱者や貧者の抑圧などを生んだが、イスラームはそれに対しても公正と貧者の救済を主張した。

マッカの商業の成功は、享楽主義的な世界観を支えたが、これは当時の多神教とも深く結びついていた。聖典がないだけではなく、マッカの多神教は体系的な思想を欠いており、カアバ聖殿の偶像も種々の混合であった。たとえば、キリスト教の聖画像も持ち込まれていたが、これは北方のシリアの交易の相手がキリスト教だからであった。具体的な利益があると思えばどの宗教の神でも持ち込むという態度は、マッカの宗教状況が、よく言えば現実主義、悪く言えば利益優先で、宗教的な精神性を欠いたものであったことを示している。

第四番目の理由として、クライシュ族内部での指導権争いがあった。イスラームを認めることは、ムハンマドが新たな指導者として勃興《ぼっこう》することを意味した。すでに指導権を握っている長老たちも、次世代を狙う若手の指導者候補たちも、それをよく思わなかった。その代表的な人物として、アブー・ラハブがあげられる。顔が非常に赤かったため「炎の父」というあだ名で呼ばれるこの人物は、ハーシム家の一員であったが、ムハンマドには当初から反対した。後にムハンマドを保護した家長が没すると、アブー・ラハブが新しい当主となり、ムハンマドに対する部族の保護を取り消すことになった。そのためムハンマドは大きな危機に見舞われる。

五番目の理由は、イスラームが「命令の体系」であるという点にあると思われる。最初の啓示の言葉が「読め！」であったことは、上に述べた。これに始まり、クルアーンの基本命題は、「おお、人々よ、汝らを創った主を崇拝せよ」（雌牛章二一節）、「おお、信仰する者よ、アッラーに従い、使徒に従いなさい」（女性章五九節）といった人間に対する命令である。イスラームとは「帰依」を意味するが、啓典の命令に服することこそが、帰依の根幹をなす。

それに対して、イスラーム以前のマッカは、非常に自由な町であった。初期イスラームの専門家である後藤明氏はそれを「自由都市」と名づけている。実際、マッカはさまざまな意味で自由な都市であった。ここは、カアバ聖殿の威光があって巡礼の中心であるため、半島の諸部族からも敬意を払われ、攻撃の対象とならず、安全であった。その一方で、都市内の統治は、国家や王権がなく、長老たちのゆるやかな合議によって行われていた。徴税も賦役もなく、自由を享受できた。

弱者の共感を得る

確かに、マッカは自由であった。しかし、見方を変えると、その自由は大きな欠陥を内包していた。それは、自由が何よりも富のある者、力のある者にとっての自由であったこと、性的放縦や女児の殺害といった悪徳までもが自由になされていたこと、そして、弱者にとって自由が強者による抑圧と不正と同義語だったことである。

ムハンマドが公然と布教を始めたとき、その主張が弱者たちの共感を得たことは、ある意味で当然であろう。たとえば、初期の章の一つでは、「汝は、（終末の）審判を嘘だと言う者を見たか。その者は、孤児を手ひどく扱い、また、貧者に食を与えることを勧めない」（慈善章一〜三節）と述べられている。ここから、孤児や貧しい者に対する扱いのひどさが推測できる。イスラームを慈善と弱者救済を勧める教えと見た者たちは、唯一神を認める意義を見いだした。

また、イスラームに惹《ひ》きつけられた者の多くは若者であった。最初期の入信者アブー・バクルは富裕な商人の一人で、ムハンマドとは二歳しか年が離れていないが、これはむしろ例外に属する。イスラームに加わったのは、現体制に既得権がないか、あるいは社会の現状に満足していない青年たちであった。

クルアーン　抗議する女性章の冒頭頁　エジプト国立図書館蔵

女性も加わった。ムハンマドの父には兄弟姉妹がいたが、その中で姉妹（ムハンマドのおば）たちのほとんどが早くからイスラームに加わった。当時のマッカ社会は女性差別の激しい社会であった。ハディージャのように、富も自立心も旺盛な女性がいる一方、全体的には、女児殺害に代表される男尊女卑、きわめて女性に不利な婚姻制度など、女性にとっての不条理に満ちていた。イスラームといえば、「一夫多妻」がしばしば話題にされる。しかし、実際には、イスラームはそれ以前の無節操な状況を厳しく制限し、法の下に厳密な運用を求めようとした。

結婚にかかわるイスラーム以前の悪習の一つとして、

「ズィハール離婚」というものがある。これは「お前は私の母の背中のようだ」と夫が宣言すると、事実上離婚状態になり、妻としての権利は消滅するが、それでも婚家を去る自由もない、という女性にとって恐るべき制度であった。クルアーンは「妻は汝らの母ではない」(抗議する女性章二節)と断言して、この制度を廃止している。

しかし、公正と弱者の保護を訴えるイスラームに加わっただけでは、公正は実現されなかった。イスラームを否定するクライシュ族は、そのような弱者を徹底して迫害する方針を取ったからである。クライシュ族の中でも、マフズーム家の者たちは特に、イスラームに敵対的であった。たとえば、ハリーフ(同盟者)として彼らの保護を受けていた者がイスラームに加わったため、マフズーム家からイスラームを捨てるように拷問を受けた事例がある。ムハンマド自身がその現場に通りかかったが、部族制の原理のゆえに他の支族に介入することもできず、ただ声をかけて励ますだけだったという。

迫害と忍耐のマッカ期

イスラームに改宗した者たちが迫害に耐えたのは、イスラームが来世の生を説くことと無縁ではない。クライシュ族の多神教はあくまで現世の宗教であって、審判や来世についての観念は薄い。終末の審判を警告するムハンマドに対して、クライシュ族の者たちは「(埋葬されて)骨になってしまった者たちが、いつか甦るというのか」と疑問を投げかけた。

マッカ期の章句を見れば、終末の日は近い、神は人間を甦らせ、審判を下すのだ、というトーンが非常に強い。迫害に遭って命を落とす者たちは、殉教によって得られる来世の報賞だけを頼りに、辛い日々を耐えるしかなかった。

ここで留意すべきことは、マッカ期には、戦いの意味でのジハードは全く存在しないことである。ジハードと殉教が結びつけられることは多いが、殉教はまずマッカの迫害期に生じたもので、ジハードに先行している。この時期は、戦いの命令も、そもそもイスラームのために戦うという考えも、まだ存在しない。迫害に対して、力で抵抗するという考え方もなかった。

マッカ期の章に「時にかけて（誓う）。人間は喪失の中にある。ただ、信仰して、善行をなし、互いに真理を勧め合い、互いに忍耐を勧め合う者を除いては」（時章一～四節）という表現がある。「互いに真理を勧め合い、互いに忍耐を勧め合う」だけが、マッカ期のイスラームであった。

しかし、忍耐の道もまもなく尽きる。ムハンマドの保護者がいなくなるからである。イスラームは部族主義の廃絶を主張したが、マッカに暮らしていたムハンマドは、実は部族的な原理によって守られていた。ハーシム家の族長アブー・ターリブが、自分自身はイスラームを信じないのに、部族の一員として甥のムハンマドを守り続けたからである。ちなみに、後に、ヤスリブ（マディーナ）からの入信希望者がムハンマドを訪問したときも、彼を守るために叔父のアッバースが付き添っていた。当時のアッバースはまだイスラームには加わっていなかったが、ハーシム家の者として、ムハンマドを守っていたのである。

さて、布教開始から一〇年ほどして（六一九年頃）族長アブー・ターリブが亡くなった。この年は、長年連れ添った妻ハディージャが亡くなった年でもあった。ムハンマドは最大の支持者二人を亡くして、途方に暮れたであろう。ハディージャについて付言するならば、預言者としての始まりから彼女の死までの間、イスラームはムハンマドと彼女の夫婦の事業であったように思われる。イスラームの教義は、預言者としてのムハンマドの中心的役割を強調するから、ハディージャをそのように表現することはないが、実際には彼女の功労は非常に大きかったであろう。その妻を亡くし、部族の保護者も亡くしたこの年は「悲しみの年」と呼ばれている。

マッカ期は総計するとほぼ一三年で、最初の三年の秘密布教期に三〇人ほど、その後二〇〇人ほどがイスラームに加わった。長年の苦労にしては、少ない数字と言うべきかもしれない。その間に、迫害で命を失った者もいた。また、迫害を避けるために、紅海を渡ってエチオピア（国名はアクスム）に避難した者もいた。当時のエチオピアはキリスト教国であり、亡命者たちは「どのような教えか」と国王に聞かれて、聖母マリアについての美しい章句を朗誦《ろうしょう》して国王の満足を得た、という。ちなみに、クライシュ族はエチオピアと良好な商業関係を持っており、亡命しているムスリムたちを送還するよう要求したが、エチオピア側は商業関係にもかかわらず、これには応じなかった。

イスラームの広まりはゆるやかなものであったが、そこに含まれている社会批判は浸透したと思われる。たとえ信徒にまではならなくとも、イスラームによる悪習の指弾に耳を傾ける者はいたであろう。このままではマッカの支配体制は危機となる、と考えたクライシュ族の指導者たちは、ムハンマドの暗殺を企てた。ハーシム家の族長は保護を取り消していたから、ムハンマドを殺害しても部族的な報復の心配はなかった。かくして、「はじめに」で述べた夜陰の旅立ちへといたる。

「ジハード以前」の社会構想

ムハンマドたちがマッカを去り、北方の町マディーナに移ってからは、ジハードの時代となる。しかし、そこに目を向ける前に、マッカでの教えが、どのような社会を構想していたのかを瞥見してみよう。

ムハンマドがヒラー山の洞窟で預言者としての召命を受けたとき、彼自身は、ただ天から降ってきた命令に従っただけで、自分自身で何かを望んでいたわけではない。むしろ、布教を始めたあと、クライシュ族の非難や嘲笑に遭って、心外に思ったようである。若いときから「正直者」とあだ名されていた彼にとって、命じられたままにメッセージを伝えているのに、称したこともない「シャーマン（巫者）」や「魔術師」と言われ、詩作をしたこともないのに「詩人」と非難され、傷ついたと思われる。それに対して、クルアーンの章句はしばしば、歴代の諸預言者たちがみな否定され、非難され、苦難に耐えたと述べている。

ムハンマドは布教の将来について、どれほど楽観的な予想を持っていたであろうか。既存の社会を批判して直ちに受け入れられるとは思わないにしても、マッカの住民がイスラームを受け入れ、そこに新しい社会を建設しうるという希望を持っていたということはないであろうか。もし、そうだとすれば、剣を取ることなしに、イスラーム社会が建設しえた可能性もあっただろうか。マッカが町ごとイスラームに加わった場合は、むしろ、イスラームを広めようとするマッカとその他の諸部族との間で、戦いが生じたのであろうか。

これらはすべて、今では検証しようのない問いである。ただ、剣によるジハードなき段階のイスラームの社会構想を推測することはできる。それは、「女性の誓い」と呼ばれるものに含まれている。これは、マディーナに移住する以前に、マディーナから来た信徒たちとアカバの地（マッカ郊外）で交わした第一の誓いである。「女性の誓い」と言われるのは、戦闘の義務が含まれていないためである。その内容がクルアーンの中に収録されている。

預言者よ、もし女性信徒がやって来て、汝に忠誠の誓いを行って、彼女たちがアッラーに何者も並べたてず、盗みをせず、姦通をせず、自分たちの子どもたちを殺したりせず、彼らの手足の間で嘘を捏造《ねつぞう》せず、正しいことについては汝に背かない、というのであれば、彼女たちの誓いを受け入れ、彼女たちのためにアッラーの赦《ゆる》しを乞いなさい。（試問される女性章一二節）

イブン・ヒシャーム（八三三没）の『預言者伝』を見ると、アカバの地での男性たちとの誓いがこれと全く同じ内容であったことがわかる。「子どもの殺害の禁止」は当時、女児を間引く習慣があったことに起因するが、一般化すれば不当な殺人の禁止である。ここでの表現は当時の社会状況を反映した特定の言い方になっているが、ここに含意されている倫理を現代的な表現を使ってまとめるならば、（一）イスラームの基礎としての唯一神の信仰、（二）啓典および預言者の指示の権威、（三）財産権の保全・その侵害（盗み）の禁止、（四）婚姻と社会の基本単位としての家族の保全・その違反行為（姦通）の禁止、（五）生命の尊重と殺人の禁止、（六）公正の確立と不正・偽証などの禁止、といったことであろう。

これはマッカ期の最後にあたるが、その後のイスラーム社会のもっとも重要な基本原則が、おおむね含まれているように見える。イスラーム社会の構想は、すでにできあがっていたのではないだろうか。

マッカ時代のジハード

ここで、マッカ時代の章句に見られる「ジハード」を見ておこう。マッカでは、ムスリムたちは迫害される少数派であったから、腕力をふるって戦うことはなかったし、迫害に対して刃向かうこともなかった。しかし、「ジハード」という考えは、示されている。たとえば、「信仰のために奮闘努力する者は、自らのために努力しているのである」（蜘蛛章六節）の中で「奮闘努力する」と訳した部分には「ジハードする」と書かれているが、ここには戦闘の意味は全くない。これは、自分の心の中の悪と戦う、あるいは社会的な善行を行うことを指している。

「ジハード」自体に戦闘の意味がないことは、イスラームを信じない親が入信した子どもを圧迫した時に、親孝行の義務との両立をどう図るか述べた節からわかる。そこでは、「われ（アッラー）は人間に両親への孝行を命じた。しかし、両親が汝に対して、汝には正体が知れないもの（偶像）をわれと並べたてるよう努力するならば、それに従ってはならない」（蜘蛛章八節）と言われている。「努力する」と訳した部分は、「両親がジハードする」と述べられている。具体的には、親が子どもに多神教に従うよう説得したり、命令したりすることを指す。これを見れば、ジハードが「奮闘努力」の意味であることははっきりしている。

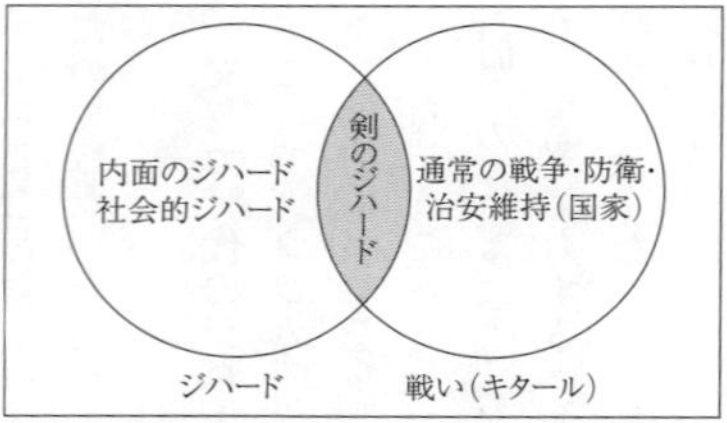

ジハードの区分

ジハードを分類すれば、心の悪と戦う「内面のジハード」、社会的な善行を行い、公正の樹立のために努力する「社会的ジハード」、そして「剣のジハード」に区分することができる。私たちはジハードと聞くと、最後の剣のジハードを思い浮かべがちであるが、マッカ時代から継続的にあったジハードは、内面と社会のためのジハードで、剣を持って戦うことではなかった。

アンチテーゼとしての「無明時代」

上述のように、誓いの言葉では「生命の尊重と殺人の禁止」を「自分たちの子どもを殺したりせずに」と表現しているが、それは当時のマッカおよびアラビア半島の社会状況を映し出している。クルアーンは、現代的に翻訳すれば一般的な原則となることを、しばしば当時の現実に沿って非常に具体的に表現している。

それは単に表現が時代性を帯びている、というだけのことではない。イスラームは当時のマッカの悪習を激しく批判した。そして、それを「ジャーヒリーヤ」と呼んだ。「ジャーヒル」とは無知なる者であるから、「無知の時代」を意味する。日本語では仏教用語を転用して「無明時代」と訳されるが、真の神を知らない、正しい信仰を知らない時代、ということになる。イスラームの信仰を持たずに死ぬことを「ジャーヒリーヤのままに死ぬ」とも表現された。イスラーム以前のことを指すと言っても、無限に過去にさかのぼるわけではなく、時代的に言えば、五世紀後半から七世紀初めが「無明時代」に相当する。クライシュ族がマッカを支配していた時代である。

イスラームを社会革命とすれば、それは「無明時代の悪習」を払拭することを目的とした。何度も述べたように、この無明時代なるものは、当時の世界的な情勢から言えば、ビザンツ帝国とササン朝ペルシアの間の空白地帯の中にある。イスラームが世界化したために、それがアンチテーゼとした無明時代も付随的に重要な意味を持つようになったが、本来は、ローカルな社会であり文化であった。

同様に、イスラーム世界ではその後も、多神教や偶像崇拝といえば無明時代のそれが代表とされたが、古代オリエントにはもっと重要な多神教がいくつもあった。本章で述べたように、クライシュ族の多神教は、宗教的にはそれほどの深みを持っていなかった。しかし、多神教と一神教の対立というアブラハム時代以降のテーマについて、イスラームの時代にそれと対峙した多神教は、アラビア半島のそれであった。無明時代とイスラームという対照性は、草創期のイスラームを考える上で非常な鍵となる。

ただ、無明時代のすべてが悪かったわけでも、すべてが否定されたわけでもないことにも留意する必要がある。後に、ムハンマドは「無明時代のよき人は、イスラーム（改宗後）においてもよき人である」と述べた。これは、マッカ征服を機に大挙イスラームに加わった人々との融和を図る言葉でもあったが、明らかにイスラームは無明時代の美徳も少なからず継承したのである。

第三章　ジハード元年

新天地へ

マディーナからの招待

マッカ期の最後に、ムハンマドは移住を決意した。すでに、最愛の妻を亡くし、部族の保護者を亡くし、ムハンマドは窮地にあった。そのため、他の町で支持者を獲得できないか、模索した。マッカの近くにあるターイフの町には直接出かけたが、町の住民であるサキーフ族からは、石を投げられ拒絶された。

さらに、彼は他の町の可能性を探ったが、それに役立ったのは、巡礼の機会であった。マッカは巡礼と交易の中心であり、以前から巡礼および定期市は重要な布教の機会となっていた。

北方の町から朗報がもたらされた。ヤスリブの住民がイスラームへ入信したのである。さらに、彼らは、ムハンマドを自分たちの長として迎え入れる用意があるという。本書ではマディーナと言いならわしているが、これはムハンマドが移住して後の名称で、本来はヤスリブという。この町には、ハズラジュとアウスという二つの大きな部族集団があり、さらに、ユダヤ教徒の部族も住んでいた。ハズラジュ族とアウス族は、長年にわたって部族抗争を繰り返し、つい最近もブアースの戦いという深刻な戦闘があり、ついには解決不可能な状態になっていた。社会崩壊の危機に陥っていたのである。

当時の部族社会は、中央集権的な権威がなく、それぞれの部族が自分の構成員に攻撃がかけられたら部族全体で反撃することが、安全保障の原理となっていた。構成員が傷つけられたのに復讐をしなければ、部族の名誉は地に墜ち、また構成員の忠誠心も確保できなくなる。しかし、いったん復讐合戦が生じた場合、調停する勢力がなければ歯止めがきかなくなる。マッカの場合は、クライシュ族という単独の部族が支配権を握っており、彼らの間では武力による争いは抑止されていた。アブー・ターリブが家長の時代に、ハーシム家がムハンマドの保護をやめないのに業を煮やした他の諸家がハーシム家ごと攻めようとしたときも、その手段は、交易、共食、通婚などの禁止、つまり経済的・社会的制裁であって、武力に訴えるものではなかった。

ヤスリブの町では、ハズラジュとアウスという二大部族集団は、どちらかが圧倒的に強いということがなく、歯止めのきかない抗争に突入していた。その危機の深刻さから、彼らは、父祖の多神教を捨て、部族主義の廃絶を訴えるイスラームを受け入れる決断をしたものと考えられる。

もう一つ大きな要素は、ユダヤ教徒との関係であった。ヤスリブにはユダヤ教徒の部族が住んでいた。主要な三部族は、カイヌカー、ナディール、クライザという。彼らが北方から移住してきたイスラエルの民の末裔なのか、ユダヤ教に改宗したアラブ部族なのかはわからない。彼らは、ハズラジュとアウスに対して、やがて新しい預言者が現れて、アラブの諸部族を撃滅するのだと、威嚇《いかく》していたようである。その上、両部族が抗争で疲弊すると、相対的にユダヤ諸部族の立場が強くなった。

ムハンマドのことをハズラジュとアウスの者たちが聞いたときに、「予見されていた預言者ではないか」と思った者がいたことは間違いない。しかも、ムハンマドはアラブ人である。彼に自分たちの側についてもらいたいと考えたのは、理の当然だったであろうか。

ヒジュラ（聖遷）

マッカに住む信徒たちにとって、ヤスリブへの移住はそれ以外に選択肢のないやむをえない状況とはいえ、決して嬉しいことでも望ましいことでもなかった。マッカのクライシュ族が自分たちの町をどれほど誇りにしていたかは、第一、二章でも論じたところである。ムハンマドにしても、「アッラーの館」であるカアバ聖殿を本来の持ち主に戻すことがその使命であった。しかし、マッカの町でイスラームを樹立するという目標は、もろくも崩れかかっていた。

私たちはその後の歴史の展開を知っている。移住から八年の後に、マッカが無血開城することを知っており、移住がイスラーム発展の転機となったことも知っている。しかし、それは結果論であり、移住者たちは悲壮な決意のもとに、さらに言えばそれが啓示の命令であるがゆえに、ようやく故郷を捨てた。ムハンマドたちのこの移住をヒジュラ（聖遷）と言う。

ムハンマドも、これからマッカとの戦いが生じることを予感していたであろう。マッカの中にとどまるうちは、争いは武力によるものではなかった。しかし、ムハンマドが他部族に受け入れられ、他の町に移ったとなれば、そしてクライシュ族の側も暗殺を含むあらゆる手段でイスラームを排除する決意をしているとなれば、大きな対立が予想されるのも当然であった。

すでに迫害は激化していたから、ムハンマドは身の危険がある者から順次、出立させた。最後にムハンマドは、「はじめに」の夜陰の旅立ちで述べたように、自分自身もただ盟友のアブー・バクルだけを伴い、隠れるように出立した。二人は追っ手を逃れて、ヤスリブへと不安な旅をした。その様子は、クルアーンに次のように描かれている。

たとえ汝《なんじ》らが彼（ムハンマド）を助けなくとも、アッラーが彼を助ける。不信仰の者たちが彼を追い出し、もう一人（アブー・バクル）とともに二人が洞窟にいた時を思い起こせ。彼はその輩《ともがら》に「悲しむなかれ。アッラーは私たちとともにある」と言った。そして、アッラーは彼にサキーナ（安らぎ、平穏）を下し、彼を汝らには見えない軍勢で強化し、不信仰の者たちの言葉を最低のものとし、アッラーの言葉を至高のものとした。アッラーは比類なき強力者・叡智者である。（悔悟章四〇節）

アブー・バクルは、成人の中で最初にイスラームに帰依した人物とされているが、ムハンマドの信頼も厚く、この危険な逃避行の唯一の同行者となった。ちなみに、ここにはアブー・バクルの名は書かれていないが、クルアーンには固有名詞の言及は非常に少なく、弟子たちも一人を除いて名が書かれていない。この場合のアブー・バクルのように、はっきりと誰かわかるような形で「彼」と言及されて「啓典」に登場することは、非常に名誉なことであった。ちなみに、彼はムハンマドの没後、最初の正統カリフとして、イスラーム共同体を率いることになる。

マディーナで彼らを待つ人々は、旅程の安全は保障できなかったから、二人が無事に到着したとき、非常に喜び、皆で出迎えたという。到着を喜ぶ「満月が上った」という詩が作られ、今日まで伝わっている。

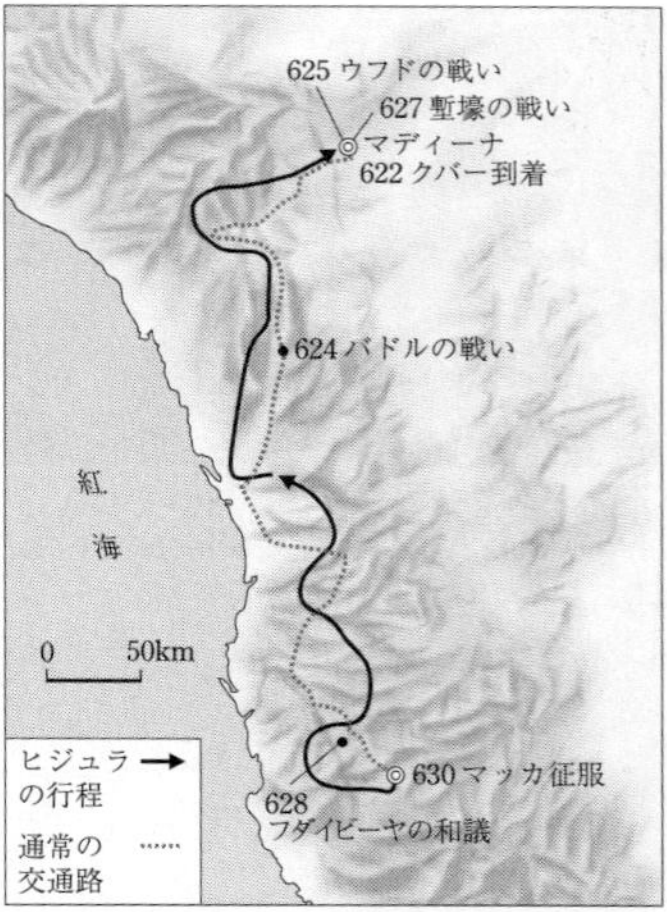

ヒジュラ（聖遷）の行程とその後の主要な出来事　フサイン・ムーニス『イスラーム歴史地図』をもとに作成

モスクの建設

ムハンマドの到来によって、かつてヤスリブと呼ばれた町は、「預言者の町」または「アッラーの使徒の町」を略して「マディーナ（町）」

クバー・モスク　最初の礼拝所とされる。AHMAD FAIZAL YAHYA/Shutterstock.com

預言者モスクで祈る人　モスク（マスジド）とは額ずく場所を意味する。

ナツメヤシの畑　マディーナはかつても今もナツメヤシを主産品としている。Samet Guler/Shutterstock.com

と呼ばれるようになった。「マディーナ」自体は普通名詞であるから、他の都市にも用いられる。今日では、しばしば「光り輝く（ムナウワラ）」という形容詞を付けて「光り輝くマディーナ」と呼ばれている。この形容詞が付いていれば、それは他のどの町でもなく、イスラーム第二の聖都を指す。

マディーナでのムハンマドの第一の仕事は、モスクを建設することであった。初めに到着したクバーに礼拝所を定めたあと、後に「預言者モスク」として知られる中央モスクを建設した。といっても、周囲に壁をめぐらし、ナツメヤシの木を柱として、一部にナツメヤシの葉で屋根を葺《ふ》いた質素な建物であった。

マッカにはカアバ聖殿はあったが、その周囲はまだモスクとなっていなかった。「モスク」という宗教建築が始まったのはマディーナの地である。特に、預言者モスクは、その後のモスク建築様式の基本形となった。モスクは、アラビア語の「マスジド」が訛って西洋語に入った言葉である。マスジドとは「スジュードする場所」を意味する。礼拝の最後の平伏礼で、信徒は額を床に付けてアッラーを讃《たた》えるが、それが「スジュード」である。唯一神に対する帰依者として、もっとも謙虚な姿勢が祈りの究極の姿、という考えが「マスジド」という命名に込められている。

もっとも、ムハンマド時代のモスクは単なる宗教建築ではない。ここは、彼が弟子たちと合議をし、マディーナを治める諸事について話し合い、ジハードの時代には軍事も議題となった。

マディーナに到着したムハンマドは、マッカから移住してきた信徒たち、マディーナで待ち受けていたハズラジュ、アウス両部族の信徒たちの指導者となった。前者は「移住者（ムハージルーン）」、後者は「援助者（アンサール）」と呼ばれる。ハズラジュ族とアウス族はすべてが入信していたわけではないが、大勢は決していた。ムハンマドは新天地で、新しく生まれた共同体の指導者として、さらには、その司政者としての道を歩み始めた。

「戦闘許可の節」

移住してからそれほどたっていない頃に、「戦闘許可の節」と呼ばれるクルアーンの章句がムハンマドのもとに現れた。

戦いをしかけられた者たちには（戦闘が）許された。彼らは不義を受けたからである。まことにアッラーは、彼らを援助するに万能である。彼らは「私たちの主はアッラーです」と言っただけで、不当にも自分たちの家から追われた。（巡礼章三九～四〇節）

「戦闘が許された」という表現は、それゆえ戦うか否かをムハンマドたちが選択せよ、という意味ではない。明らかに、戦いが不可避的であるがゆえに、その戦闘を許可するという文脈にある。しかも、信仰しただけで迫害され追放されたゆえに、戦ってよい、とするものである。「必要ならば、戦え」もしくは「もはや、無用に戦いを避けるな」という含意を強く持っているであろう。

マッカ期の「叡智とよき語りかけで（人々を）汝の主の道に招きなさい。そして、もっともよい接し方で彼らと論議をしなさい」（蜜蜂章一二五節）という命令と、あとは迫害にあっても忍耐を旨とする方針から、実力による防衛へと大きな転換がなされた。

ここでは「戦闘（キタール）」の語が使われ「ジハード」とは言われていないことに、今一度留意しておきたい。前述のように、ジハードはより一般的な奮闘努力のことで、それだけでは戦いを意味しないからである。剣の戦いを具体的に指すためには、「戦闘」の語が必要であった。ただし、戦闘の許可によって、ジハードの新しい範疇として「剣のジハード」が誕生したことも確かである。これ以降の章句に登場する「ジハード」の語は、剣のジハードをも含むものとなっている。

また、「彼らは不義を受けたからである」という理由付けから明らかなように、この戦闘には防衛的な意味が強い。これまで反撃してこなかったものを、今や反撃せよ、と転換されたのである。

同時に、戦闘の許可は、クライシュ族との長い戦いが始まったことを告げるものであった。あらゆる手段を用いる決意をしているクライシュ族に対して、実力で反撃するということは、これからの戦いが両者のどちらかが降伏するまで終わらないことを予期させた。

新しい共同体の原理

マディーナ憲章

新しい共同体を出発するにあたって、ムハンマドはその内容を記した文書を作成した。その文書中には「この文書（サヒーファ）」なり「書（キターブ）」と記されているが、現在では「マディーナ憲章」と呼ぶのが通例となっている。マディーナに成立した共同体の理念と原理を明示したという意味において「憲章」と呼ぶにふさわしい。

古典期の文書の通例として、もともとの文書には条文の番号などは振られていない。研究の都合上、現代では条文番号を付して論じることが多い。条文をどこで切って総計いくつと数えるかは、多少解釈の余地があるが、少なくて四七条、多くて五二条であり、さほどの違いはない（筆者は欧米や日本での研究成果を踏まえて、五二条の説に立脚して翻訳している。以下の引用での番号は、それによる）。

この憲章は、冒頭で、その性質を「（一）これは、預言者ムハンマドよりの、クライシュ族（出身の移住者）とヤスリブ在住の信徒およびムスリムたち、並びに彼らに従って、彼らと提携し彼らとともに戦う者たちの間の関係を律する文書（キターブ）である」と明示した後、まず、「（二）彼らは、他の人々とは異なる一つの共同体（ウンマ）をなす」と、新共同体の樹立を宣言している。

共同体を意味する「ウンマ」の語は、イスラームにとってもっとも重要な鍵概念の一つである。折に触れて本書でも説明を付け加えるが、ここでは「一つの共同体」である以上、その中で部族や人種などの違いを言い立ててはならないという点だけを確認しておこう。

この条項に続いて、一〇条にわたって、「アウフ氏族は、彼らの慣習に従って互いの間で従前からの『血の代償』を履行し、氏族内の血族集団が、捕虜となった者について、信徒間の（あるべき）善行と公正な分担によって（身代金を支払って）身請けする」といった規定が、一つ一つの部族名をあげながら続く。これは、まさに、マディーナでの抗争を停止するためにムハンマドが呼ばれたことを示している。新共同体の樹立とともに、過去の清算が必要とされた。

共同体にとって、内部の秩序が大事であることは言うまでもない――「(一三) 敬虔なる信徒たちは、信徒の中の反乱する者、あるいは信徒たちの間に、不正、罪の行為、敵対行為、堕落を広めようとする者に対して、戦わなければならない。彼らは、そのような者に対して、たとえそれが自分たちの中の誰かの子弟であったとしても、結束して戦わなければならない」。

そして、防衛、和平においても共同体は一体の行動を取ることが明記された――「(一七) 信徒たちの和平はひとつであり、神のための戦いにおいて、信徒は他の信徒を差しおいて和平を結んではならない。(和平が結ばれる時は) 全員にとって平等で公正でなくてはならない」。

ユダヤ教徒たちの同意

ユダヤ教の諸部族はムハンマドを招待したわけではないが、同じ都市の住民として、防衛などの共通の利害があることを認め、新共同体の樹立に合意したと思われる。そのことは、「(二五) アウフ氏族のユダヤ教徒は、信徒たちとともに、共同体 (ウンマ) を成すが、ユダヤ教徒には彼らの宗教があり、ムスリムたちには彼らの宗教がある。(それぞれ) 庇護《ひご》者と彼ら自身がその中に含まれるが、不正をなし、罪を犯す者は別である。罪を犯す者は、ただ自らと自らの一家を破滅させるのみである」という規定に現れている。

ユダヤ教の諸部族が共同防衛に同意したことは、「(三七) ユダヤ教徒は自分たちの分の戦費を負担し、ムスリムたちは自分たちの戦費を負担しなければならない。彼らは互いに、本憲章の民に対して戦いをしかける者に対抗して協力し合わなければならない」という規定から判然とする。ただし、ユダヤ教の部族が、イスラーム側が行う戦役に参加する義務があったわけではない。そのため、戦費の負担も、「(三八) ユダヤ教徒は、戦いに参加し続ける限りは、信徒たちと共に、戦費を負担しなければならない」と条件が付いている。

ウンマによる安全保障

マディーナは、その構成員たちにとって安全の地と宣言された――「(三九) ヤスリブの谷は、本憲章の民にとって、(安全が保障され) 不可侵である」。また、「(一五) 神の保護(ズィンマ) は一つであり、もっとも地位の低い者が与える保護も彼ら全員を (保護の連帯責任において) 拘束する。信徒たちは、他の人々とは別に、互いの間で保護し協力し合う」。

これは、部族がその構成員を保護していた時代とは、時代を画するものであった。かつては、弱小部族のメンバー、あるいは部族の保護のない者は、生命も安全も危うい存在であった。また、部族の保護といっても、それは復讐が行われるであろうという抑止力に依存したものに過ぎなかった。しかし、ここでは、部族を超えたウンマという統一的な単位が、構成員全員を拘束して安全を保障するという原理が定められ、しかも彼らが他者に保護を与えた場合、それがウンマ全体を拘束することが明示された。マディーナはその構成員にとって安全で不可侵なだけではなく、「(四〇) 保護下の外部者は、害をなさず罪を犯さない限りは、保護している側と同様に扱われる」のである。

さて、ここで見てきたように、マディーナ憲章は新しい共同体の原理を定める役割を果したが、その中で、もっとも重要な項目の一つは、ムハンマドの指導権、裁定権を定めた条項であった。憲章は言う――「(四二) 本憲章の民の間で、悪影響の (広がる) 恐れがある対立や紛争が生じた場合には、その裁決は神および神の使徒ムハンマドに委ねられなければならない。神は、本憲章について (違約を) もっとも恐れ (執行に) もっとも誠実な者をめで給う」。「(四七) ……マディーナにおいては、不正を行う者や罪を犯す者を別として、出て行く者も安全であり、留まる者も安全である。神は、善をなし (罪を) 恐れる者の保護者であり、ムハンマドは神の使徒である」。

戦いの始まり

バドルの三叉路

新しく誕生した共同体の決意を試す戦いがやってきた。「バドルの戦い」という。それ以前に「戦闘の許可」が出て、やがてクライシュ族との戦いが不可避であることは了解されていた。また、マディーナ側がマッカの隊商を襲撃する事件がすでに起きていた。移住者たちは、商業という生業を失っていたから、隊商路の襲撃という、当時の部族の常套手段に訴えた。これには、生活の必要に駆られた側面もあるが、マディーナ側のマッカへの対抗手段という戦略的な意味も持っていた。商業都市マッカにとって、隊商路の安全は死活問題であった。襲撃自体は小競り合いでも、来るべき戦いへの前哨戦となった。

そうした中で移住の翌々年、マッカの大きな隊商がシリアから戻るとの情報を得たムハンマドは、これを襲撃する方針を立てた。ラクダ一〇〇〇頭というから、非常に大きなキャラバンであった。率いていたのは、クライシュ族の指導者の一人、アブー・スフヤーンである。この隊商を襲うことは、マッカの商業に決定的な打撃を与えることを意味した。

アブー・スフヤーンの側でも、それを警戒して、非常に注意深い行動を取っていた。シリアからマッカに戻る隊商路は、マディーナの西側、紅海に寄ったルートを通る。隊商が近づきつつあることを知ったムハンマドは、決死の覚悟を持つ者たちを集めて、出陣した。この隊商が襲われれば、マッカ側が報復戦に出てくることは十分予想されたであろう。

マディーナを発した軍勢は、三〇〇名余りであった(イブン・ヒシャームの『預言者伝』では、移住者八三名、援助者のうちアウス族六一名、ハズラジュ族一七〇名、総計三一四名とされている)。貧弱な装備で、ラクダは七〇頭しかなく、三、四名に一頭であった。ムハンマド自身が、従弟のアリーとマルサドという名の信徒と、ラクダを共用したという。このマルサドは、もともとクライシュ族のハリーフ(同盟者)の出で、立場が弱く、イスラーム入信についてもマッカ時代は隠していたという。剛胆な人物のようで、後には、しばしばマッカの城壁を越えて忍び込み、マディーナ側の人質を救出している。

ムハンマドたちは、行き違いになることを恐れて、南進して隊商を待ち受ける策を取った。バドルの地は、マディーナから南へ一二〇キロほどの距離で、マディーナからの道とシリアからの道が交差して、さらにマッカへと下る三叉路となっている。水場があり、隊商が休むことができる。

ムハンマドが派遣した斥候《せっこう》はバドルに至ると、現地の女性たちの会話から、キャラバンが翌日か翌々日に到着するとの予想を聞いて、本隊に戻った。アブー・スフヤーンが自らこの地に偵察に来たのは、それからほどなくしてのことと思われる。彼はバドルの住人から、二人の斥候のことを知った。彼らのいたあたりに行くと、アブー・スフヤーンは残されたラクダの糞を砕き、中にナツメヤシの種を見つけると、「マディーナの連中だ」と察知したという。彼はキャラバンを休ませずに、ただちに先を急がせた。指揮官として優れた才覚というべきであろう。

マッカ軍と戦うイスラーム軍を指揮するムハンマド　14世紀の写本『ムハンマドの生涯』の挿絵。チェスター・ビーティ図書館蔵

他方、ムハンマドたちが隊商の攻撃を計画しているという報せが、マッカに届いた。この報せは皆を戦慄せしめるものであった。多くの商人がこの大きな隊商に投資していた。指導者アブー・ジャフルを中心にク

ライシュ族は、隊商を救援し、ムハンマドたちを迎撃するための軍勢をただちに組織した。一〇〇〇名の兵は当時としては大きな軍勢である。彼らは急ぎ、進発した。

マッカから派遣された軍勢は、南下するキャラバンとは別の道を通って、北へ向かった。マッカ軍は、この機会に、ムハンマドたちを一撃のもとに葬り去ろうとの企図も持っていたであろう。すでに、隊商路は大きな危険にさらされている。この一つのキャラバンが無事に戻っても、マディーナのイスラーム共同体を放置しておくならば、将来に禍根を残すことは間違いなかった。

前進か、退却か

ムハンマドは、マッカ軍が北上しているとの報せを受けて、配下の信徒たちとどうすべきか協議した。彼らはもともとは、大きなキャラバンを襲撃し、戦利品を得るために出陣したのである。ところが、今や、マッカ軍の本隊と遭遇する可能性が生じた。果たして、前進して戦うべきか、退却すべきか。

ムハンマドに従っていた約三〇〇名のうち、移住者は、戦闘に参加できるすべての者が加わっていた。例外は、ムハンマドの娘ルカイヤが重病のためその夫ウスマーン（後の第三代カリフ）がマディーナに残ったのと、キャラバンを探索するために別行動を取っていた二名だけである。総計七四名ともされる。ちなみに、その中には、まだ少年であったウマイルも含まれている。まだ一五歳であった彼は、出陣の際にムハンマドに残留するよう言われ、泣いて懇願した。出陣を許されると、兄のサアドが弟の世話をして武具を着けさせたという。このサアド（イブン・アビー・ワッカース）は、後にササン朝軍を撃破する司令官となる。

移住者たちを代表して、その長老であるアブー・バクルとウマルが、マッカ軍と対戦することに積極的な態度を示した。他の移住者たちも長年ムハンマドに従い、辛い日々を送ってきた者であり、命を惜しむ者はいなかった。イスラーム軍として戦うのは初めてでも、「戦闘の許可」が出て以来、実際に剣のジハードに臨む用意はできていた。

問題は、援助者たちであろう。確かに、第二のアカバの誓いで、マディーナの新しい信徒たちは、剣にかけてムハンマドを守るという誓いを立てていた。しかし、それはマディーナの中でのことである。移住の際も、彼らはマディーナでムハンマドたちを待っていた。旅程中の保護は、彼らの義務の外にあった。また、マディーナ憲章は共同防衛の義務を確立していた。しかし、それもマディーナの防衛のためであって、このように、マディーナの外でマッカ軍と遭遇する場合は、その規定に当てはまらない。

ムハンマドは、彼らに意見を求めた。ムハンマド時代に関する重要な史料であるイブン・ヒシャームの『預言者伝』の中の表現によれば、援助者を代表して、サアド・イブン・ムアーズが立ち、次のように言ったという。


われらはあなたを信じ、あなたの言葉を信じ、あなたがもたらしたものを真実と証言し、その上でわれらの誓いを与え、忠誠を誓いました。アッラーの使徒よ、お望みのままに進んでください。われらはともにありましょう。あなたを真理とともに遣わせた方（アッラー）に誓って、たとえこの海（紅海）を渡ろうとあなたが飛び込むならば、われらも共に飛び込みましょう。誰一人、われらの中で遅れる者はないでしょう。明日敵がわれらと出会うことを嫌う者もいません。われらは戦いによく耐える者であり、敵と相まみえる時には頼りがいのある者たちです。おそらく、アッラーは、あなたの目が愛でることを、われらからお見せになるでしょう。それゆえ、アッラーの祝福によって、われらとともにお進みください。

援助者たちの決意は、ムハンマドを喜ばせたに違いない。言うまでもなく、沙漠の民は海を好むわけでも、得意なわけでもない。たとえ海に飛び込んでも、という言葉は決心のほどを示す表現である。イブン・ヒシャームも、「アッラーの使徒（ムハンマド）はサアドの言葉に喜び、確信を得ると、『進めよ。そして、喜びなさい。神は、私に二つ（キャラバンかマッカ軍）のどちらかを約束なされた。もはや、彼らの敗北を見ているようである』と述べた」と記している。

他方、キャラバンを率いているアブー・スフヤーンは、進発したマッカ軍とのすれ違いを知り、キャラバンは無事なので帰投するよう、伝言を託した。しかし、マッカ軍は戦う決意を固めていた。軍から離脱してマッカに戻ったのは、ごく少数であった。

水飲み場の占拠

ムハンマドたちがバドルの地に進入して、宿営しようとした時、マディーナの援助者の一人が大きな水飲み場を占拠することを進言した。この予定戦場の設定は、後にきわめて正しい選択であったことがわかる。マディーナ軍は水瓶を築いて自由に水を使えるようにしたが、マッカ軍はまず水を確保しようと行動の自由が奪われたからである。

沙漠の旅は、夜行である。灼熱の日中は天幕で体力の消耗を防ぎ、日が暮れてから歩を進めるのが通例であった。バドルの戦いが何日であったか、いくつか説があるが、いずれをとってもラマダーン月の中頃であった。太陰月の中頃ということは、満月前後で夜の旅には不自由しない。マッカ軍がバドルの地に近づいたのは、早朝であった。すでに、ムハンマドたちは布陣しており、十分な睡眠を取っていた。太陽が昇ったときに、陽を背にして戦える場所に陣取っていたのも、有用な戦術であった。

バドルの戦いについて、戦史に詳しいイスラーム史家の清水和裕氏は、マディーナ軍の戦略をきわめて優れたものと評している。世界史的にも意義深い戦いであるという。実際、この戦いでの勝敗がマディーナの新生共同体の命運を決し、それによってイスラームが世界史に登場することになった。もし、マディーナ軍が敗北していたならば、イスラーム共同体も消え、すべての物語がアラビア半島という帝国の空白地帯での、ローカルな争いとして忘れ去られていたことであろう。

バドルの地はヤルヤルの渓谷の中に位置しており、マッカ軍が南側の丘の上に達したときは、すでに太陽が昇っていた。彼らは、下方に位置しているマディーナ軍がかなり少ないことに気がついた。マディーナ軍はわずかマッカ軍の三分の一の兵力に過ぎず、装備も貧弱であった。

対決の時

戦いは当時の慣例にのっとり、一騎打ち、厳密に言うと三対三の個人戦から始まった。双方の三人はともに、マッカ出身者から出た。いわば、イスラームをめぐるクライシュ族の間の決闘であった。この戦いは、マディーナ側の勝利に終わり、まもなく戦端が開かれた。マディーナ軍は寡兵にもかかわらずよく戦った。ムハンマドは歩兵・弓兵を横列に並べる戦列隊形を採用したが、これはアラブ戦史では初めてのことであった。マッカ軍も熾烈に戦ったが、ついに敗走した。

マディーナ側の戦死者は一四名と伝えられる。その中には、少年ウマイルも含まれていた。マッカ側は少なくとも約五〇名が戦死、ほぼ同数が捕虜となった（七〇名という説もある）。指導者アブー・ジャフルも命を落とした。

クルアーンはこの戦いと勝利を次のように描いている。

汝らが主の助けを願った時のことを想起しなさい。主は汝らに「千の天使を次々と汝らに送るであろう」と応えた。アッラーがそれをなしたのは、ただ汝らへの朗報となし、それによって汝らの心を安心させるためである。勝利が来るのはただアッラーの御許からである。まことにアッラーは比類なき強力者・叡智者であられる。（戦利品章九〜一〇節）

クルアーンの章句は、時が進むに従ってムハンマドが受け取るものであり、事件が生起するごとにその意味や行動の指針が示されることも多かった。

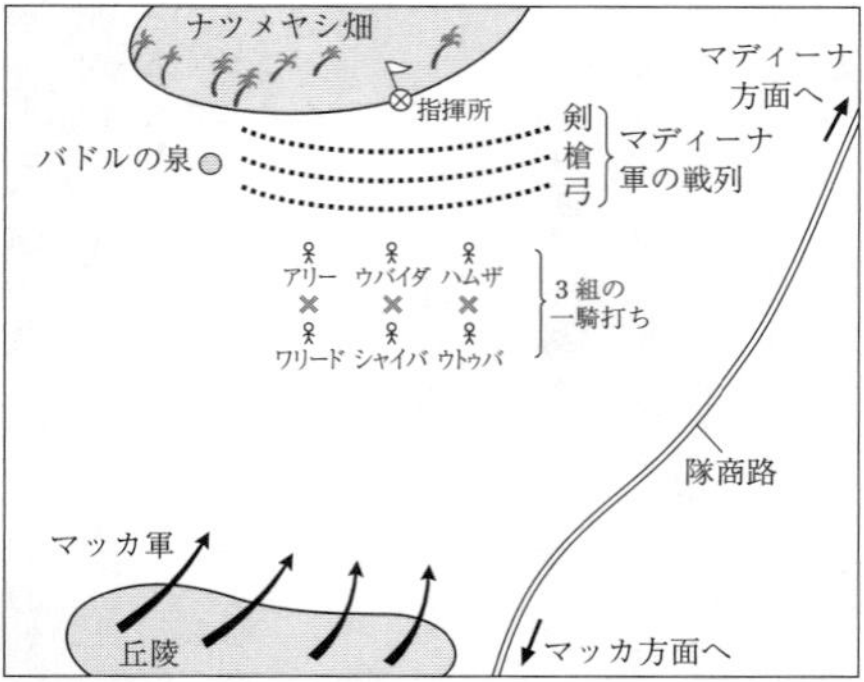

バドルの戦いの模式図

　クルアーンの章句はムハンマドを通じて姿を現すが、信徒たちもムハンマドを通じて神と対話しているのと同様であった。三倍もの敵と戦い、想像以上の勝利を得て、さらにそこに神の助けがあったと告げられた時、当人たちが深い実感をもってそれを確信したであろうことは、容易に想像しうる。

　私たちが見ているクルアーンは、七世紀半ばに完成した後のクルアーンであるが、当時は現在進行形ですべてが進んでいた。それだけではなく、確信を得たくてムハンマドに問いを発する者も多かった。彼らは、ムハンマドに「アッラーの使徒」としての答えを求めたのである。たとえば、開戦の直前に敵の矢にあたって戦死した青年ハーリサについて、マディーナに戻ったムハンマドのもとに、その戦死では殉教に当たらないのではないかと母親が尋ねた、という――「息子のことを教えてくださいませんでしょうか。もし息子が楽園にいるのであれば彼を失ったことを耐えましょう、もしそうでないならば、悲嘆の涙にくれましょうに」。ムハンマドは、彼女の息子がフィルダウスの園（楽園）にいると告げたという。

試練の訪れ

マッカ軍、報復へ

マディーナに凱旋したムハンマドたちの勢威は上がった。ムハンマドの到来には反対しないものの、土台も固まっていない共同体に対して様子見を決め込んでいる人々もいた。強力なクライシュ族と事を構えることを望まない者もいた。しかし、形勢は一転した。

ムハンマドを信奉する人々は、勝利によって自信をつけた。また、戦利品と捕虜の身代金は移住者の困窮という問題を大幅に解決した。ちなみに、捕虜の身代金は富裕な者は四〇〇〇ディルハム（銀貨）、下限が一〇〇〇ディルハムであったという。なお、払えない貧者の身代金を免除したのは、イスラームらしい宥和策であろう。マディーナ内では、人々はムハンマドに対してはるかに協力的になったし、マディーナ周辺の部族との同盟関係も固いものとなった。

ムハンマドの発言権が強まる一方、クライシュ族の誇りと名声は傷ついた。新宗教を始めて故郷から「逃亡」した同族の者とその同盟者から、三倍もの兵を擁しながらも手ひどい敗北を蒙ったことは、マッカの威信にとっても、また隊商路の安全のためにも、許しがたいことであった。また、肉親が戦死者となった人々は、個別の復讐心に燃えた。復讐は、部族主義にとって不可欠の価値観である。クライシュ族は、以前にもまして、ムハンマドを敵視するようになった。

この報復戦が、翌年のウフドの戦いである。バドルでの敗戦の直後、クライシュ族はアブー・スフヤーンとともに無事にシリアから戻ったキャラバンの収益をすべて、報復戦に費やすことを決めた。また、アラビア半島の諸部族に遣いを送り、参戦を促した。今度こそ、マディーナ勢の息の根を止める決意を固めたのである。

ウフドの戦いは、ウフド山の山麓で行われたため、この名がある。アッラーの名前の一つに「アハド（唯一無比者）」があり、「アハド」とこの山の名前「ウフド」は、カタカナで書いても似ているが、実際アラビア文字では子音が全く同じである。それゆえに、ムハンマドはこの山を愛でていたという。しかし、その山麓での戦いは、ムスリムたちに不名誉なものとなった。

戦いはバドルのほぼ一年後である（異説あり）。マッカからは三〇〇〇人の軍勢が押し寄せた。そのうち、七〇〇人は鎖帷子《くさりかたびら》を着けており、騎兵も二〇〇人に上った。戦闘用のラクダも兵の数ほどもいた。総司令官は、アブー・スフヤーンであった。彼は、アブー・ジャフルらが前年戦死したため、クライシュ族の指導者の筆頭となっていた。今回は珍しく、女性も従軍することになって、アブー・スフヤーンの妻ヒンドも加わっていた。彼女は、バドルの戦いで父ウトゥバ、おじのシャイバ、兄弟のワリードを亡くしており、その復讐をめざしていたという。

ウフドの戦い

マッカ軍はウフド山のふもとで宿営した。そこにはマディーナの麦畑が広がっていたが、彼らはラクダ、馬にそれを食い荒らさせた。マディーナは農業を主とする町であるから、これは大きな打撃であり、挑発であった。ムハンマドたちは守りを固め、籠城すべきか打って出るべきか協議した。マディーナ出身の長老たちは、マディーナの砦は難攻不落であり、籠城戦が有利と考えたようである。しかし、若い世代はそれでは怯懦《きょうだ》の誹《そし》りを受けると訴えた。それだけではなく、年配の一人が、自分は殉教を望む、と述べる場面もあった。また、「勝利か、殉教か。いずれもよきことではありませんか」と主張する者もあった。強大な敵に直面して、ジハード精神が主要なテーマとなっていた。おそらくはやむなく、ムハンマドは出撃を決意した。

今回、ムハンマドは一〇〇〇人の軍勢を集めることができたが、出陣直後にイブン・ウバイイに率いられた三〇〇人が戦線を離脱した。これは後に、信仰に不真面目な「偽善者」問題として、マディーナの中で摩擦を生む。残る七〇〇人のマディーナ軍は、ムハンマドの指

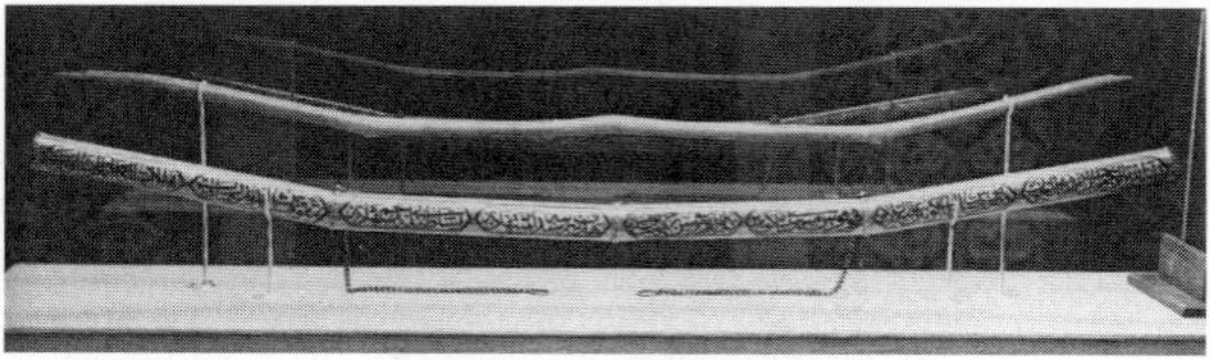

今日に伝わるムハンマドの弓　トプカプ宮殿博物館蔵

揮下に夜陰に紛れてウフド山を登り、数の劣勢を補う有利な地勢を得た。マディーナ軍は、移住者、援助者のハズラジュ族、アウス族のそれぞれに旗手がいた。ムハンマドは五〇人の弓隊にさらに山を登らせ、決して持ち場を離れないよう、「たとえ、われわれが戦利品を奪い始めても、やって来てはならない。たとえわれわれが危険にさらされても、助けに来てはならない」と指示した。弓隊がこの指示を守らなかったために、全軍が危機に陥ることはまもなく明らかになる。

陽が昇る頃には、マッカ軍も布陣を終えていた。右翼の指揮官がバドルで戦死した指導者アブー・ジャフルの息子イクリマ、左翼の指揮官が同じくバドルで戦死したワリードの息子ハーリド・イブン・ワリード、本陣を率いていたのが総司令官のアブー・スフヤーンであった。女性たちは、ドラムやタンバリンを鳴らして、男性たちを鼓舞した。

いったん戦闘が始まると、地の利を得たマディーナ軍は優勢に戦いを進めた。ムハンマドの叔父のハムザが戦死したのを除くと、マディーナ軍が切り進み、戦線は次第に山麓を下っていった。マッカ軍はほとんど潰走しかかっていた。ところが、戦闘がほぼ終わり、戦利品の獲得に移ると見えたところで、弓隊が我慢できず、自分たちも戦利品の分け前にありつこうとして山麓を下った。必死で制止した指揮官の下に残った弓隊は、わずか一〇人程度だったようである。

ハーリドの反撃

この機会を見逃さなかったのが、左翼の指揮官ハーリドであった。彼は後年、イスラームに改宗して、ビザンツ軍を撃破するなど数々の武功を立て、「神の剣」と呼ばれるようになる軍人である。ウフドの戦いではまだマッカ軍の側にいたが、すでに騎馬戦術の才覚を現していた。彼は一瞬の隙をついて、反撃に転じた。彼の騎兵隊は、マディーナ軍の弓隊の場所を襲い、残っていた弓隊を駆逐した。マディーナ軍は弓矢による援護を失い、反撃に転じたマッカ軍に次第に押されて、山麓をじりじりと後退した。彼らは四倍の敵軍に包囲されることになった。気勢のあがったマッカ軍は、「ウッザーよ、フバルよ」と、彼らの神々を呼ばわった。ついにはムハンマドの本陣にまでマッカ軍が攻め込んだ。

ムハンマドは信徒たちを必死に激励しながら戦ったが、彼自身も傷を負った。マッカ側の一人が帷子を着たムハンマドの肩に剣を打ち込み、彼が倒れたため、相手を斃したと勘違いするに至った。マッカ側は「ムハンマドは死んだ」と触れ回ったため、マディーナ軍の多くが戦意喪失したという。マッカ側は最大の目的を達したと思い、おおむね剣を納めた。

ムハンマドは打撃からようやく回復し、周囲の高弟たちとともにやっとのことで、危機を

マディーナ郊外のウフド山

脱した。この日のマディーナ軍の戦死者は約七五名。マッカ軍の戦死者がわずか二〇名程度であるのと比べると、大敗北であったことがわかる。

マッカ軍に従軍したアブー・スフヤーンの妻ヒンドは、父や兄弟の仇《あだ》と目していたハムザの遺体を切り取り、前年に立てた復讐の誓いを実行して、その肝臓を食べたという。他の女性たちにも勧めて、敵軍の遺体から耳を切り取って首飾りを作らせたというから、あまりの蛮行に、クライシュ族の者すら眉をひそめたようである。

アブー・スフヤーンは、ウフド山に登り、山上に潜んでいるであろうマディーナ軍に向かって呼びかけた。ムハンマドの指示によってウマルが応えた。アブー・スフヤーンはムハンマドを斃したとの情報が間違いであったことを知った。今回の戦闘はすでに終わったが、戦いの年月はまだ終わっていなかった。

共同体の再構築

ウフドの戦いが示したことは、新しい共同体が十分に打ち固められていない、ということであった。イブン・ウバイイの一党は、戦いの前に勝手に戦線離脱したし、忠実なはずの信徒ですら、ムハンマドの命令を守らなかった。

翌日、ムハンマドは前日の戦いに参戦した者だけを連れて、追撃戦に出た。傷の癒えない者ばかりであったが、マッカ軍が戻ってきて、マディーナ攻撃を行う可能性は残されていたからである。

マッカ軍は、この時に再進撃していれば、マディーナ国家を倒せた可能性はあった。しかし、クライシュ族はそれほど長期的な展望のもとに考えていたわけではない。新しい社会を作るビジョンを持っていたイスラーム側とは、その点が大きく異なっていた。ウフドの戦いでは前年の雪辱を果たし、ムハンマドこそ討ちもらしたが、復讐の目的を十分遂げたことでおおむね満足したのであろう。

ムハンマドがこの追撃戦にウフドに参戦した者だけを参加させたことは、たとえ傷ついた者が多くても、信頼できる者が必要だったことを意味している。バドルの戦いで上がった勢威は、この敗戦で揺らいでいた。

ムハンマドは共同体の再構築に精力を費やすが、ジハードの観点からも、重要な教訓が引き出された。ウフドの戦いの後に現れたクルアーンの章句は多い。たとえば、ウフド山麓の戦いが描かれるとともに、クルアーンは、「ムハンマドは一人の使徒に過ぎない。彼の前にも使徒たちが過ぎていった。もし彼が死ぬか、殺されたならば、汝らは踵《きびす》を返すのであろうか」(同前一四四節)と述べている。ムスリムたちが全能の神を信じていたとすれば、その神から直接叱責の言葉が下されることは、どれほど恐ろしいことであっただろうか。このような章句は、再び軍規違反が起こらないように、教訓を信徒たちの心に刻みこむ働きをしたと思われる。

これらの言葉を背景に、ムハンマドは共同体の内部の絆を強め、社会を安定させるために努力を続けていった。

マディーナの防衛

部族連合の襲来

小さな戦いを除くと、ウフドの戦いの後でもっとも重要な戦役は、二年後の「塹壕《ざんごう》の戦い」であった。これは「部族連合の襲来」とも呼ばれる。アブー・スフヤーンを指導者とするクライシュ族は、持てる富と力、半島の諸部族との同盟関係など、すべてを動員して、イスラーム国家の最終的な破壊を目指した。ウフドの戦いでは、もう一歩でムハンマドを斃せそうなところまで進みながら、それに失敗した。ムハンマドはその後、共同体の再構築に成功し、マディーナ内部を固め、周辺への影響力も増していた。

今回の部族連合軍は約一万名、騎兵も六〇〇騎を数えた。ウフドの戦いの三〇〇〇名をはるかに上回る軍勢である。しかし、今回はマディーナ側も周到な迎撃策を取った。

マディーナは三方を山に囲まれた要害をなしている。開いているのは北方であるが、ムハンマドはペルシア人サルマーンの献策で、この北方に塹壕を設営した。サルマーンはペルシア出身の信徒で、はるばる遠隔の地からムハンマドを求めてやってきたことで、重用されていた。ちなみに、ムハンマドの直弟子たちの中で彼とエチオピア出身のビラールは、非アラブ出身の高弟として、イスラームが民族を超えることの象徴として言及されることが多い。

ペルシア人のもたらした軍事的な献策は、非常に有意義であった。アラブの戦史で塹壕が使われたのは、これを嚆矢とする。また、今回は、穀物の収穫を早めに済ませて、前回のようにマッカ軍のラクダ、馬に畑を荒らされないようにした。

持久戦は二週間ほど続いた。塹壕によって、マッカ軍は得意の騎馬戦を封じられ、歩兵戦ではマディーナ側の士気高い戦士たちが優位に立った。部族連合は、もともと現実的な利害に誘われて、クライシュ族に付き合っているだけであった。戦利品も得られない持久戦で、部族連合を維持しきれずに、マッカ軍は何の戦果もなく撤退することになった。イスラーム史家の清水和裕氏の表現を借りれば、塹壕の戦いは「戦場設定に優れたムハンマド軍の特徴が典型的に発揮された戦い」であった。

後世から振り返ってみると、この部族連合の結集が、クライシュ族が動員し得た軍事力の頂点であった。それをもってしてもマディーナの都市国家を攻略できなかったことは、すでにマッカを中心とする社会秩序（それをイスラームは「無明時代」と名づけた）の命運が終わりに近づいていることを示していた。それは部族主義による血統の価値、部族的結合と結びついた偶像崇拝、商業の富に代表される現世的な利益などであったが、理想も体系性も欠いていた部族社会は、唯一神という宇宙的な原理を信奉し、人間の平等性を訴えるイスラームの勃興《ぼっこう》を押さえきれなくなっていた。

塹壕の戦い

塹壕の戦いは、西暦六二七年四月のことであった。ウフドの戦いと比べると、この戦いでは、ムスリムたちは思慮深く、またムハンマドの指令によく従って、大きな敵軍の包囲戦に耐えた。クルアーンはこの戦いからも、多くの教訓を述べている。「部族連合」という題名のクルアーンの章には、戦いの様子がかなり詳しく述べられている。物語性が薄いクルアーンにして、むしろ珍しいくらいである。

信仰する者たちよ、汝らに与えられたアッラーの恩恵を思い出しなさい。（部族連合の）大軍が襲来したとき、われは彼らに大風と、汝らには見えない軍勢を送った。アッラーは汝らが行うことをすべてご覧になっている。彼らが汝らの上からも（高地からも）下からも（谷間からも）襲ってきたとき、汝らの目はかすみ、心臓は喉元《のどもと》までせり出し、汝らはアッラーについてあれこれと想像をした。かくのごとく、信徒たちは試され、激しい動揺に揺さぶられた。（部族連合章九～一一節）

一万名を超える敵軍がいかに恐ろしい敵であったか、よくわかる。実際、籠城戦は、マディーナ軍にとっても辛く、その間に住民の間にはさまざまな動揺が広がった。籠城の準備と忍耐において勝っていたマディーナ軍が結果として勝利したが、それは、中核をなす集団がムハンマドの指示によく服していたからであった。その意味では、ウフドの敗戦の教訓は十分に生かされたと言えるであろう。

三つの重要な戦いを経て、マディーナ国家は草創期の困難を克服し、軍事的な危機も乗り越えようとしていたと言えよう。

ユダヤ部族とのあつれき

ところで、マディーナのユダヤ教徒たちについて、付言しておきたい。ムハンマドがマディーナに到来したとき、彼らも「憲章」に合意したことはこの章で述べた。そもそも、彼らはハズラジュ族、アウス族に「やがて預言者が現れる」と述べていた。しかし、実際にムハンマドが登場すると、ユダヤ教徒の中から彼を認めた者は、ごくわずかであった。多くの者は、むしろ自分たちの宗教的な知識を用いて、ムハンマドを批判、非難することが多かった。ハズラジュ族とアウス族が次第に結束を固め、力を強めていくことが、彼らの利害に反したという面もあるであろう。

ムハンマドが姉妹宗教であるユダヤ教が自分を認めると期待していたとしても、全く不思議はない。しかし、実際には、彼らはムハンマドに敵対することになった。その結果、主要三部族との間ではマッカ軍との戦いの度に摩擦が生じて、三部族はマディーナから放逐されることになった。カイヌカー族は金細工を生業としていたが、バドルの戦いの際にマディーナ憲章に反して全くの傍観を決め込んだため、追放された。ナディール族はウフドの戦いの後にムハンマドと対立して、放逐された。さらに、塹壕の戦いでは、クライザ族が部族連合の側と密かに同盟し、さらに戦いの後には、自分たちの砦にこもってムスリム軍に徹底抗戦して、ついに命運を止められた。

なお、これによってイスラームとユダヤ教の間の一般的な関係が悪化したわけではない。マディーナ憲章によって確立された原則は維持され、ユダヤ教徒は「啓典の民」として、キリスト教徒とともに、宗教的な自治を享受することになる。これは、後にイスラーム帝国に宗教共存を可能ならしめる「帝国の原理」の一つとなっていく。それについては、後の章に譲ろう。

ジハードの理念

人はなぜ命をかけて戦えるのか

話をムスリムたちに戻そう。これまで見てきたところから明らかなように、ムスリムたちはムハンマドを信じたからといって、すぐに剣のジハードに走ったわけではない。およそ一三年に及ぶマッカ期は、ひたすら平和的な布教の時期であった。

ところが、迫害が激しくなり、いく人も命を落とすような事態となった。とうとう、ムハンマドたちは故郷を捨てて、新天地を求めなくてはならなくなり、暗殺計画を逃れ、マディーナの町に移住した。この時点で、マッカのクライシュ族との武力対決は不可避となり、新生の宗教が生き延び、マディーナに建設した新しい共同体を守るためには、剣にかけても戦わなくてはならなくなった。かくして、「戦闘の許可」の時代に入った。「剣によるジハード」の時代と言ってもよい。

以上の経過説明は、外的な状況としてはわかりやすい。イスラームがジハードを採用するに至る経緯は明らかであろう。しかし、内的な側面はどうであろうか。つまり、ムスリムたちは、どのようにして命をかけて戦うようになったのか、という問題である。その意味において、ジハードはどこから来たのであろうか。

言いかえれば、これは次のような問題である——イスラーム以前にも、アラビアの諸部族たちは戦った。命をかけてでも、名誉を守ろうともした。しかし、それは彼らがそうすれば、来世で報賞が得られると信じていたからではない。すでに見たように、彼らは死後の生命を信じていなかったし、また、その偶像崇拝も現実的な打算が見え隠れするものであった。したがって、その人生観からイスラームの世界観・人生観へと転じて、さらにそのために命をも捨ててよい、と考えるまでには大きな飛躍がある。

逆のことも言える。たとえば、バドルの戦いの復讐のために、クライシュ族がウフドの戦いを挑んだように、部族社会では、肉親や部族のための復讐は大きな価値を持っていた。ヤスリブのハズラジュ族もアウス族も、疲弊しつくすところまで血の復讐合戦を行った。復讐のための戦いにあたって、命を失う可能性は十分ある。その意味では命をかけるほどの価値であろう。もし、イスラームに改宗した人々が、イスラームのために復讐をするようになったのであれば、話はわかりやすい。復讐という価値はそのままに、対象を変えたということになる。

しかし、実際はそうではない。新しい教えは、「部族のために」「わが一族の名誉のために」というように考えること自体を、「無明時代」の悪徳とした。部族や個人の名誉というような虚飾ではなく、アッラーのためという純粋の真理のために尽くせ、というのがイスラームの主張であった。尽くし方は「忍耐」かもしれないし「戦闘」かもしれないが、新しい価値に沿って生きることが要求されたのである。復讐という価値を捨て、しかし、アッラーのために命が危険にさらされても努力せよ、というのは、大きな飛躍であり、見ようによっては百八十度の大転換である。それは、どのようにして可能となったのであろうか。

己を擲つ

さらに、こう言いかえてもよい――ジハードを「アッラーのために、すべてを擲《なげう》って尽くす」ことと定義するならば、そのような考えは一人一人にとってどこから生まれてくるのか。マッカ期のように迫害に耐えて殉教することも、マディーナ期の剣のジハードも、それに含まれる。実のところ、「すべて」は生命よりも大きい。

「使徒および彼とともに信仰する者たちは、彼らの財産と命をもって奮闘努力（ジハード）をする」（悔悟章八八節）という章句で、「命」と訳されている語の原語は「ナフス」である。これには人命も含まれるが、直訳すれば「己（おのれ）」である。ナフスは「魂」とも訳されるが、それは「己」の内的な本体を指すからで、「自分自身」と言う場合には身体、生命も含まれる。したがって、「財産と自分自身を捧げて」と訳した方が、原義に近い。すると、「自分自身を捨ててでも」という意味になるが、イスラーム以前のアラビア半島には、己を捨てるという発想は見あたらない。名誉のために戦うのは、あくまで己のためである。この考えはどこから来たのであろうか。

その時に、実は、百八十度ほど転換はしていない、という解釈もありうるかもしれない。つまり、現世的なアラブ人に、現世のような具体像として来世を示したから、その報賞を求めて彼らは自己犠牲を厭《いと》わなかった、という解釈である。実際に、クルアーンの楽園の描写は活き活きとして、読み手の五感を刺激するような力を持っている。当時のアラブ人の聴覚的なイマジネーションに訴えて、まざまざと実見するかのように、そのイメージを喚起させたことは疑いを入れない（なお、それに対して、キリスト教の禁欲主義的な観点から、ヨーロッパではしばしばイスラームを批判してきた。特に、「フーリー」と呼ばれる楽園の乙女などのイメージは批判の的になった。イスラームは教えとしては性欲や物欲そのものを否定しないので、それを禁欲主義の色眼鏡で見ると誤解につながる）。

確かに、当時の信徒たちは、ムハンマドを通して神と対話するかのように、クルアーンの章句を受け取っていたから、章句にリアリティーがあったと考えることには、おおいに理があある。そうであるならば、現世の実際の利害と、リアルに見える来世の利害は、それほどはかけ離れていないのかもしれない。

しかし、無明時代とイスラーム時代では、これが同じ人々であろうかと思うほど世界観・人生観は変化しているから、連続性だけでは解釈しきれない。クルアーンのイメージが現実のようにリアルであったというだけでは、上に述べた飛躍を説明しきれないであろう。

魂の錬金術

この問題を解くために、筆者は「魂の錬金術《れんきん》」ということを提起してみたい。ムハンマドは同時代人たちにイスラームを説き、クルアーンを教える中で、錬金術が卑金属を貴金属に変えるように、人々の心を部族主義からイスラームへと変えていったのではないか。無明時代の、弱い者を虐げても恥じない固い心から、平等主義の新しい魂に変換していったのではないだろうか。

もとより、「魂の錬金術」とは比喩である。しかし、後の時代に生まれたものとはいえ、「錬金術」はイスラーム世界で生まれたのであるから、初期イスラームを論じる際にこの比喩を使うことは、いくぶんかは許されるように思う。今しばらく、筆者の議論に付き合っていただきたい。

錬金術は英語ではアルケミーという。元のアラビア語では、アル＝キーミヤーである。その一方で、定冠詞を除いたキーミヤーは、英語のケミストリー、化学になった。アラビア語では同根である。錬金術は初期の化学であり、いずれもイスラーム帝国の時代の実験化学に原点がある。

現代の私たちは、鉄から金を生もうとするような錬金術を、非科学的な迷信のように考えている。錬金術を試している間に多くの化学的発見があり、それは優れた副産物だとしても、錬金術の発想そのものは非科学的だと思っている。しかし、モロッコのイスラーム都市フェスの保存などに貢献したイスラーム建築の専門家で、錬金術に関する著作もあるティートゥス・ブルクハルトは、そうではないと述べている。それは錬金術そのものに対する誤解に起因するイメージなのだ、と。

錬金術は、モノとしての鉄をモノとしての金に変えることを、必ずしもめざすものではなかった、と彼は言う。彼が錬金術の思想を体現する例として取り上げているのは、スペインに残るイスラーム時代の優れた建築、グラナダのアルハンブラ宮殿の有名な「獅子の中庭」である。中庭を囲む列柱の回廊に施されたスタッコ細工は精緻な装飾で、物質が美に変貌する様を示している。特に、隣接する「二姉妹の間」の天井は華麗で、上から光が差し込むと金色に輝く。その美しさは、世界中から多くの訪問者を惹《ひ》きつける。ブルクハルトは、ここにおいて、素材は単なる石なのに、それが黄金に転換しているのだという。確かに、装飾を通して輝く光は、私たちに美の黄金を見せてくれる。ブルクハルトの考え方によれば、それが本来の錬金術のめざしたものであり、石を金に変えることも決して幻想の物語ではない、という。

確かにイスラーム以前のアラブ人は、現世的で、刹那的で、享楽的であったかもしれない。部族主義的で、寄せ集めの偶像を信じ、容易に激高し、また富と力にうぬぼれて、弱者をないがしろにしたかもしれない。性的に放縦で、男尊女卑も強かったかもしれない。しかし、その一方で、勇気を持ち、客をもてなす気持ちが厚く、弱きを助ける美徳も知り、不義を嫌う側面も強く持っていた。ムハンマドは、そのような人々の心を鍛え、新しい理念によって方向付けをし、人生の意味と意義を自覚させ、イスラームという、それまでに存在したことのない人間精神へと変換していった、と考えることができるように思う。

それは容易ではなかったであろう。実際、すべての魂が黄金に転換するわけではないし、本書でも後述するように、ムハンマドの没後、古い精神の揺り戻しといえる現象も生じる。しかし、全く同じ素材でありながらも、練り直し、新しい型に変換することで、錬金術と同じように、全く違った人間に生まれ変わるということがありうるのではないか。そうであると考えなければ、イスラームの登場によってアラビア半島に生じた事態は説明ができないように思える。

人生の意義

クルアーンが説いた人生の意義は、アッラーのためにすべてを捧げるというだけではなかった。次は、バドルの戦いの後の章句とされる。

信仰する者たちよ、忍耐と礼拝によって助けを求めなさい。まことにアッラーは忍耐する者たちとともにある。そして、アッラーのために殺された者を「死んだ者たち」と言ってはならない。彼らは生きているのである。ただ、汝らにはそれがわからない。われは、恐れや飢え、財産、生命、（労苦の）果実の損失で、汝らを試す。忍耐する者たちには朗報を伝えなさい。彼らは、災難（親しい者の死）が訪れると、「まことにわれらはアッラーのものにして、われらはアッラーへと還りゆく」と言う。これらの者たちには、彼らの主から祝福と慈悲がある。彼らこそ、導かれる者たちである。（雌牛章一五三〜一五七節）

ここには、人生が恐れや飢えや損失に満ちているという不条理が、イスラームの原理の枠内で説明されている。単に、殉教者は楽園に行く、だからジハードに奮戦せよ、と称揚するわけではない。しかも、肉親の死を「災難（ムスィーバ）」としている点は注目に値する。誰でも、親しい人の死は悲しい、という宗教的な原点がここに見られる。

クライシュ族は、人は死ねば単に骨となる、という死生観を持っていた。イスラームは、より大きな宇宙論に基づく死生観で、人生の悲しみを包み込もうとしたと見ることができるのではないだろうか。外的環境が他の選択を許さなかったとしても、「剣のジハード」は不可避的に死者たちを生む。それを包むような人生観がないと、共同体もその構成員も犠牲に耐えきれないであろう。

そのような全体を包む仕組みがあってこそ、ジハードや殉教の思想も意味を持つ。次章では、生きる人々の共同体が、いかにジハードと補完的に作られたかを見ることにしよう。

第四章　社会原理としてのウンマ

イスラームの暮らしのリズム

マディーナの新しい社会

イスラームは何よりもまず社会を作る原理であった。後に国家の要素も出てくるが、あくまで基本は宗教に基づく社会の建設にあった。

マディーナに新たに樹立された共同体は、前章でも述べたように、「ウンマ」と呼ばれた。ウンマは、ムハンマドを最高指導者とする一方、そのメンバーたちを平等な地位において、同胞として助け合うコミュニティを作り出した。

クルアーンの内容は、移住を境としてその前後で「マッカ啓示」と「マディーナ啓示」に区分される。初期のマッカ啓示が、唯一神の実在や終末の日が近いことを説き、悔い改めることを勧めているのに対して、ヒジュラ（聖遷）の後の時期に属するマディーナ啓示には、具体的な社会生活に関する章句が多い。そのため、マッカ啓示は「終末論的」かつ「来世志向」であるのに対して、マディーナ啓示は「現世志向」かつ「現実主義的」であるとも言われる。

ただし、迫害期のマッカ時代がひたすらに来世を求めており、マディーナで共同体と国家を樹立した時期は、現世的な志向が強まったと考えるのは、やや早計である。やがて時代が下ってイスラーム帝国が繁栄する時代になると、確かに、終末の日と来世を信仰の柱とするイスラームとは思えないような、享楽的で現世的な生活ぶりも生まれる。その時代には、享楽的な生き方を批判して、篤信《とくしん》を主張する運動や純粋なイスラームへ立ちかえるよう求める人々も生まれた。

しかし、マディーナ時代は、まだそうではない。さまざまな現実的な問題が姿を現し、それを社会的、政治的に処理する必要も生じたが、それは享楽的な傾向を伴ったものではなかった。むしろ、地に足の着いた社会生活をイスラームの教えに立脚して行うやり方が実践的に示されていたという面が強い。ごく小さなマイノリティーであったマッカ時代と違って、自分たちの社会を持ったがゆえの具体的な必要性が、さまざまな制度の生成を不可欠のものとしたのであった。

マディーナにどのような社会が作られたのか、簡単に見ていくことにしよう。

まず、イスラーム社会の生活は独自の歳時記を持っているが、その暮らしのリズムが確立された。イスラームでは、信徒は日に五回の礼拝を行う。礼拝が五回であることは、マッカ時代の最後に定められたとされているが、当時はまだ礼拝堂（モスク）がなかった。モスクが初めて建設されたのは、マディーナ郊外のクバーの地で、マッカから移住したムハンマドは郊外のこの地に到着すると、まず礼拝所を定めた。次に、マディーナの中に居住地を定め

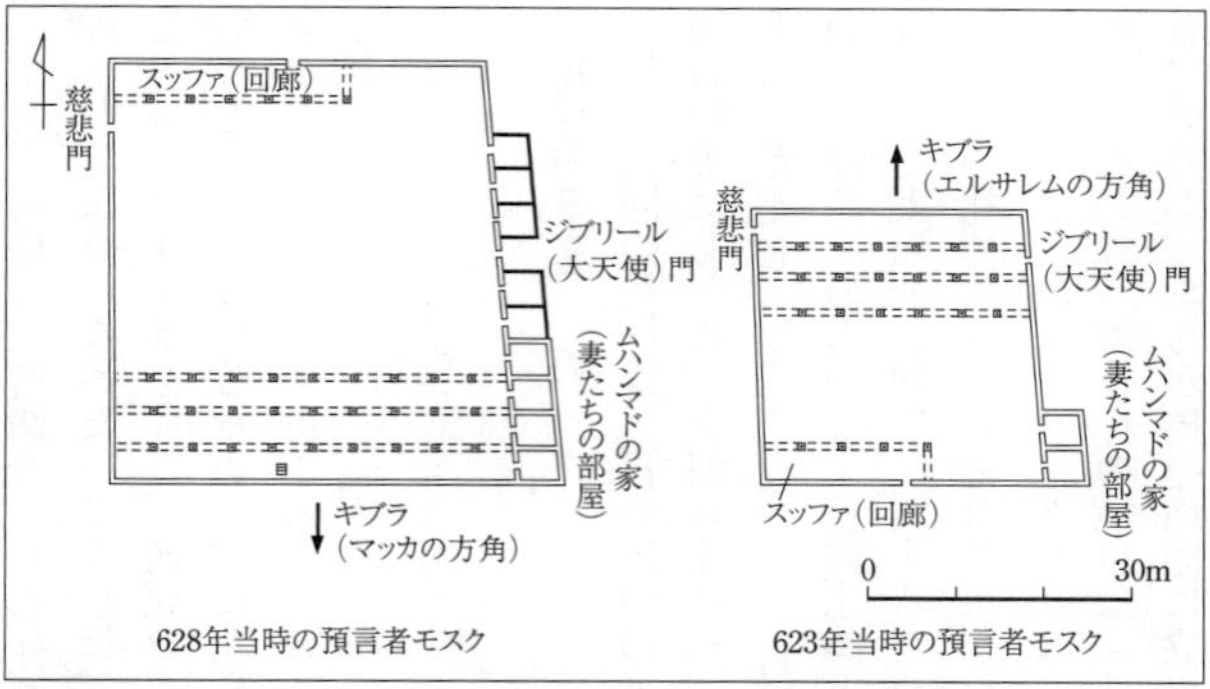

預言者モスク　623年と628年の比較。キブラの方角が変更され、規模も拡大している

ると、そこにきちんとしたモスクを建てた。

このモスクは「預言者モスク」として、今日に至るまで聖都マディーナの中心となっている。モスクの建設には、移住者も援助者も、皆が手仕事で参加した。壁には日干しレンガを用いたようである。ナツメヤシの木を切り、それを柱に使い、屋根としてナツメヤシの葉を葺《ふ》いた。最初に建てられた時の大きさは、縦が三五メートル、横が三〇メートル、面積にして一〇〇〇平方メートル程度とされる。壁の高さにしても、二メートル程度であった。

雨のあまり降らないアラビア半島だからであるが、モスクの大半は屋根がなかった。ナツメヤシの葉で屋根を葺いた部分は日陰を作り、その下に、ムハンマドがイマーム（導師）として立つ位置や、説教をする場所が定められた。そこは、話し合いがされる場合に人々が参集する場所ともなった。

また、後には、貧窮者たちの住む場所として、屋根のある部分が「スッファ（回廊）」と呼ばれるようになった。ここには、最貧の信徒たちが住み着くことになった。貧しいということは、耕す土地もなく、商売をする元手も持たないことを意味する。しかし、この人々はいつもモスクにいるため、常に礼拝に参加し、ムハンマドが話をするときはそれを聞き、イスラームの教えを体得することにもなった。そのため、彼らの中から、後の宗教的な指導者も生まれた。しかしそれは副産物であり、当時の社会制度として言えば、この「回廊」によってモスクは福祉施設でもあったことになる。

礼拝の確立

日に五回の礼拝は、日の出前の「暁の礼拝」、正中（南中）から始まる「正午の礼拝」、午後の後半にあたる「夕刻の礼拝」、日没後に行われる「日没の礼拝」、そして「夜の礼拝」である。ただし、「正午の礼拝」「日没の礼拝」という名称であるが、実際には正中時そのもの、日没時そのものは、日の出時とともに礼拝が禁じられている。それは、古代で広く行われていた太陽神信仰と決別するための措置とされている。

五回の礼拝の刻限のそれぞれがいつ始まるのか、時計もない時代には、個々人が判断するのは難しい。たとえば、午後の途中から「正午の礼拝」の刻限が終わり、「夕刻の礼拝」となる。この二つの礼拝の境目は「地面に落ちる影の長さが本体の長さと同じとなる時」とされているが、誰もが棒を地面に立てて影の長さを測っているわけにはいかない。そのため、モスクから礼拝の刻限を知らせる必要があった。

刻限を知らせるための方法をどうするか、マディーナでは議論がなされた。先行する一神教であるユダヤ教、キリスト教では、それぞれ角笛、拍子木を使っていた。それを用いる案もあったが、それではイスラームの独自性が出ない。結果として、肉声で礼拝の呼びかけを行うことになった。これを「アザーン」という。「アッラーフ・アクバル（アッラーは偉大なり）」で始まり、「礼拝に来たれ」「成功に来たれ」と呼びかけ、最後は「アッラーのほかに神なし」で終わる。

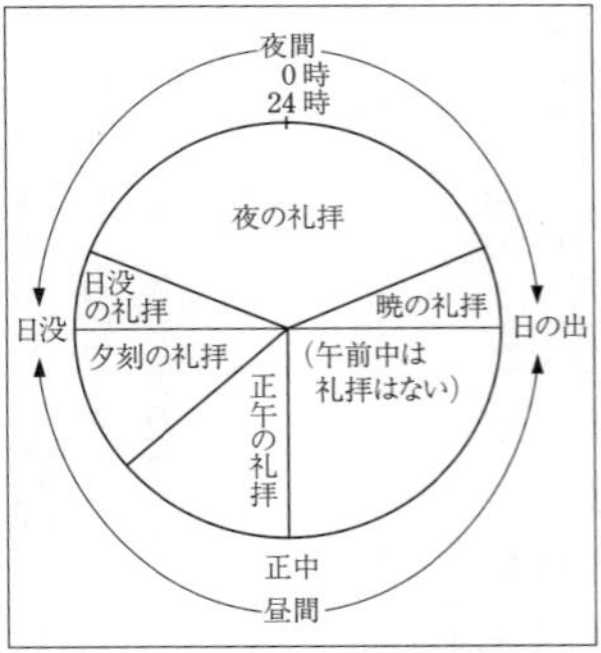

イスラームの礼拝　一日の時間帯

アザーンをする係として最初に任命されたのは、ビラールという解放奴隷であった。彼はハバシュ（エチオピア、当時の国名はアクスム）の出身で、かつてはマッカのマフズーム家に属していた。初期の改宗者の一人で、主家から激しい弾圧を受けたが、アブー・バクルが購入し、奴隷身分から解放した。ビラールは美声かつ大音量の持ち主であったため、アザーン係に選ばれた。

アザーン係はアラビア語で「ムアッズィン」といい、ビラールは「預言者のムアッズィン」として名を馳せた。ちなみに、後年のことになるが、マッカ征服に先だってムハンマドが小巡礼に赴いた際には、ビラールがカアバ聖殿の上からアザーンの呼びかけを行い、イスラーム時代の予兆を告げた。彼はさらに長生きし、シリア遠征に加わり、ダマスカスが陥落した際にもそこで最初のアザーンを告げている。

さて、モスクが建設されると、日々の礼拝のほかに、金曜日の礼拝が義務となった。これは、正午の礼拝の刻限に、金曜日だけはモスクに全員が参集して集団礼拝を行うものである。

金曜の礼拝が最初に行われたのは、ムハンマドがマディーナ郊外に到着し、クバー・モスクを建て、さらにマディーナの中央に向かって北進した時とされている。場所は、クバーから一キロ弱のところであった。このため、後にここにモスクが建てられ、「金曜モスク」という名がつけられた。

金曜の礼拝について、クルアーンは次のように言っている。

信仰する者たちよ、金曜日に礼拝の呼びかけがなされたならば、神の唱念に赴き、商売をやめなさい。汝《なんじ》らが（そのことを）知っているならば、汝らにとってもっともよいことである。（金曜礼拝章九節）

「商いをやめなさい」という句は重要である。ここから、金曜日の午前中には市が立ち、人々が商いにいそしむことが前提とされていることがわかる。キリスト教が日曜日を安息日としているように、イスラームは金曜日を休日とするわけではない。金曜日は、祈りと商売の日である。実際、マディーナでも、後に建設されたイスラーム都市でも、中央モスクの周辺にスーク（市場）が展開することがふつうとなった。人々が金曜礼拝に参集するため、交易には非常に都合のよい形となった。さらに、礼拝の後も、人々は市場に寄っていく。章句でも、「礼拝が終わったならば、汝らは大地の四方に散り、神の恵みを求めなさい」（金曜礼拝章一〇節）とされている。神の恵みを求めるとは、商売をし、働くことを意味している。

キブラの変更

モスクには、必ず礼拝をする方角が示されている。目に見えない唯一神を信奉するイスラームでは、「神に向き合う」ために方角が必要とされた。この方角を「キブラ」という。マディーナに建設された最初期のモスクでは、キブラは北方のエルサレムに向けられていた。マッカ時代には――礼拝の義務が定められたのは、その最後期であるが――エルサレムの方角を向きながらカアバ聖殿に向かって礼拝を捧げており、二つのキブラを合わせていた。エルサレムはマッカから見て北方であるから、二つを合わせることは、マッカ市内かマッカから南方の場所でなければ可能ではない。

ミフラーブ　マッカの方角を示す壁のくぼみ。著者撮影

移住後、おおよそ一年四ヵ月間はエルサレムに向かって、礼拝をしていた。マディーナから見てもエルサレムは北方であるから、この間は南方のマッカには背を向けて礼拝していたことになる。ある日、キブラの変更が命じられた。新しいキブラは、マッカのカアバ聖殿に向くものであった。クルアーンは「われ（アッラー）は汝（ムハンマド）が顔を天に向けるのを見る。そこで、汝が喜ぶキブラに向かせよう。それゆえ、聖モスクへと汝の顔を向けなさい。汝らがどこにいようとも汝らの顔をその方向に向けなさい」（雌牛章一四四節）という。「聖モスク」とは、カアバ聖殿の禁域を指している。

この報せは、マディーナの各地域に伝令によってもたらされた。その報せを受けたときに、礼拝の最中だったモスクがある。マディーナの中心部から北に五キロほど行ったところにある、ハズラジュ族の支族の一つが建てたモスクである。そこで礼拝が行われていると、ムハンマドからの伝令が来て、キブラの変更が告げられた。北方のエルサレムに向いて礼拝の途中だった人々は、ただちに、そのまま南方のマッカに向き直り、礼拝を続けたという。一つの礼拝が二つのキブラに向かって行われるという珍しい事態のために、このモスクはその後「二つのキブラのモスク」として知られるようになった。

喜捨と断食

宗教的に礼拝と並ぶ意義を持った社会制度は、ザカート（喜捨）であった。クルアーンには、「礼拝を確立し、ザカートを支払う」よう求める章句が数多くある。貧しい人や孤児を助けるように、との教えはマッカ時代からあったが、ザカートが制度化されたのはマディーナ時代であった。移住後第二年のこととされる。

ザカートは所有する財の種類によって、喜捨する分量が異なっている。ザカートがマディーナで最初に決められた時の正確な規定はわからないが、その後に整備された法規定で言えば、たとえば、農産物であれば収穫の一割、商人たちのように金銀・商品を所有しているのであれば四〇分の一（二・五パーセント）であった。財産が家畜であるともう少し複雑にな

二つのキブラのモスクの内部　マディーナ市内にある。Shahreen/Shutterstock.com

高くそびえるミナレット　尖塔から高らかに礼拝の呼び声が流れる。著者撮影

集団礼拝をする人々　カイロ旧市街。著者撮影

る。家畜の場合、その種類や育ち方によって価値が異なるからである。羊ならば四〇頭につき一頭、牛であれば三〇頭につき一歳牛一頭というようになっている。

また、同じ年、ラマダーン月の断食も定められた。クルアーンは「信仰する者たちよ、汝ら以前の者たちに定められたように、汝らに断食が定められた」（雌牛章一八三節）と言っている。断食そのものは多くの宗教にみられ、イスラームが始めたことではない。この章句でも「汝ら以前の者たちに定められたように」と言われている。ユダヤ教にもキリスト教にも、断食という修行ないしは信仰行為はあった。他の宗教、たとえば仏教でも断食の行はある。しかし、イスラームの場合、独自のやり方と意義を持っている。

ラマダーン月に入ると、一ヵ月（二九日または三〇日）の間、日の出前の暁の刻限から、日中を通して日没に至るまで、一切の飲食を断つ。断食中はナツメヤシの一粒、水の一滴も許されない。太陰暦は一年が太陽暦より一一日短いため、ラマダーンは季節を移動するが、夏ともなると大変な苦行となる。ラマダーンが定められたヒジュラ暦第二年は西暦六二三年七月に始まったため、太陰暦の第九月にあたるラマダーンは翌年三月のことであった。三月であれば、気候はまだ温暖と言える。ヒジャーズ地方の夏は非常に暑く、日中の時間が長い（現在の気候で言えば、五〜九月の日中の最高気温の平均は四〇度ほど）。後の記録で、長老のアブー・バクルが盛夏の断食の厳しさを耐えるために、ラマダーン月のある日、水に浸した衣にくるまっていたことが記されている。

断食は神のために飲食を断ち、赦《ゆる》しを乞うものとされるが、同時に、貧しくて食べ物がない同胞のために、その苦しみを理解することが目的とされている。当時のマディーナは決して豊かな社会ではなく、困窮に苦しむ信徒も少なくなかったから、それは大いに現実的な意味合いを持っていた。

断食月の終わりには、貧者のための「断食明けの喜捨」が義務づけられた。財産に課せられるザカートが所有する財産の一定比率を差し出すものであるのに対して、断食明けの喜捨は一家の主が定量の小麦、米、ナツメヤシなどを家族の人数分、差し出すものであった。そ

※太字はムハンマド時代に確立された行事や祭礼

イスラーム暦の月名
1月　ムハッラム 元日 10日　アーシューラー　断食 フサイン殉教追悼（シーア派）
2月　サファル
3月　ラビーウ・アウワル 12日　預言者生誕祭
4月　ラビーウ・サーニー
5月　ジュマーダー・ウーラー
6月　ジュマーダー・アーヒラ
7月　ラジャブ 27日　ミウラージュ（昇天の旅）を記念する夜
8月　シャアバーン シャアバーン中日（赦しの夜）
9月　**ラマダーン（断食月）** **---断食** **定命の夜**　（ライラ・アル＝カドル　**27日または下旬の奇数夜）**
10月　シャウワール **断食明けの祭り**
11月　ズー・アル＝カアダ
12月　ズー・アル＝ヒッジャ（巡礼月） **---巡礼** **犠牲祭**

イスラーム暦の12ヵ月　イスラーム暦はヒジュラ暦と呼ばれ、ヒジュラの年（西暦622年）を起点とする純粋な太陰暦

れは、ただちに貧しい者たちに配分された。分量は、当時の度量衡で「サーウ」とされているが、現代風に言えば二・一七キロに相当する。この重さの小麦、米、ナツメヤシなどを、あくまで現物で喜捨するのが、当時の原則であった。分配を受けた方も、小麦やナツメヤシであればすぐに家族で食べることができた。

共同体の諸制度

飲酒の禁止

マディーナ時代の初期に、二つの祭りも定められた。ラマダーンに続く断食明けの祭りと、巡礼の季節に合わせた犠牲祭である。祭りの時は、コミュニティの構成員が着飾って祭りの礼拝に集まり、その後、三日間または四日間の祝日をみなで楽しんだ。イスラームは一般に音曲を好まないとされるが、祭りの祝日にはそれも全面的に許容され、人々は歌ったり、踊ったりして楽しんだ。

ここでも、恵まれない者たちへの配慮がなされていた。断食明けの祭りには「断食明けの喜捨」が分配されたが、犠牲祭では肉が分配された。犠牲祭では、羊などを屠る。その肉は自分たちや親族で共食するのみならず、肉の三分の一は貧しい同胞のために分け与えられるものとされた。いつもは肉を食べられない者たちも、この日ばかりはご馳走を食べることができる。

このように、次第に苦楽をともにするコミュニティの仕組みが形成されていった。また、倫理的な規定も定められた。親孝行の義務や殺人の禁止など、根本的な問題については、前章で見たようにマッカ時代に原則が定められていたが、さらに、賭け事の禁止（ヒジュラ暦三年＝西暦六二四／五年）、飲酒の禁止（ヒジュラ暦六年＝六二七／八年）などが定められた。

飲酒については、三つの段階を経て全面的な禁止に至った。初めは、「彼らは酒と賭け矢について汝に問うであろう。言え、『その中には大きな罪があるが、人々のための多少の益もある。罪の方が益よりも大きい』」（雌牛章二一九節）ということで、全面否定ではなかった。次に、酔って信仰行為をすることが禁じられた――「信仰する者たちよ、汝らが酔った時は、自分の言っていることが理解できるようになるまで、礼拝に近づいてはならない」（女性章四三節）。そして、最後に、「信仰する者たちよ、まことに酒、賭け矢、偶像、占い矢は穢れた悪魔の所行であるゆえ、これを避けなさい」（食卓章九〇節）で全面禁止に至った。

付言すると、飲酒の禁止は、賭け、偶像崇拝、占いと同列に論じられていることからもわかるように、食べ物に関する規定（いわゆる食餌規定）ではない。しばしば「ムスリムは豚肉を食べない、酒を飲まない」と並べて言われるため、食べ物に関する戒律と思われがちであるが、神への信仰や人生に関わる態度として酩酊《めいてい》作用が否定されたのであった。

また、互いに訪問する際の礼儀作法なども、決められた。クルアーンは言う――「自分の家ではない家には、その家の人々に許可を請い挨拶をするまでは、決して入ってはならない」(光章二七節)。これ以前の習慣では、見知った知人の家であれば遠慮なく上がり込んでいたのであろう。地方の小さな村であれば、目くじらを立てる問題ではないかもしれない。しかし、このような細かなことまで規定することによって、マディーナには都会的な作法が確立するようになった。

結婚制度の位置づけ

婚姻についても、明確な制度化がなされた。マッカ時代にも、性的な放縦に対して強い批判がなされていたが、マディーナ時代にははっきりとしたイスラーム的な婚姻制度が確立されたのである。

それが、有名な「一夫四妻」の制度である。クルアーンは結婚について言う。

汝らのうち独身の者、そして汝らの奴隷のうち良き者たちは結婚しなさい。もし彼らが(結婚できないほど)貧しければ、アッラーが彼らを恵みによって豊かにするであろう。(光章三二節)

汝らが孤児たちに対して、公正な扱いができないと恐れるならば、汝らがよいと思う二人または三人または四人と結婚しなさい。もし、彼女たちを公平に扱えないと恐れるならば、一人がよい。(女性章三節)

この制度の背景には、二つの大きな要因が横たわっていた。一つは、新しい共同体の基礎として、家族をいかなる原理で構成するかという問題であった。イスラームを軸とするウンマの成立は従来の部族主義を超える紐帯《ちゅうたい》を生み出したが、ウンマは単にばらばらな個人を構成員とする共同体ではなかった。その基本単位は家族とされた。部族を基礎とするそれまでの社会では、父系制による系譜を軸として、さまざまな結婚形態がある一方、売春制度もあって結婚外の男女関係はふつうに存在したし、系譜主義にもかかわらず養子制度も行われていた。全体としてそれを可能ならしめていたのは、男性支配による社会関係であった。

しかし、イスラームはそのような状況を改めて、男女の同意を基礎とする強固な婚姻制度を打ち立てようとした。イスラーム法の規定では、婚姻は男女の当事者間の合意による民事契約とされ、女性についても当人の合意が前提とされている。すべての民事契約がそうであるように、契約が有効となるためには当事者の同意が必要とされた。多妻の場合も、夫となる男性と妻となる女性の間の契約が基本であり、そのような双務契約が複数締結されると「多妻」となる。

もう一つの問題は、戦いが度重なるにつれて、多くの戦死者が出たことであった。戦死者たちの家族は寡婦《かふ》と孤児となった。アラビア語でいう「ヤティーム（孤児）」は親のない子どもを指す。片親だけをなくしても両親をなくしても、ヤティームにかわりはない。妻を二人、または三人、四人持つことを認めた章句でも、「汝らが孤児たちに対して、公正な扱いができないと恐れるならば、汝らがよいと思う二人または三人または四人と結婚しなさい」と述べていて、孤児の救済が本来の目的であることが明示されている。

夫を失った女性、父を失った子どもたちをどう育てるか、という社会的な問題に対する回答が、この一夫多妻の制度であった。公共の社会福祉制度に依存する時代ではないから、これは合理的な解決策であった。イスラームは平等主義を好むが、ここでは妻たちを平等に扱う必要性が、「もし、彼女たちを公平に扱えないと恐れるならば、一人がよい」という形で述べられている。

ちなみに、ムハンマド自身も、妻たちを平等に扱うため、彼女たちの部屋を一日ずつ回って暮らす生活をしていた。彼の家はモスクに隣接して建てられていたが、実は、それは妻たちの部屋が並んでいるものであった（一一九頁の図参照）。

マディーナ時代には戦い（剣のジハード）がなされるようになったが、それと同時に、このような社会保障が制度化された。ジハードとは向こう見ずに命を投げ出すことではなく、共同体を防衛するための奉仕であり、その結果としての戦死によって残された家族を救うことも、社会の重要な役割であった。

政治の季節

政治家ムハンマド

イスラーム法は、全体として見れば「命令の体系」であり、信徒のなすべきことが神の教えとして与えられるものであった。しかし、ムハンマドはそれらの教えを強圧的に押しつけたわけではなかった。マッカの厳しい迫害の日々を、弟子たちを励ましながら生き延びた彼は、マディーナでも忍耐強い指導者として共同体の構築に励んだ。しかし、その能力は単なる忍耐ではなく、大きな政治力を発揮した。

ヒジュラの後わずか八年にして、彼は三万の大軍を引き連れてマッカを無血開城させることになる。この八年の間に、彼はマディーナの全権を掌握した。それは、機敏に状況を判断して適切な手段を打つ政治家としての力量によるところも大きい。

マディーナに到着して以来、陰に陽に彼に対抗したのは、ハズラジュ族の指導者であったイブン・ウバイイであった。彼は、ウフドの戦いの際にも、マディーナ軍の三分の一の兵力を率いて、戦いが始まる前に戦線を離脱したし、その後も、何かと紛争の種を作った。彼自身はイスラームに加わっていたものの、それまでの自分の指導的な立場に固執していた。

人間というものを考えれば、このような人物が出ることは不思議ではない。指導者ともなれば、誰しも権力や地位を望む気持ちを持っているであろうし、ライバルの登場をねたむ気持ちも生まれる。むしろ、彼に従う一部を除いて、ハズラジュ族の者たちがみな喜々としてムハンマドに従っていたことの方が不思議というべきかもしれない。いずれにしても、イブン・ウバイイには、失われた勢威への悔しさもあったであろう。ムハンマドへの嫉妬もあったであろう。より根本的な問題は、イブン・ウバイイが新しい共同体の原理を十分理解できず、部族的な原理に沿ってものを考えていたことにある。

ムハンマドは、彼の反抗と敵対に対して、最後まで穏和な態度で臨んだ。イブン・ウバイイがイスラームを認めている以上、共同体内部での争いはイスラームの教えに反するからである。ある時小さな遠征の際に、イブン・ウバイイをめぐって一触即発の危機が生じた時には、ムハンマドは全軍に真昼の行軍を命じたという。乾燥地帯ではふつう陽の高い刻限には行軍をしないものであるが、ムハンマドが例外的な行軍を命じたため、人々は肉体的に疲弊した。彼の狙い通り、彼らは内紛を起こす体力と気力を失ったのであった。このあたりにも、ムハンマドの政略、工夫がよく示されている。

政略家としてのムハンマドの側面は、ムスタリク族の族長の娘との結婚にも示されている。この部族は、マディーナに敵対して敗戦し、族長の娘を含めて多くの構成員が捕虜となった。族長の娘ジュワイリーヤが多額の身代金を免除してもらおうと、ムハンマドの介入を求めたところ、ムハンマドはその求めに厚意を示したのであった。娘の解放のためにマディーナを訪れた族長はその扱いに感激し、イスラームに改宗した。ムハンマドはジュワイリーヤに求婚して、ムスタリク族の捕虜は全員、無償で解放されることになった。これによって、この部族はムハンマドの係累として強い忠誠を誓うようになった。マディーナ政権は一瞬にして強力な同盟者を得たことになる。

ちなみに、一人の男性が結婚できる妻は四人まで、というのは一般信徒の場合である。ムハンマドだけがイスラームの歴史のなかで、例外となっている。彼の結婚には、人数の制限はなかった。没する直前に行った大巡礼には妻たちを全員伴ったが、その数は八人であった。ムハンマドの結婚のいくつかは、明らかに政治的な理由からなされていた。

外交的な側面を持つジュワイリーヤとの結婚もそうであるが、共同体内部を固めるための結婚もあった。たとえば、後の第二代カリフであるウマルの娘ハフサとの結婚もそうである。ハフサは若くして寡婦となり、長老であったウマルは、同じく長老のウスマーンに娘との結婚を持ちかけたが、ウスマーンはこれを断った。これに対する不満を訴えたウマルに対して、ムハンマドは「もっとよい婿を与えよう」と自ら結婚を申し出て、ウマルを喜ばせたという。

しかし、ムハンマドが政略家としての力量を示したのは、何と言っても、塹壕《ざんごう》の戦いの翌年に企図した小巡礼であった。

フダイビーヤの和議

大巡礼が巡礼月（太陰暦の一二月）に行わなければならないのに対して、小巡礼は四ヵ月の聖なる月であれば、いつでも行うことができた（後のイスラームの決まりでは、小巡礼は一年のどの月でもできるようになった）。ある日、ムハンマドは信徒たちに小巡礼をすることを告げて、早々に旅の準備をさせ、マッカに向かった。クライシュ族の敵対を予想して軍装で出発することを主張する者もいたが、ムハンマドは「カアバ聖殿への巡礼だけが目的」として、犠牲に捧げる家畜だけを引き連れて、軽装で出発した。

言うまでもなく、この時期には、マディーナとマッカは戦争状態にある。マッカ勢は、まさか無腰のムハンマドたちが小巡礼に訪れるとは予測していなかったであろう。彼らは、極限的なジレンマに直面した。もし、ムハンマドたちを武力によって妨害するならば、神聖月の規定を破るのみならず、聖地の守護者としてのクライシュ族の名声は地に墜ちるであろう。しかし、彼らが小巡礼を行うのを許せば、もはやクライシュ族はマディーナ勢に屈したと思われるであろう。特に、前年の塹壕の戦いの敗北の後であるから、クライシュ族の屈辱はアラビア半島の隅々にまで知られるに違いない。

ムハンマドたちは、マッカの聖域の外れにあるフダイビーヤの地まで達して、宿営した。クライシュ族は、ここからは一歩も聖域に入らせまいという覚悟を決めた。しばらく、両者の交渉が続いた。

その間に、ムハンマドはアカシアの樹の下で、信徒たちから改めて臣従の誓いを受けた。これを「リドワーンの誓い」という。

さまざまな駆け引きが続いた後、ムハンマドの提案によって和議が結ばれた。地名から名を取って、フダイビーヤの和議という。ムハンマドたちとマッカ勢は、一〇年間の和平条約を結んだのであった。

確かな戦略眼

この和議は、振り返ってみれば、ムハンマドの戦略眼の確かさを示すものであった。しかし、ムハンマドに従っていた信徒たちには、屈辱的な和議のように思われた。というのも、クライシュ族の側はムハンマドが「アッラーの使徒」として和議を結ぶことも認めなかった――単にアブドゥッラーの息子ムハンマドと署名――し、それぞれの町から他の側に来た者を受け入れ、または送り返す条項にしても、マディーナに不利な不平等条項であった。何より、小巡礼のために来たのに、それを果たさずに帰ることに、多くの者が困惑したようであった。

彼らは、イスラームのためとあれば、命を捨てる覚悟ができていた。もし、巡礼のために剣で切り開けと言われたならば、喜んで突撃したことであろう。しかし、不満足とも思える和議に喜ぶだけの戦略眼は、ほとんどの者が持っていなかった。ウマルも、激しく不満を訴えたという。

帰路に、この和議を「明らかな勝利」とするクルアーンの章句が示された。

まことにわれ（アッラー）は汝に明らかな勝利を授けた。汝のこれまでの過ちとこれからの過ちを赦し、汝に対する恩寵を全うさせ、汝を直き道に導くためである。そして、アッラーは汝に力強い支援を与える。（勝利章一～三節）

しかし、この時点では、多くの者はその意味を理解することはできなかったと思われる。屈辱的な和議のどこが「明らかな勝利」なのであろうか。神が与える「力強い支援」とは何であろうか。そのような疑問が多くの者の心に宿ったであろうことは、想像に難くない。

和議の効用は、直ちに軍事的な利点として現れる。というのも、マッカとの和平条約によって、北の脅威に備えることができたからである。しかし、マディーナへの帰路についた時点では、そのことはまだ明らかとなっていなかった。

小巡礼の成功

和議の翌年、ムハンマドは三〇〇〇人を引き連れて、小巡礼を行った。和議の条項に従って、クライシュ族は三日間にわたってマッカを空けて、アブー・クバイス山に宿営し、ムハンマドたちが儀礼を行うにまかせた。カアバ聖殿はまだ三六〇体の偶像に囲まれていたが、「預言者のムアッズィン」ビラールがカアバ聖殿の上からイスラームの祈りの呼びかけを行い、信徒たちはアッラーに礼拝を捧げ、聖殿の周りを七周する「タワーフ（周回）」の行を自由に行った。

この時に及んで、和議の意義はようやく誰の目にも明らかとなった。ムハンマドたちは、武力の誇示も戦闘もなしに、マッカの地に自由に入り、小巡礼を行うことができたのである。イスラームの勢力伸張をこれほど明白に示すものはなかったであろう。

さらに、結果から考えれば、フダイビーヤの和議はマッカの無血開城への伏線であった。クライシュ族との和平を好機としたムハンマドは、ハイバルに遠征して北方の脅威を取り除き、イスラーム共同体の安全を強め、マッカに対する戦略的な優位性を高めた。

さらにこの時期の重要な出来事は、ハーリド・イブン・ワリードがマディーナに来訪して、イスラームに改宗したことであった。ハーリドは優れた武将で、ウフドの戦いではマッカ軍の左翼の指揮官としてマディーナ軍に痛打を与えた。イスラームに加わってからは、シリア遠征などで大きな戦功をあげる。

和議の翌々年、マッカ側で和議の協定を破る事件が起きた。事件自体は小さな武力行使に過ぎなかったが、政治的な含意は大きかった。クライシュ族の長アブー・スフヤーンは和議が崩壊に瀕《ひん》し、マッカにとって政治的危機が生じたことを理解した。シリアへの隊商から戻ったばかりの彼は急ぎマディーナに赴《おもむ》き、新しい和議の締結などを模索した。しかし、はかばかしい結果は得られなかった。ムハンマドは、マッカ側の協定違反が戦略上の好機であると知っていたからである。アブー・スフヤーンの娘ウンム・ハビーバはムハンマドの妻の一人であったが、彼女も父に協力せず、調停役にはならなかった。アブー・スフヤーンはむなしくマッカに引きあげた。

ムハンマドにとって、天下の帰趨《きすう》を決すべき時が来た。彼は一万人の軍勢を率いて、ヒジャーズ地方を南下した。しかし、目的地は最後まで明かさなかった。マッカをめざすのか、和議の違反を犯した部族を攻めるのか、あるいはターイフの町を攻略するのか。いよいよ、マッカに近づくと、ムハンマドは全員に松明《たいまつ》を持たせせた。一万人の軍勢は、マッカからは何倍もの巨軍に見えたという。

マッカ征服

アブー・スフヤーンは再びムハンマドの陣営を訪れた。そこで彼は、ムハンマドの軍門にアラビア半島の数多くの部族が加わっていることを知った。かつて、クライシュ族が影響を及ぼし得なかった遠くの部族も、最近までムハンマドと戦っていた部族のメンバーたちも、そこに加わっていた。クライシュ族の勇将ハーリドすら、そこにいた。アブー・スフヤーンは、すでに勝敗が決していることを悟ったのであろう。抵抗は無用の流血を生むだけで、無意味と思われた。そうであれば、はっきりとそれを態度に示した方が事後処理に有利であった。ついに彼は「アッラーのほかに神なし、ムハンマドはアッラーの使徒なり」と表明したという。

宥和策《ゆうわ》に優れた政略家らしく、ムハンマドは、アブー・スフヤーンにクライシュ族の長としての名誉を与えた。つまり、マディーナ軍がマッカに入城したとき、彼の邸宅に避難した者に安全を保障したのである。また、自宅にこもる者、カアバ聖殿に避難する者も安全が保障された。

ムハンマドは軍を四つに分け、四方から入城させた。ほとんど何の抵抗もなく、イスラーム軍はマッカを制圧した。ムハンマドはカアバ聖殿に入り、「真理が訪れ、虚偽は消え去った。虚偽はいつも消え去るものである」（夜の旅章八一節）という章句を唱えながら、三六〇体の偶像を一つ一つ、杖で倒したという。その中で最大のフバルはクライシュ族の守護神であった。ムハンマドの命令で、フバルは粉々に砕かれ、他の偶像は焼かれた。

イスラームへの改宗を希望する者たちは、次々に入信のための信仰告白を行った。アブー・スフヤーンの妻ヒンドと言えば、かつてウフドの戦いで復讐のためにハムザ（ムハンマドの叔父）の肝臓を喰らい、ムスリムの戦死者たちの耳を切って首飾りを作らせた猛女であったが、彼女すらも恭順を誓った。もっとも、彼女は報復を恐れ、顔を隠したままで入信を表明し、その後に初めて素性を明かしたという。マッカの人々がすべてイスラームに加わったわけではなかったが、イスラームに改宗しなくても安全は保障された。

イスラームの完成

アラビア半島の統一とムハンマドの死

マッカ征服の後、さらにマディーナ政府の支配領域は広がった。ヒジュラ暦九年（六三〇／一年）は「遣使の年」と呼ばれる。アラビア半島の諸部族が次々と使節団をマディーナに派遣し、イスラームに参加したからである。ここに、アラブ諸部族はムハンマドを認め、史上初のアラビア半島の統一も成った。

ヒジュラ暦一〇年（六三一／二年）は「別離の年」と呼ばれる。ムハンマドは大巡礼を行い、これが後に「別離の巡礼」と呼ばれるようになった。巡礼をしている時点では、信徒たちはまもなくムハンマドがこの世に別れを告げると知っていたわけではない。この巡礼には、一〇万人の信徒が参加したと言われる。この機会に、古来行われてきた巡礼の行を再確認するとともに、ムハンマドはそれを、多神教時代の名残ではなく、イブラーヒーム（アブラハム）以来の儀礼として再定義した。この時定められた巡礼の儀礼が、今日に至るまで実践されている。

ムハンマドは、アラファの野にある「ラフマ（慈悲）山」の山頂から、有名な説教を行った。今日「別離の説教」として知られるその説教において、彼は「私は務めを果たしたのではないか」と問うた。参集した人々は、「私たちは確かに（そうであると）証言します」と答えたという。

最後期の章句とされるクルアーンの言葉は、「今日、われ（アッラー）は汝らのために汝らの教えを完成し、汝らにわが恩寵を完遂し、汝らのために教えとしてのイスラームに満足した」（食卓章三節）というものである。ムハンマドが布教した教えが「イスラーム」と呼ばれることも最終的に確定した。ムハンマドの使命は終わりを迎えつつあった。

もしマッカ時代の彼を「忍耐する預言者」とするのであれば、マディーナ時代の彼は「戦う預言者」であり、また社会統合に心をくだく「政治家」であった。必要とあれば、寛容と宥和の心を示し、必要とあれば剣を取るのが彼の暮らしであった。

死の床にあった時、彼はイスラームの剣を納めようとしていたわけではない。彼は、ビザンツ軍に対する初戦の敗北を覆《くつがえ》すために、新たなシリア遠征軍を組織しようとしていた。しかし、イスラームの共同体と国家を確立するという使命を終えた今、領土の拡大は彼の仕事ではなかった。西暦六三二年六月八日、マディーナのモスクに隣接する自宅（妻の部屋）にて、ムハンマドは没した。

三つの危機の訪れ

ムハンマドがこの世を去った時の版図（一五八〜一五九頁の地図参照）を見るならば、彼がアラビア半島の統一者だったことがわかる。通常であれば、「アラビアの王」だったと言うべきであろう。しかし、彼はいわゆる王ではなかった。彼の支配は王権ではなく、その国家は王国ではなかった。

ムハンマドは新しい社会の建設者であった。社会は国家よりも大きい。政治は、社会の諸機能の一つであろう。その意味では、彼はイスラーム社会を建設しようとしたのであり、政治も統治も、さらに軍事もその一部でしかなかった。もちろん、絶対的な唯一神の「使徒」と名のった以上、その宗教的な版図の行く末にアラビア半島を越えた、より大きな世界があったことは想像に難くない。しかし、マディーナ国家を世界帝国へと育てるのは、彼の後継者たちである。

私たちはその後のイスラーム世界の発展を知っているから、イスラーム社会がムハンマドの指揮下に誕生したことの意義を簡単に論じることができる。しかし、当時の人々はもちろん、直後の時代においてもその意義は明らかではなかった。イスラーム社会の意義を本当に理解するためには、少なくともさらに二世紀程度の歴史を知る必要がある。

実のところ、ムハンマドが世を去ったためにすぐに生じたのは、イスラームのさらなる発展ではなく、新生マディーナ国家の危機であった。危機は、三つの次元で生じた。第一は、マディーナ国家そのものの解体の危機である。第二は、アラビア半島の諸部族の離反であった。さらに第三の危機として、北方からはビザンツ帝国およびササン朝ペルシアの脅威が迫っていた。

この三つの危機に対処することになったのは、指導者としてのアブー・バクルであった。彼はクライシュ族の中のタイム家の出身で、最初期の入信者の一人である。ムハンマドとは、マッカにクライシュ族を定住させた族長クサイイの二代前のところで祖先を同じくしている。富裕な商人であった彼は、すべての財を投じてイスラームのために尽くし、ムハンマドの信頼も厚かった。

ムハンマドが亡くなると、彼はパニックに陥った信徒たちを鎮めなければならなかったが、さらに、共同体分裂の危機が生じた。それは、援助者たちが独自に指導者を立てる動きを始めたからであった。マディーナ国家では、その中核に、マッカからの移住者たちと、もともとのマディーナの住民である援助者がいた。移住者たちと援助者たちの間はヒジュラ以降ずっと、ムハンマドによってうまく融和されていたが、マッカ征服以降は、新参のマッカ出身者が加わることによって、クライシュ族出身者とマディーナ出身者の間に緊張が生じていた。

正統カリフ制の成立

緊張関係の芽は、ムハンマド時代にさかのぼるが、マッカ出身者とマディーナ出身者の間の溝は、ムハンマドが生きている間は表面化しなかった。しかし、クライシュ族の大挙参入によってパワーバランスが崩れるという問題は、援助者たちにとって現実的なものであった。その後の政治の流れを見れば、これが杞憂ではなかったことがわかる。わずか三〇年後に成立するウマイヤ朝は、新参のウマイヤ家の者たちが支配する王朝だからである。

ムハンマド逝去に際して、援助者たちが集まって自分たちの代表を選ぼうとしていることを知ったアブー・バクルは、急遽その集会の会場に駆けつけ、分裂を回避するよう説得に努めたという。援助者たちは最初、移住者と援助者のそれぞれにアミール（指揮官）を立てようと提案した。アブー・バクルはそれに反対し、ムハンマドを後継する指導者は一人であるべきこと、その指導者には移住者の方がふさわしいことを力説した。

援助者たちが説得に応じたのは、移住者の中の長老がアブー・バクル自身だったことにもよるであろう。彼が共同体の指導者として信任されたのは、もっとも最初からムハンマドに従い、イスラームの教えを知悉していたこと、移住者たちのみならず援助者たちにとっても、自分たちの事情をよく理解していると信頼されていたこと、また、新参ながら大きな勢力を持っていたクライシュ族の者たちからも信頼される存在であったこと、さらに、アラビア半島の諸部族について知悉していたことなどが、その要因としてあげられる。

分裂を回避できたアブー・バクルは、マディーナの会衆によって「臣従の誓い」を受け、「預言者のハリーファ（後継者、代理人）」として最高指導者の地位に就いた。ハリーファの語はヨーロッパ語経由で、日本では「カリフ」とされている。アブー・バクルから四代にわたる「正統カリフ制」がここに成立した。

アブー・バクルの苦労

マディーナに成立した新しい体制を、ここでは正統カリフ体制と呼ぶことにしよう。アブー・バクルはイスラーム共同体の全権を掌握した。しかし、この体制はムハンマド時代と、一点において決定的に違っていた。それは、もはや「預言者」は存在せず、したがって神からの啓示もないことであった。

ムハンマドが亡くなる少し前のクルアーンの章句は、「今日、われ（アッラー）は汝らのために汝らの教えを完成し、汝らにわが恩寵を完遂し、汝らのために教えとしてのイスラームに満足した」（食卓章三節）と、ムハンマドの使命の完成を宣言した。ムハンマドが「アッラーの使徒」であるという教義には、ムハンマドが「最後の預言者」であり、彼の後には啓示は存在し得ないという内容も含まれている。

アブー・バクルはムハンマドの生前から共同体の長老であり、ムハンマド自身がしばしば彼に相談をしていた。しかし、アブー・バクルの側から言えば、最終決定権はムハンマドにあったし、ムハンマドも自分で判断しかねることは啓示を待つ、というスタンスを取っていた。アブー・バクルにとって、指令は上から得られるものだったのである。

しかし、ハリーファとして共同体の長となったアブー・バクルは、もはや上から指令を待つことはできなかった。しかも、ムハンマドという文字通り超人的な指導者を失ったイスラーム共同体には、宗教的にも政治的にもそれまで経験したことのない困難が襲いかかった。
共同体の分裂という第一の危機は、アブー・バクルの統率力によって回避できた。はじめ分離独立を画策した援助者たちも、穏和な第一代カリフの就任に満足した。しかし、第二の危機は、アラビア半島の諸部族の離反であった。内部での緊張とは違って、これはマディーナを首都とする新国家を根底から覆す危険性を持っていた。

リッダ戦争

ムハンマドの晩年に彼に服属を誓った諸部族にすれば、「離反」という言葉は心外であったかもしれない。アラビア半島は一部を除くと強大な国家を持ったことがなく、ヒジャーズ地方や中央部のナジュドは緩やかな部族連合しか経験がなかった。部族間の連携は、族長同士の連携であることが多く、代が替わってまで拘束力が続くというものではなかった。統率力に優れた族長が世を去ると、彼との間で結ばれた盟約も終了するというのは、当時の標準に照らして非常識だったわけではない。

そのような部族は、特にザカート（喜捨）の支払いを拒絶した。ムハンマドが没した今、その後継者に同じように税を支払うつもりはない、ということであった。アブー・バクルとマディーナの長老たちは、これを「リッダ（背教）」と定義した。単なる離反ではない。神への反逆であるとしたのである。

アブー・バクルは、ムハンマドの死に動揺した信徒たちに向かって、「汝らがムハンマドを信仰したのであれば、彼はすでに世を去った。だが、アッラーを信仰したならば、アッラーは決して死ぬことはない」と断言した人物である。離反しようとする部族に対して、ムハンマドとの盟約は神との契約であり、人間が勝手に破ることは許されない、と彼は断じた。

ムハンマドという強大な族長が勃興《ぼっこう》したために服属したつもりの諸部族は、イスラームの登場によって全く新しい共同体と国家の原理が誕生したことを、十分理解していなかった。それだけではなかった。反乱する部族の中には、イスラームそのものに対抗し、挑戦する勢力も現れた。つまり、ムハンマドと同じように「預言者」を名のる者と彼らに従う諸部族であった。イスラーム側では彼らを「偽預言者」と呼んだ。

厳密に見ると、離反しようとした諸部族の都合はそれぞれに異なっている。一部には、それまで部族間抗争があったところで、イスラームに帰属した部族に対抗する部族がムハンマドの死を好機と見て兵をあげた場合もあった。また、ハニーファ族のように、マディーナの支配下に帰属したと言っても、入信はしていなかった事例もある。いずれにしても、イスラーム国家の支配を拒絶したことは共通していた。そのような部族の勝手を許せば、新生国家は根底から崩れてしまうであろう。アブー・バクルはただちに、討伐軍を編制した。一連の戦いは「リッダ戦争」と呼ばれる。

この戦争では、アラビア半島に散らばる遊牧部族を制圧することに大きな重要性があった。遊牧生活を続ける諸部族は、定住者による支配を好まず、また部族間の確執や離反も激しかったから、彼らを統御せずにはアラビア半島の政治的安定もありえなかった。イスラームには遊牧文化がさまざまな形で影響しており、イスラーム文明やイスラーム帝国はその点で中華文明やヨーロッパ文明と趣《おもむき》を異にするが、それにしても、遊牧民の気ままや不服従は好まれなかった。

勇将ハーリド・イブン・ワリードがナジュド地方の各地に派遣され、さらにヤマーマ地方で「偽預言者ムサイリマ」を粉砕したほか、イエメン、オマーン、バハレーン（今日のバハレーン島ではなく半島東部の沿岸部のこと）などに部隊が派遣され、次々と戦果をあげた。ムハンマドが諸部族との交渉に用いたのは、布教のほか、婚姻と贈り物であったが、アブー・バクルも同様の政策をとった。反乱した部族の中でもイスラームに忠誠を貫いた少数派や、帰順した部族には、寛大な対応がなされた。

共同体の再統合

リッダ戦争の結果、アラビア半島はムハンマドの晩年以上にしっかりとマディーナ政府の統率下に入った。また、リッダ戦争に派遣された司令官たちやその部隊を見ると、誰がマディーナ政府の支配層であったかがわかる。一言で言えば、それはヒジャーズ地方のマッカ、マディーナ、そしてターイフの人々であった。ターイフは、マッカとともに「二つの町」と通称された町で、マッカの東方六五キロのところにある。この町の住人サキーフ族は、ヒジュラ直前のムハンマドを追い返し、マッカ征服後もイスラームに抵抗したが、ムハンマドの最晩年にイスラームに加わると、拡大しつつあったイスラーム共同体の中で中核に近い位置についた。

これらの町は、マッカをはじめとしてヒジャーズ地方の交易で栄えていた。そのため、商人も多くいた。マッカはその中でも有力であったが、大規模な隊商貿易を営むため、彼らは大きな資本だけではなく、多数の人員と物資を動かすマネージメントのノウハウと能力を持っていた。彼らの才能と経験は、新生国家の運営にきわめて有用であった。

征服の始まり

北方の脅威

リッダ戦争の終了とともに、アラビア半島の情勢は安定化した。しかし、アブー・バクルの前には、より大きな、第三の危機が待っていた。それは、北方からの大帝国の脅威であった。アラビア半島の北側はイラク、シリアであるが、イラクにはササン朝ペルシアが、シリアにはビザンツ帝国が控えていた。両帝国は互いに抗争を続けてきたが、それぞれに、帝国の南側から新しい国家が勃興しつつあることに警戒していた。

ここで、少し当時の国際情勢を考えておく必要がある。ローマとペルシアが西アジアから地中海にかけての二大文明圏であり、アラビア半島がその外側にあったことは第一章で述べた。当時、このあたりを支配していた帝国は、ビザンツ帝国とササン朝ペルシアであり、両者の長い戦いがメソポタミア、シリアを舞台に続いていた。

ムハンマドが預言者と名のった頃は、ペルシア側の攻勢期であった。ササン朝ペルシアは、六一一年に北からシリアに入り、六一七年にはエジプトに兵を進めている。ビザンツ皇帝ヘラクレイオスがようやくシリアを奪回したのは、六二九年のことである。言いかえると、ムハンマドがマディーナで共同体を構築し、アラビア半島に勢力を広めている間、シリアはペルシア帝国の占領下にあった。ササン朝はアラビア半島に領土的野心はほとんどなかったから、このことはムハンマドにとって非常に有利に働いた。

いったん、マッカ征服が行われ、アラビア半島がイスラームによって統一されると、北方の帝国との摩擦は不可避となった。

大征服を担った騎士たち　13世紀の写本『マカーマート』の挿絵。フランス国立図書館蔵

シリアでの衝突は、ムハンマド時代の晩年にさかのぼる。ムハンマドは神の預言者として、ビザンツ皇帝へも布教の使いを派遣したが、ビザンツ側で深刻に受けとめた形跡はない。付言すれば、ムハンマドはアブラハム以来の諸預言者の系譜を引く者として、ユダヤ教、キリスト教から受容されることを期待したであろうが、個々人の改宗者を別とすれば、権力者が素直に従うこ

とはなかった。ほぼ唯一の例外は、ハバシュ（エチオピア）の国王であろう。当時のエチオピアはキリスト教国であったが、国王はマッカから避難してきたムスリムたちを保護し、ムハンマドに対しても好意的な評価をしていた。

さて、フダイビーヤの和議のあと、ムハンマドはマディーナ北方のハイバルを征服した。その後、シリア方面に布教の使いを送ったところ、彼らが殺害される事件が起きた。これを看過しがたいことと見たムハンマドは、息子同然のザイド（元々彼の養子であったが、養子制度そのものをイスラームは破棄）を司令官として三〇〇〇人の軍をシリア方面に送った。しかし、この軍は、死海に近いムウタの地で強大なビザンツ帝国軍と遭遇し、壊滅させられた。イスラームとビザンツ帝国の最初の戦闘であった。

さらに、翌年にマッカを制圧したムハンマドは、ビザンツ帝国が彼らを攻撃しようとしているという情報を得てシリア方面に出撃することになった。この時彼は四万の兵を率いたという。しかし、ビザンツ軍に関する情報は間違いで、マディーナ軍はアラビア半島の最北にあたるタブークの町までを支配下において、帰還した。また、紅海に面するアカバ湾（現ヨルダン領）に住むキリスト教徒たちと協定を結び、安全を保障する代わりに毎年の貢納を受けることになった。

今回は、ビザンツ軍と相まみえることがなかったが、脅威に備える必要があった。そのため、ムハンマドは新たな遠征軍を編制した。その司令官として、ムウタの戦いで戦死したザイドの息子ウサーマを選任した。若い彼を選んだことに、長老たちは危惧を覚えた。ところが、遠征軍の出発前にムハンマドは病に伏し、最期《さいご》を迎えることになった。

アブー・バクルが引き継いだのは、この状況であった。長老たちは再び、ウサーマの若さに不安を覚え、司令官を替えるべきことを主張した。アブー・バクルは、「預言者の決めたことを覆すのか」と言って、ウサーマの司令官任用を続けた。ちなみに、ウサーマはその後、有能な司令官であることを証明した。

苦悩の決断

シリアは五世紀にわたって、ローマ帝国・ビザンツ帝国の支配下にあった。この地は戦略的要地であったから、シリア出身のローマ皇帝すら出た。しかし、七世紀初めにササン朝がシリアを二〇年近く占領したため、この地域の住民にとって、もはやビザンツ支配は当たり前のものではなくなっていた。さらに、ササン朝がガッサーン朝を破壊していたことも、重要であろう。このあたりの部族を管理下に置くことは、ビザンツ帝国にとってもイスラーム国家にとっても、自己の安定のために死活にかかわる重要性を持っていた。

他方、シリアの東隣に位置するイラクは、ササン朝ペルシアの領土であった。ペルシアの首都クテシフォンは今日のバグダードの近くに位置するから、イスラーム軍が北上する場合、戦略的な縦深性に乏しい。ビザンツ帝国のようにシリアからはるか離れたところに首都コンスタンチノープルがあるのとは違い、前線で防御しなければ、ただちに帝国の心臓部が危険に晒《さら》されるのである。したがって、両者の境界地域で、イスラーム側に属する部族が小競り合いを始めたとき、それはただちに深刻な衝突を引き起こした。

そのことを知ったマディーナ政府の首脳たちは、巨大なペルシア帝国との戦いを予想して、戦慄したと考えられる。シリアにおけるビザンツ帝国との戦いも迫っているのに、もう一つの超大国とことを構えるのは、あまりに無謀と思われた。負ければ、イスラーム共同体は粉々に粉砕されるであろう。

しかし、ここまで来た以上、全力をあげて戦うしか、選択肢はなかった。アブー・バクルはリッダ戦争から転じて、北方の戦線へ軍を送り出した。

大征服はなぜ始まったか

ここから、いわゆる「大征服」の時代が始まる。これについて、なぜ、イスラーム軍がアラビア半島からあふれ出し、東西に征服地を広げていったのかという疑問が生じる。安易な答えは、新しい信仰心に燃えたイスラーム軍が自分たちの宗教を広めようとして征服を進めた、というものである。この見方は、「イスラームが剣によって広まった」というヨーロッパに古くからある偏見を下敷きにしている。いわゆる「右手に剣、左手にコーラン」という図式である。

しかし、これは因果関係を取り違えている。確かに、信仰心に燃え「剣のジハード」で命を賭ける意欲のある優れた兵士たちがいたことは間違いない。それが、勝因の一つであることは疑いを入れないであろう。しかしながら、これはなぜ「征服に成功したか」ということを説明しても、なぜ「征服に出かけたのか」を説明するものではない。征服に進んだのは、信仰心に燃えるからではなかった。

当時の国際情勢をもう一度考えてみよう。アラビア半島は、支配することが困難な遊牧民が多く住む地域であった。マディーナ国家は六二二年からおよそ一〇年をかけて、その大半を制圧することに成功した。これ自体、それに成功しなければ、マッカを中心とする反イスラーム勢力によって破壊されるという、二者択一の状況の帰結でもあった。そのことは、これまで詳しく見た通りである。

アブー・バクル時代には、アラビア半島の諸部族を統合する最終段階に入っていた。その対象は、シリアとの境界にいる諸部族であった。彼らを統御できなければ、ヒジャーズ地方の政府がアラビア半島を支配し続けることは長期的に不可能であった。しかも、ササン朝からシリアを奪回したビザンツ帝国が、これらの部族を再統合しようとしていた。

かつて、この地にはガッサーン朝というアラブ王国があり、ビザンツ帝国に臣属していた。ササン朝がこれを破壊していなければ、ヒジャーズから始まったイスラーム国家はまずこれと戦うことになったであろうし、ガッサーン朝をビザンツ帝国が全面的に支援していた場合、戦いの帰趨がどうなっていたか予測がつかない。しかし、緩衝《かんしょう》国家としてのガッサーン朝はすでになく、シリア周辺の諸部族はどこにも帰属していなかったから、マディーナの指導部は彼らを支配下に置く必要に迫られた。

さらに言えば、アラビア半島は乾燥地帯で、ここだけを版図とする王国が成立する余地はほとんどなかった。あまりにも農業生産力が低く、長期的な自立性はない。言いかえると、イスラームの小王国が半島内に成立して、ビザンツ帝国と共存する余地はなかったのである。新興のイスラーム国家が生き延びようとするならば、北方の諸部族を制圧せざるをえず、そうすることによってビザンツ帝国と衝突せざるをえなかった。国際的な力学から言えば、力の均衡で平和共存が成立する状況にはなっていなかった。

シリアとの結びつき

しかも、衝突が不可避であることを前提として考えるならば、衝突に勝利した場合の報賞はきわめて大きなものであった。シリアは、マッカの商人たちがながらく商売相手としてきた豊かな地である。彼らはかつて、ここから金や工芸品などを南に運び、大きな富を得てきた。そして、何よりも、シリアの地は湿潤な緑がある。ダマスカスは古代から現代まで人間の集住が続いているという意味において「最古の都」とも言われるが、この一帯はアラビア半島北方では最大のオアシスである。さらに付け加えて言えば、聖都エルサレムがある。クルアーンを一読すれば判然とするように、ムスリムたちにとってもここは「父祖の地」であった。シリアの中でも、エルサレムには特別の意味があった。

シリアの征服は、ヒジャーズ国家の安全保障の観点から戦略的に避けて通れないものであり、また、イラク（メソポタミア）の征服は、もう一つの脅威であったササン朝ペルシアとの不可避の戦いであった。それと比べてみれば、アフリカ大陸にわたってエジプトから北アフリカを征服することは、そこまでの必然性はなかったであろう。

シリアでのビザンツ軍との最初の遭遇では、イスラーム軍は手ひどい敗北を喫し、指揮官も戦死した。しかし、六三四年、猛将ハーリドがビザンツ軍をパレスチナ南部のアジュナーダインで破り、形勢は大きく変わり始めた。翌年には、シリアの州都ダマスカスを包囲し、半年後に降伏せしめた。なお、一般論として言えば、この頃のイスラーム軍は攻城戦が得意ではなく、十分な準備をしてから敵軍を会戦に誘い、正面から撃破することが多かった。

シリアの危機に、ビザンツ帝国は一二万人以上の大軍を皇帝の指揮下に結集した。対するイスラーム軍も四万人の軍勢で立ち向かい、六三六年八月、ヤルムークの戦いにおいて両軍が激突した。その結果、兵員数では劣っていたものの、よく組織され目的意識も高いイスラーム軍が勝利を得た。イスラーム軍は地形に合わせた奇襲戦術などをよく用い、ついにビザンツ軍を壊滅させたのであった。シリアの命運に関する限り、これが天下分け目の決戦となった。

エルサレムの和約

翌年にはエルサレム包囲戦が始まったが、この聖都は長い戦いの末、和議によって開城することになった。すでにビザンツ軍はこの地域から撤収していた。帝国の公式教義を護持するギリシア正教会はエルサレムを死守したかったであろうが、軍事的には持ちこたえようがなかった。ついにエルサレム側はイスラームの軍門に降る条件として、六三四年に第二代カ

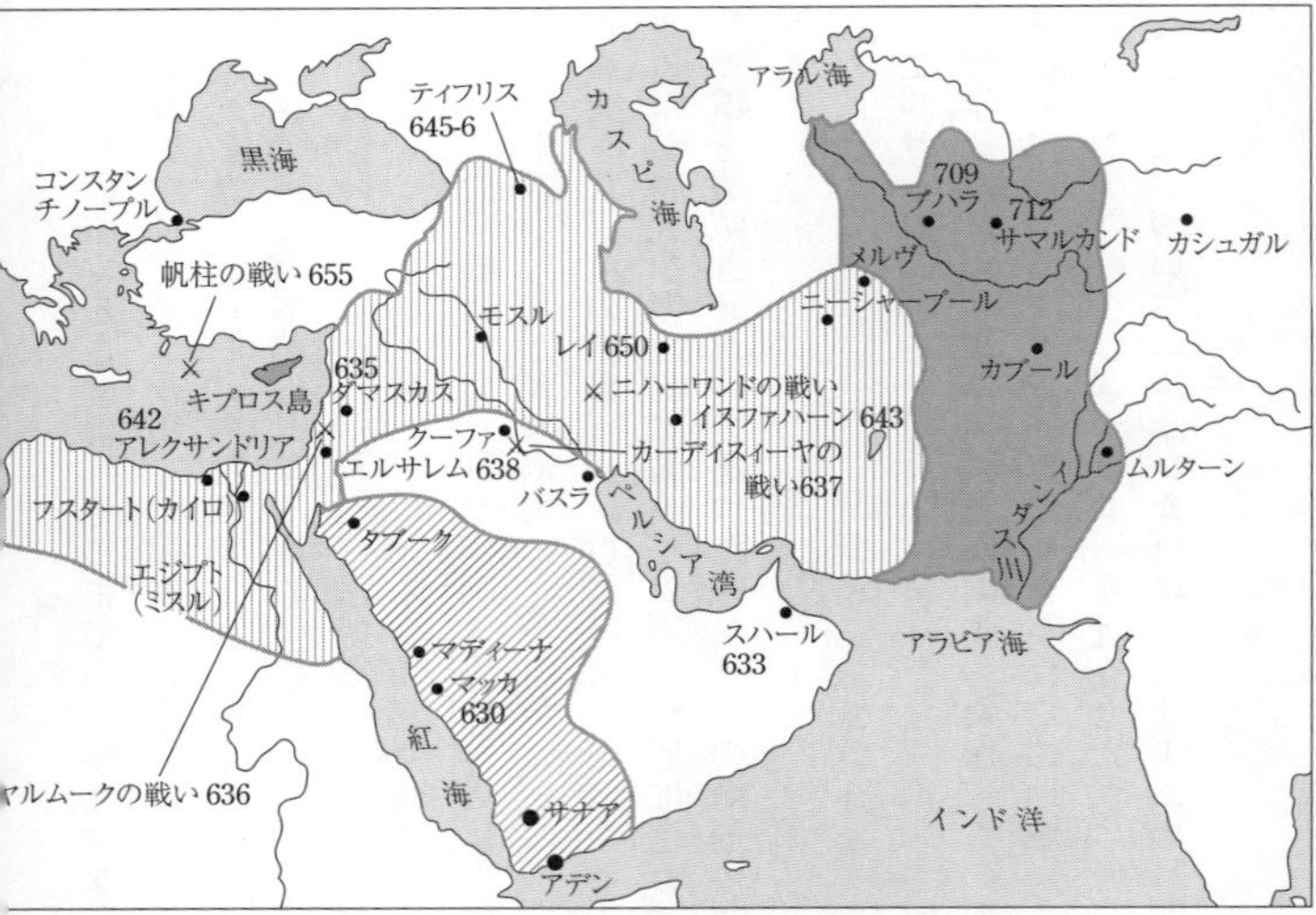

イスラームの大征服　ムハンマドの没後、その支配領域は東西に広がった

リフとなったウマルその人の安全保障を要求した。ウマルははるばるパレスチナの地に赴いた。

エルサレムは、それをするだけの価値を持っていたであろう。かつて、マディーナに共同体ができた当初、ムスリムたちはエルサレムを礼拝の方角（キブラ）としていた。また、マディーナに移住する少し前、ムハンマドは一夜にしてエルサレムへ旅し、そこから諸天に昇って先行する諸預言者たちと会い、さらに神の御許に進むという神秘的な体験をしたとされる。このビジョンは、先行するセム的一神教を継ぐものとしてイスラームを位置づけるもので、これによってエルサレムはイスラームの聖地の一つとなった。ウマルに

とっても、エルサレムは特別の意味を持っていた。

ウマルは六三八年、降伏したギリシア正教会の大主教と会い、キリスト教徒たちに「庇護民」としての保護を約束した。また、それまでエルサレムに入ることを許されなかったユダヤ教徒も、同じように庇護民の地位を与えられた。これは、イスラームにおける諸宗教の共存をもっともよく示す事例となった。実際、イスラーム、キリスト教、ユダヤ教という三つのセム的一神教がエルサレムにいっしょに存在するようになったのは、この時からであった。

ウマルはまた、古代の神殿跡において巨岩を見つけ、そこがムハンマドの「昇天の旅」の出発点であったとした。この一帯はキリスト教時代には放棄されていたが、イスラームによって再び聖域とされたのである。巨岩の場所は「ウマルのモスク」と呼ばれるようになり、さらにウマイヤ朝時代にはそこに黄金のドームが建設された。それは今日も、「岩のドーム」として燦然と輝いている。

ペルシア帝国の終焉

ササン朝ペルシアとの対戦は、イラク地方にイスラーム側の部族が侵入したことから始まったが、最初の大きな会戦は「橋の戦い」と呼ばれている。六三四年のこの戦いは、イスラーム軍が明らかに戦術ミスを犯した。ユーフラテス川をはさんで対岸にいるササン朝軍に対して、橋を渡って進撃したのは戦術的な間違いであった。背水の陣となったことは、いったん負け始めると致命傷となった。司令官も落命する大きな敗北となった。

しかし、その後は一つの戦いに勝利して、ペルシア帝国軍への畏怖の念を払拭すると、イスラーム軍は快進撃を続ける。ビザンツ軍への大勝利（ヤルムークの戦い）の翌年、イスラーム軍はカーディスィーヤの地で、ササン朝の司令官ルスタムが率いる軍隊を撃破し、さらに首都クテシフォンを攻略した。イスラーム軍の司令官はサアド・イブン・アビー・ワッカースであった。帝都から彼らが得た戦利品は、アラビア半島の住民の誰もが見たこともないような大量の財宝であった。

イラクを失った皇帝ヤズデギルド三世は、東方（イラン）に逃れ、軍を再結集して、反撃を試みた。しかし、六四二年にイラン西部のニハーワンドの戦いでイスラーム軍に敗北し、ここにササン朝はほぼ終焉した。皇帝はその後も各地を転々としたが、六五一年にメルヴで落命し、皇統も尽きた。

あの巨大な帝国をイスラーム軍が解体すると、誰が想像しえたであろうか。かつて、イスラームの使節が皇帝を訪れた時、みすぼらしい身なりのアラブ人が世界宗教の教えを説くのを笑い、皇帝は「土くれを持たせよ」と土嚢を担がせて追い返した、とも伝えられる。その時、イスラーム側の使節は自陣営に戻ると、この一件を「ペルシアの土地はわれわれのもの」という瑞兆だと、解釈してみせた。結果として、この機転のきいた言葉が実現することになった。広大なペルシア帝国の地は、その後ずっとイスラームの版図であり続ける。

第五章　帝都ダマスカスへ

都市国家から帝国へ

ウマルの後継者

一〇年に及ぶ第二代カリフ、ウマルの統治は、イスラーム国家の礎を築くものであった。彼は、大征服事業を進め、イスラーム国家の周辺から国際的な危機を取り除き、行政のためのディーワーン（官庁）制度を創始し、国家機構を整備した。

第一代カリフ、アブー・バクルはウマルを後継指名し、信徒たちの賛同を得たのに対し、ウマルが凶刃に斃《たお》れたとき、その後継者は、すぐには決まらなかった。彼の暗殺を企て致命傷を負わせたのは、ササン朝の遺臣のペルシア人奴隷で、個人的な復讐心による行為であり、さほどの政治的背景はない。死に直面したウマルは、政治的決断をする時間がないことを悟り、マディーナの六名の長老たちを指名して、その間で協議して後継者を決めるように言い残した。

六名のうち、四名は自分たちはその任ではないとして、残るウスマーンとアリーのどちらかを後継カリフとすることを決めた。ウスマーンは最初期からの信徒の一人で、ムハンマドの娘二人と結婚したため、その後「二つの光の持ち主」と呼ばれるようになった。最初の妻はムハンマドの次女ルカイヤで、二人はマッカでの迫害時代にいっしょにエチオピアに避難した経験を持っている。彼女は、バドルの戦いの時に病死した。ウスマーンは妻の死とともに、ムハンマドの娘婿でなくなったことを激しく嘆いたという。ムハンマドは、ウスマーンと三女ウンム・クルスームを結婚させた。さらに、彼女が亡くなると、もう一人娘がいたら、また結婚させたのに、と述べたとも言われる。

ムハンマドが執り行った婚姻は、自身の結婚も含めて、しばしば強い政治性を帯びていた。ウスマーンが彼の二人の娘と結婚したことは、彼が共同体にとって重要な人物であったことを意味している。彼も富裕な商人で、イスラーム軍の装備のために多くの出資をしている。たとえば、ムハンマドのタブーク遠征（シリア遠征軍）の際には、一万人分もの装備を購《あがな》ったという。

もう一人のアリーも、重要人物であった。彼は、マッカの迫害時代にムハンマドを保護し続けた伯父アブー・ターリブの息子で、ムハンマドにとっては従弟にあたる。ムハンマドからの信頼が厚く、晩年、ムハンマドはアリーに「汝《なんじ》は私にとって、モーセにとってのアロンのようだ」と述べたともされている。もっとも、モーセを補佐したアロンはモーセの兄であったが、ムハンマドとアリーは三〇歳ほども年齢が離れており、父子に近い。ムハンマドは、末娘のファーティマの夫としてアリーを選んだ。

アリーは勇猛な戦士としても知られ、しばしばイスラーム軍の旗手となった。彼には熱心な信奉者たちもいた。マッカのクライシュ族の中の家柄として言えば、ウスマーンはウマイヤ家に属し、アリーはハーシム家に属する。信奉者たちの中には、彼がムハンマドの後継者としてふさわしいと考える者もいたようである。しかし、ムハンマドの没時には彼はまだ三〇代後半に過ぎなかったし、ウマルの死の時も、最長老ではなかった。

調整の結果、ウスマーンが第三代カリフに選ばれた。

聖典・クルアーンの確立

ウスマーンの治世は、政治的に混乱した。このため、同時代にも大きな不満が聞かれたし、後世の評価も低い。しかし、イスラームの歴史を総体として考えた場合、彼は最大級の貢献をなした。それは、クルアーンの正典化である。

イスラームの聖典は、「読まれるもの／誦《よ》まれるもの（クルアーン）」という名の通り、朗《ろう》誦《しょう》と暗記を基本としている。ムハンマドは読み書きができなかった。彼は、大天使ジブリールから啓示を受け取り、ただちにそれを記憶したとされる。いずれにしても、弟子たちは、新しいクルアーンの章句だと言って彼が朗誦すると、すぐにそれを覚えていった。覚えた者たちは、他の者たちに読み聞かせ、聞いた者たちがさらに覚えるという方法で、聖典は広められた。

余談になるが、セム的一神教である三つの姉妹宗教を見ると、いずれも、唯一神からの啓示という概念を共有しているが、その聖典の形がそれぞれに独自であることが興味深い。キリスト教の聖書が「バイブル（書）」であるのは、書物というものが発明された時代を背景としている。書物（冊子体）は、紙を四角く切ってその一辺だけを留めたものであるが、人類史上の第一級の発明であろう。現代文明も、この発明の恩恵なしには考えられない。最近広まっている電子的な媒体でさえも「頁」という概念に大幅に依存しているから、「書物」の影響は非常に息が長い。いずれにしても、聖書は書物の形を基本とする。

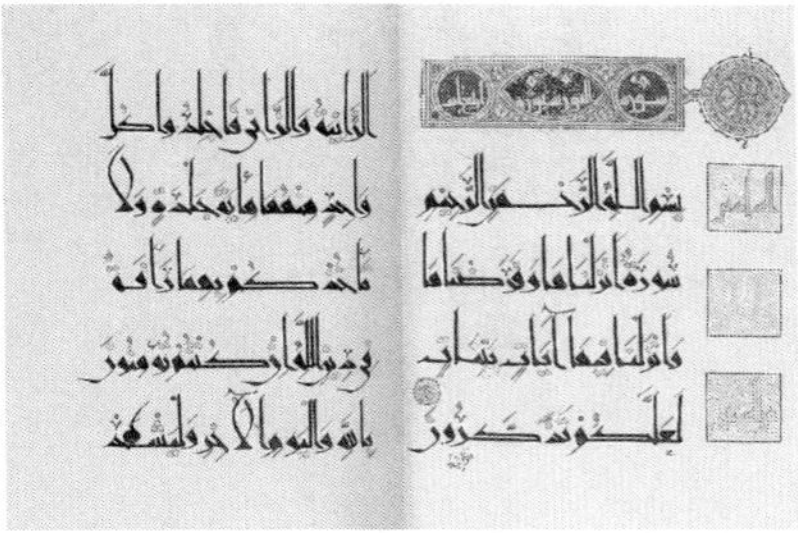

古典的で荘厳なクーフィー書体　クルアーン光章の冒頭頁。トプカプ宮殿図書館蔵

　これに対して、ユダヤ教の聖典は冊子体の書物の発明以前のものであり、形態も巻物である。「旧約聖書」という呼び名は、「新約」「旧約」を分けるキリスト教の考え方を反映したものであり、「旧約」にあたる部分だけを認めるユダヤ教にとってはそれこそが「聖書」なのである、と言われることがある。これも厳密に言えば、間違いであろう。実のところ、それは一冊の「書物」ではない。内容的にも、「律法（モーセの五書）」「諸預言者」「その他」であり（ヘブライ語で三つの頭文字を並べて「タナハ」と呼ぶ）、形態上もいくつかの「巻物」なのである。

　これに対して、イスラームはより原初的な形態に戻ったようでもある。暗記して、暗唱する、朗誦を通して広め、理解する、という方式は文字に依存していない分、原始的とも原初的とも言える。「原始的」という言い方は、イスラームに関する限りは特に否定的なものではない。イスラームは、人類の祖アーダム（アダム）を強調したり、イブラーヒーム（アブラハム）の教えを再興すると主張したり、自ら原始的、原初的であることを好んでいる。

ムハンマドには、彼の指示や外交文書を書く書記がいたから、クルアーンもその一部は書き留められたようである。当時は、書き留めるための素材が稀少かつ貴重であった。どの程度書き留められていたかは、古来議論が分かれており、現代の研究でも決定的なことは言えない。はっきりしているのは、ウスマーンの代に、すべてを集めて書物の形にしたことである。

ウスマーンがクルアーン編纂の命令を下した直接の原因は、二つある。一つは、うち続く戦争で、クルアーンを暗唱している者たちが戦死したことによる。もう一つは、各地で異なる朗誦が聞かれ始めたことであった。つまり、大征服によってイスラームが各地に広がるにつれて、クルアーン暗唱者の密度が下がり、朗誦だけでは聖典の統一性をはかれなくなったのである。

ウスマーンは聖典に詳しい教友たちに、クルアーンの決定版を作らせた。さらに彼の大胆な決断は、その複製を五部（数については他の説もあり）作製すると、マッカ、バスラ、クーファ、ダマスカスに送り、それ以外のクルアーンを書き留めたものをすべて焼かせたことであった。七部作製されたという説によれば、さらにイエメン、ミスル（エジプト）にも送られた。焼却が徹底していたことは、当時存在していたことが確認されている写本が一切伝わっていないことからわかる。ウスマーンの命令で作られた正典は「ウスマーン版」と呼ばれ、現在に伝わっているクルアーンはすべてその版に依拠している。

これは、イスラーム共同体の統一という点で、宗教的にのみならず、法的にも政治的にも大きな意味を持った。続くウマイヤ朝、アッバース朝の時代には、イスラーム法が構築され、帝国の法体系が整備されるが、それが可能となったのも、基本となる聖典のテクストが正統カリフ時代に確立されたからである。それゆえに、同じテクストを基に、その解釈をめぐって学派が発達し、さまざまな現実に対処することが可能となった。

社会の激変

イスラームが「宗教と社会の統合」をめざすものだったとすれば、聖典の統一はそれを可能ならしめる最大級の貢献であった。他方、社会の中に政治や統治、行政が含まれるとすれば、それをどこまでイスラームの教えとして展開するかは、微妙な問題を含んでいる。特に、ウマルの代から始まった大征服は、マディーナの都市国家を帝国の首都にかえつつあった。大きな経済的、社会的な変容が襲ってきたのである。政治は、それに対応しきれなくなりつつあった。

ウスマーンはカリフの職に就《つ》いたとき、すでに七〇歳を超え老境に達していた。新しい国家体制を生み出したり、機敏に状況に対応するには、年を取りすぎていた。ウスマーンが直面した危機を理解するためには、ウマルの代から生じた変化を見る必要がある。

マディーナには、ウマルの代からすでに、征服地から戦利品や収税によって巨大な歳入が入るようになっていた。国家を、税収を通じて富を集積し、再分配するものだとするならば、そのような国家はイスラーム以前のヒジャーズ地方には存在しなかった。マディーナ政府の首脳たちは、自分たちの国家が巨大な富の集積マシンとなったことに、驚きを隠せなかったであろう。

第一代カリフ、アブー・バクルの治世はアラビア半島の再統一に費やされたが、その末期からウマルの代になって莫大な収入が入るようになって、ウマルはその分配のルールを編み出さざるをえなくなった。彼が採用したのは、イスラームに対する長年の貢献を評価する方式で、「サービカ」と呼ばれた。この語は「先達《せんだつ》であること」を意味する。他の人よりも早く、深くイスラームに奉仕してきたということである。さらに、ムハンマドとの近親性も基準に加えられた。これによって、ムハンマドの妻たち、直弟子たちを筆頭とする給金のヒエラルキーができあがった。戦士たちも、それ以前は戦利品の分配にあずかるだけであったのに、アターと呼ばれる俸給を得るようになった。ウマルは、俸給を受け取る者の名簿を整備し、俸給の支給を記録する仕組みを作った。これがディーワーンと呼ばれる官庁制度の始まりであり、ウスマーンもこれを継承した。

転換期の混乱

富の分配という問題

富の分配は、必然的に大きな問題を生み出した。一つの問題は、イスラームへの奉仕が現世的な利害と直結するようになったことであった。かつては、クライシュ族による迫害に耐えることも、マディーナへの移住も、バドルやウフドの戦いに参加することも、すべてが神とイスラームのための自己犠牲であるとされた。それらは、「内面のジハード」にしても「剣のジハード」にしても、神の道に奮闘努力することであり、その目的はただ神の満悦と来世の楽園とされていた。ところが、結果論とはいえ、いまやその努力が金銀財宝の形で報われるようになったのである。迫害時代に耐えたことも、バドルの戦いに参戦したことも、「サービカ」の一部としていわば換金されるようになった。

ウマルが行った分配では、ムハンマドの妻たちは六〇〇〇ディルハム（銀貨）、バドルの戦い・ウフドの戦いの参戦者は五〇〇〇ディルハム、マッカ征服以前にマディーナに移住した者は三〇〇〇ディルハム、という具合であった。最低額は三〇〇ディルハムであったという。ここにおいてイスラームの意味が変質し始めた。

もう一つの問題として、このような分配の結果、国家が肥大し始めたことがあげられる。大征服以前には、富はもっぱら信徒たちが神と共同体のために差し出すものであった。ところが、国家機構が共同体の構成員に富を分配するようになれば、分配権を握っている者、すなわち統治者が強い力を持つようになる。

このような状況に直面した第二代カリフ、ウマルは、三つの対策をとった。第一に、自らは質素で清貧な生活に徹して、自分の家族にも新しい富を享受させなかった。第二に、公正・峻厳《しゅんげん》な統治を行った。第三に、統治の責任者について、部下の武将や総督たちのささいな過ちも許さず、また、各地の総督は頻繁に任免して、権力と富が集中しないようにした。ウマルの厳しさは、シリア征服の最大の功労者であり、「アッラーの剣」と呼ばれたハーリド・イブン・ワリードを最後に罷免して、惨めな最期《さいご》を迎えさせたことにもよく現れている。

ウマルの治世は、後世の史家からも公正なものとして評価され、現代においてさえ、イスラーム国家が論じられる際に、しばしば規範的なモデルとして参照されている。行政・司法において峻厳であったことは疑いなく、また、行政制度を整備し始めたという点からも、イスラーム国家の樹立に大きな役割を果たしたことは間違いない。しかし、その公正さは、多分にウマルの個人的な篤信《とくしん》に依存するものであった。さらに問題なのは、「サービカ」の仕組みが宗教的な論功行賞に立脚している以上、富の分配は平等にはなされえないことにあった。

もちろん、新参の者が古参の者と同様の扱いを要求することは、通常ありえない。パイが拡大し続けている限りは、分配はいずれ隅々まで行き渡るであろう。そうであれば、下級の戦士たちも、それなりに満足することができる。ウマルの代には、征服地は拡大の一途であったから、このことは矛盾を生まなかった。

征服運動の休止

ところが、第三代カリフ、ウスマーンの治世において、征服運動はいったん小休止した。このため、パイの分配に限界が生じた。そこで大きな不満が生じるようになった。もう一つ想起すべきことは、リッダ戦争の際に離反し、後に恭順した諸部族をウマルがイラク、シリアの戦いに動員したことであった。第一代カリフ、アブー・バクルは彼らを信用せず、戦列に加えなかったが、ウマルは新しい政策をとった。これによって、対ペルシア戦、対ビザンツ戦に大きな兵力を供給でき、イスラーム国家は二大帝国との戦いという危機を克服することができた。

しかし、新参の諸部族は、信仰のための戦いよりも、戦利品や俸給に魅力を感じたと考えられる。あるいは、「剣のジハード」によって宗教心だけではなく、功名心や世俗の利益もかなえられるために彼らが喜び勇んで参戦したとすれば、パイの縮小がただちに不満分子を生んだことは、ある意味で当然の帰結であった。ムハンマドに付き従った弟子たちにとっては、「剣のジハード」は日常の「内面のジハード」を前提としていたであろう。新参の者たちは、そうではなかった。その意味で、ウスマーンが継承した体制は、非常に困難な時期を迎えていたのである。

イスラームは一面で、人間が神の前で平等であると主張し、また、権利と義務においても人を平等に扱う。しかし、その一方で、「教えに立脚した社会」という意味では、秩序と法を重んじる。ウスマーンは、都市国家から帝国へと変容する政治的な混乱を抑えるために、後者を重視する政策をとった。しかし、穏和で老齢のウスマーンには、剛勇のウマルのような峻厳な政治はできなかった上、統治の効率を重視して、自分の一族であるウマイヤ家の中の者を重用した。

このため、ウスマーンの統治に対して、非常に大きな不満が生じた。批判者の中には、マディーナの貴顕の者もいた。アブー・バクルの娘でムハンマド晩年の最愛の妻であったアーイシャも、一時は、形見として持っていたムハンマドのシャツを持ち出し、「このシャツがまだ形も崩れていないというのに、ウスマーン殿はイスラームの教えを早くもまげるのか」と批判した。

ウスマーンの死

この当時のマディーナでコンセンサス政治が困難だった理由の一つは、ウンマの核をなす教友たち、特にムハンマドに長年付き従った直弟子たちの多くが兵士として、あるいは各地の行政官としてマディーナを去っていたことにある。彼らはウンマの中核的な人々であったが、ウマルの代に惜しげもなく兵士として各地に派遣された。コンセンサスは、同じような認識を共有する者たちがいれば形成が容易であるが、ウスマーンの代にはその基盤がなくなっていたのである。

その一方で、しゃにむに既存の体制に不満を持つ者たち、つまり、後にウスマーンを暗殺するにいたる反乱者も登場した。ウスマーン統治の末期は、批判、不満、反乱などが渦巻き、クーファ、バスラ、ミスル（エジプト）から来た不満分子たちがマディーナに押し寄せ、ついには、カリフ宅を包囲して、カリフ本人の殺害にいたったのであった。

当時は、イスラーム国家は帝国的な版図を得つつあったが、首都としてのマディーナは統治と行政の中心として防衛を堅牢にした帝都ではなく、その首長たるウスマーンも宮殿に住んでいるわけではなかった。常駐の警護者もいないふつうの邸宅に住んでいたから、後から考えれば、あまりに無防備だったと言うべきかもしれない。暴徒たちは、カリフの邸宅に乱入した。殺害されるとき、ウスマーンは自分の命で編纂された聖典を前に置いて、章句を朗誦していた。彼の血が聖典にかかった、とも言われる。

ウスマーンの死去によって、残る指導者はアリーだけとなった。マディーナの人々は彼に臣従を誓い、アリーは第四代正統カリフとして就任した。しかし、ウスマーンによってシリア総督に任命されていたムアー

アヤ・ソフィア　イスタンブル。アッラーとムハンマド、正統カリフ４代の名を記した円額が掲げてある。Yongyut Kumsri/Shutterstock.com

ウィヤは、アリーの就任に納得しなかった。この時点で、ウマイヤ家の長はムアーウィヤとなっていた。彼は、ウスマーンの殺害者を見つけ出し処罰することを要求した。

混沌の中のアリー時代

アリーが直面していたのは、非常に複雑で、混乱した状況であった。アリー自身がもともと、ウスマーンの統治のやり方、特に血統主義、部族主義への回帰とも見えるウマイヤ家の重用に反対していた。その点では、アーイシャやその他の貴顕のウスマーン批判と通じるが、しかし、アーイシャたちは必ずしもアリー支持者というわけではなかった。その一方で、ウスマーンの殺害には、誰もが驚愕《きょうがく》し、不快を覚えていた。従って、アリーもアーイシャも、シリア総督のムアーウィヤも、ウスマーン殺害者を処罰するべきという点ではそれなりに一致していた。

ところが、アリーにとっては正統カリフ体制の再確立をなしとげ、その後で、ウスマーン殺害者の処罰と反乱者の制圧を行わなければならないのに対し、他の人々は、ウスマーン殺害者の処罰が優先課題であるかのように論じ、そのことを理由として、アリーのカリフ権、指導権に挑戦する態度をとったのである。

アリーはムハンマドの側近の一人であったし、第四代カリフに選出されるような指導的な人物であったから、イスラーム的な原則によらなければイスラーム共同体の未来はないことをよく知っていた。イスラームは、部族主義的な「血の復讐」を禁じ、刑法を国家・統治者の専権事項とした。それが社会の安寧に不可欠とみなされた。ところが、ウスマーン殺害者の処罰を求める人々は、あたかも部族的な血の復讐を求めているかのようであった。

アリーは正統な統治者として、殺害者や反乱者を放置できず、しかも、そのことに本来のマディーナ共同体の長老たちが協力しないというジレンマに直面した。さらに、このような事態を招いた国家の危機、つまりウスマーンの殺害にいたった危機は、全く解消されていないのである。

アリーは、未成年者として最初の入信者であったと知られている。アブー・バクルと同じように古くからの信徒であり、ムハンマドとも非常に親しかった。従弟であるのみならず、ムハンマドとハディージャの夫妻に実子のように育てられ、夫妻の末娘を妻とした。勇敢な騎士としても知られ、イスラームの平等主義の理想を体現する人物とも考えられている。その一方で、理想主義的で、現実の政治には向いていなかったという評価も根強くある。

確かに、カリフに就任したとたんに、各地の総督の首をすげ替えようとしたことなどは、政治力のなさを示しているように思われる。当時、アリーに助言して、しばらくは彼らを留任させ、体制の確立を優先させるべきことを説いた者もいたようであるから、拙速の誹《そし》りは免れないかもしれない。共同体的な統治を回復しようとした彼には、帝国の統御術はなかった。ただ、イスラームの理想に忠実であろうとする彼の傾きこそが、後の人々が彼を美化し、規範的なモデルにした理由だとすれば、それにも意義があると言うべきであろうか。

彼のわずか五年ほどの統治は、内政の混乱、内乱、混沌の時期であった。それは正統カリフ体制が音を立てて崩れていく日々であった。アリー自身も、苦難の末に、暗殺者の手にかかって生涯を終えることになる。しかし、ヒジャーズ地方のイスラーム国家から世界的な帝国への道はあまりに険阻で、混乱期なしには誰も通り抜けられない隘路だったようにも思われる。

第一次内乱

アリー時代の混乱は、後に成立するスンナ派の正統的な政治論にとっても、解釈に苦しむものであった。

まず、アリーに反抗して蜂起《ほうき》したのは、ムハンマドの妻であったアーイシャ、タルハ・イブン・ウバイドゥッラー、ズバイル・イブン・アウワームであった。彼らは、いずれもムハンマドの信頼を受けた直弟子たちであり、イスラームとは何かを問うならば、まず彼らの教えを聞くべき、という人々である。アリーも同様である。いずれも信徒たちの鑑とされるような人々が、なぜ、剣を交えて戦ったのか。

タルハ、ズバイル、アーイシャらは、イラクのバスラ市を拠点に、アリーに対抗した。当時のイスラーム国家の支配地域は、農業生産力という点では、シリア、イラク、エジプトが重要であった。しかし、シリアはムアーウィヤの支配下にあり、エジプトはほぼ無政府状態であった。したがって、イラクを支配することが重要となったのである。アリーの側でも、イラクのクーファを拠点とした。

両陣営の抗争は「ラクダの戦い」において頂点に達した。「ラクダ」とは、アーイシャの輿《こし》を運んでいたラクダである。その周辺で激しい戦闘が繰り広げられたため、この名がある。

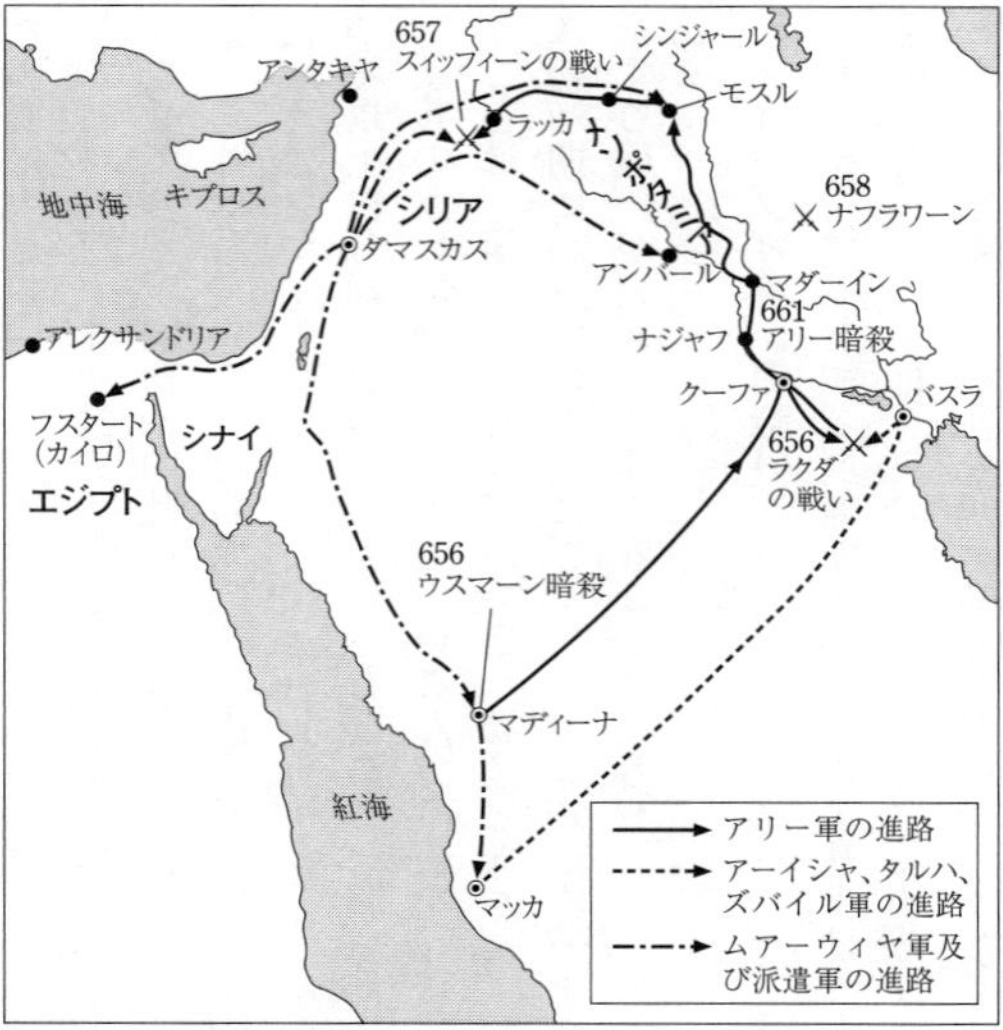

第１次内乱時代の行軍と戦い

両陣営とも多大な犠牲者を出した。タルハは戦傷から死亡、ズバイルも戦場を離脱してマッカに戻る途中、命を失った。アーイシャは捕らえられ、アリーによって丁重にマディーナに送られた。

アーイシャは、アリーと和解し、自分の過ちを認めたという。この後、彼女はマディーナでいわば教師として、二〇年以上にわたって、ムハンマドとその教えについて語り続けて生涯を終えた。彼女の教えたイスラームは、主流派であるスンナ派の教義や法学の根幹をなすものであり、後世に与えた影響は大きい。

なぜ、マディーナ社会の長老たちが争う事態となったのかは古来、イスラーム史家たちを悩ませてきた。内紛や内乱を「フィトナ」と言うが、第一次内乱はイスラーム史では「大内紛」と呼ばれている。その原因を素直に考えれば、両陣営共に自分たちが正しいと考えた、ということであろう。イスラームは真理と正義を強調するものであるから、「聖典に従っている以上自分は正しい」と思い込む要素は、明らかにある。

正義のために戦っていると思いこんで内紛を起こす危険をどのように避けるべきか、ということは、第一次内乱以降に大きな課題となった。そのため、ウマイヤ朝時代からアッバース朝初期にかけての時期に、イスラーム法が体系化される過程で、ムスリム同士の争いを抑止する理念が大きく発達することになる。

スィッフィーンの戦い

バスラを拠点とする反対派を制圧したアリーは、今後はシリア総督のムアーウィヤに矛先を転じた。アリーは、自分をカリフとして認めるよう求めたが、ムアーウィヤは応じなかったため、軍事的な解決を求めるしかなくなった。

イラクからシリアに向かったアリー軍は、スィッフィーンの地でムアーウィヤ軍と対峙した。誰がアリーに従ったかを見れば、古参の信徒、すなわちかつての移住者と援助者が主力であったことがわかる。それに対して、ムアーウィヤの陣営は、彼自身を含めて新参のムスリムが多かった。それは単にイスラーム歴が長い・短いという問題ではない。それまでのマディーナの社会秩序は、古参の信徒ほど尊敬され、現実的にも俸給の支払いが多いという仕組みであった。その意味では、この戦いはその仕組みを維持すべきと考える者たちとそうでない新参者たちの対立を示すものであった。

この戦いにおいて、かつてエジプトを征服した知将アムルは、ムアーウィヤの側についていた。しかも、槍の穂先にクルアーンの章句を結びつけて戦うことを進言した。槍の穂先にクルアーンの章句を見たアリー軍の兵士たちは、信仰心が篤い分だけ戦意を失い、戦いは膠《こう》着《ちゃく》状態に陥った。そのため、調停の話し合いをすることになった。

ナジャフの町とイマーム・アリー廟　シーア派の聖地として多くの参詣者が訪れる。thomas koch/Shutterstock.com

この調停はアリーにとって、政治的な致命傷を負わせるものとなった。アリーの陣営は、当然ながら、カリフとしてのアリーの正しさを前提として成り立っていたが、その中から調停を批判する者たちが、戦線を離脱したからである。彼らは、「反乱者」であるムアーウィヤと同等の立場で調停に応じることに憤慨したのであった。彼らは「離脱する者たち」、すなわちハワーリジュ派として歴史に名を残すことになった。

これは、イスラーム史上最初の分派である。

ハワーリジュ派は、過激さによって知られている。彼らの過激さは、一つには、思想の過激さである。スィッフィーンでの調停に憤慨した彼らは、正しいムスリムであれば誰でもカリフになれる、という非現実的な理想主義を掲げた。また、その主張を通すために躊躇《ちゅうちょ》せずに武力を用いた。暗殺戦術も、その中に含まれていた。

ハワーリジュ派は、アリー、ムアーウィヤ、そしてアムルを殺害するために、暗殺者たちを送り込んだ。ムアーウィヤ、アムルに対する暗殺は失敗に終わったが、アリーは凶刃に斃《たお》れた。

ここに正統カリフ時代が終焉《しゅうえん》し、ムアーウィヤがカリフに就任した。長い内戦に倦んでいた人々は、新しいカリフを承認した。後世の私たちは、彼のカリフ就任が彼個人に終わらず、ウマイヤ朝という王朝の始まりだったことを知っている。

「白」の帝国ウマイヤ朝

大征服の再開

内乱の終結にともなって、再び、大征服の勢いが盛り返した。ウマイヤ朝時代の征服事業は、三期に分かれている。第一期は王朝の始まり（六六一年）から約二〇年間（六八三年まで）で、北アフリカの東半分、ホラーサーンの征服が進められた。このあと、イブン・ズバイルが対抗カリフとなった第二次内乱を経て、第二期が六九二〜七一八年で、この時期に、北アフリカの西半分、イベリア半島、トランスオクソニア、シンド（現パキスタン）が支配下に入った。第三期は王朝末期に近い七二〇～七四〇年であるが、この時期の征服事業はさまざまな困難に逢着《ほうちゃく》しており、版図の拡大は次のアッバース朝に引き継がれていく。

いずれにしても、ウマイヤ朝の時代に、イスラーム国家は巨大な領域を支配する帝国となった。イスラーム世界の中央部となる地域が、この時期に版図となったのであった。

ウマイヤ朝の色は「白」とされている。この白は、ムスリム男性が頭に巻くイマーマ（ターバン）の色でもある。実はウマイヤ朝の時代には、イマーマはその者が殉教すると、遺体をくるむのに用いられた。その意味で、戦士たちは自らの死に装束《しょうぞく》を常に身につけていたことになる。

イスラームでは、遺体を埋葬する。いわゆる土葬である。誰かが亡くなると、遺体の全体を洗い、通常は二、三枚の白布でくるむ。墓は、地中に向かって人の背丈ほども縦穴を掘り、その底部から小さな横穴を掘る。遺体は、キブラ（マッカの方角）に顔が向くように傾けて横たえた後、縦穴を土で埋める。横穴は、その土が直接遺体に被《かぶ》さらないようにするためのものである。

このような流儀は、ムハンマド時代に定められ、ウマイヤ朝時代にも実践された。クルアーンには、具体的な埋葬方法は明示されていない。ムスリムは今日でも火葬を嫌うが、クルアーンに火葬の禁止、あるいは土葬の義務が書かれているわけではない。土葬はイスラーム以前から行われており、イスラーム時代になっても自明のことと考えられていたであろう。

ムハンマドがその細かなやり方を指示し、それがスンナ（慣行）として維持されるようになった。

殉教者の名誉

殉教者の場合、一般の埋葬とは異なるルールがあった。それは、遺体を洗わないことである。遺体の全体に水をかけ、沐浴《もくよく》と同じように清めることは死者に対する敬意を表するものであるが、殉教者の場合、そうしないことが逆に、最大の敬意となった。殉教者の埋葬は、ウマイヤ朝時代には大事な儀礼であった。

ちなみに、ムハンマド時代に「天使に洗われた者」という逸話がある。それは、ヒジュラ暦第三年（六二五）のウフドの戦いの時のことであった。第三章でも述べたように、マディーナに成立した新しい共同体がマッカ勢と第二回目の会戦をしたこの戦いでは、マディーナ側に多数の戦死者が出た。ハンザラもその一人であったが、ムハンマドは殉教した彼が天に昇る途中、天使たちに身体を洗われているビジョンを見た、とされる。殉教者の遺体を洗わないという原則からすれば、これは奇妙な光景であった。

マディーナに戻ってから、そのわけが判明したという。実は、若者ハンザラはその前日に結婚する予定であった。他の者といっしょに従軍する予定であったが、ムハンマドが「初夜を終えてから追いつくように」と指示したため、彼は一夜を花嫁とともに過ごした。二人はいったん結ばれた後、イスラームの規定に従い、沐浴をした（性行為のあとは、全身の沐浴をする）。しかし、出発しようとする夫に行かせまいとする新妻がすがり、二人は再び結ばれたという。その後、出陣を急ぐ夫は戦いに遅れまいと、沐浴もせずに武具をつけて出かけた。そして、敵の刃に斃れたのであった。つまり、「天使による清め」は遺体の清めではなく、この沐浴を埋め合わせるものだったということであった。

少し脇道に逸《そ》れたが、殉教者と認められた者は「生きているのであり」（雌牛章一五四節）、それゆえ、清めもせず、また葬儀の礼拝も行わないのが、最大の敬意とされた。ウマイヤ朝は、ムハンマドの直弟子たちを武将として、あるいは兵士として動員することができた。かつてムハンマドとともに「剣のジハード」を戦った者たちは、戦士の鑑として、各地での戦闘を支える働きをした。

今日に至るまで、大征服にともなって各地に四散した彼らの墓廟が信徒の敬意を集めている場所は、ウマイヤ朝の版図のあちこちにある。たとえば、北アフリカのチュニジアでは、カイラワーンが軍営都市として建設されたが、この郊外には一人の教友の墓廟がある。彼は、ムハンマドの頭髪を脚に埋め込んでいたという。また、イスタンブルには、トルコ語でエイユップとして親しまれている教友、援助者のアブー・アイユーブの墓廟がある。彼は、まだビザンツ帝国の帝都であったコンスタンチノープルの攻勢に従軍して、この地で斃れた。

ウクバ・モスク　北アフリカの拠点となったチュニジアの軍営都市カイラワーンの中央モスク

北アフリカの征服

ウマイヤ朝時代の征服事業の中でひときわ光芒《こうぼう》を放っているのは、北アフリカからヨーロッパのアンダルスに至る征服であろう。イスラーム時代のイベリア半島をアンダルスと呼ぶのは、かつて「ヴァンダル族の国」であったことに由来する。

「北アフリカの征服者」と呼ばれるウクバ・イブン・ナーフィウは、エジプト征服にも従軍したとされているが、後に軍を率いて西方に派遣され、北アフリカの各地を次々と征服した。現在のチュニジアは、かつてローマと戦ったカルタゴとして有名であるが、このあたりから「アフリカ」という地名が発祥した。ウクバは、このアフリカ（アラビア語ではイフリーキヤーと発音する）を征服し、六七〇年に軍営都市としてカイラワーンを建設した。彼が建設した大モスクは、今日までウクバ・モスクの名で知られている。

ウクバとその軍隊は現在のアルジェリア、モロッコの各地でビザンツ帝国軍と現地のベルベル人の軍との戦いを続け、電撃的な速度で大西洋岸に達した。ウクバは、大西洋の水に浸かって、神に感謝を捧げたとも言われる。そこから引き返したウクバは、アルジェリアの東部で、イスラームに改宗したベルベル系の部族の反乱によって斃れた（六八三年）。墓廟は、この地に今日もあって、参詣の対象となっている。

ジブラルタルを渡る

ムーサー・イブン・ヌサイルは、次の世代に属する。彼は、かつてアラビア半島とシリアの間に居住したラフム族の出身とされ、第二代カリフ、ウマルの時代に生まれた。武勇に優れていたため、ウマイヤ朝に取り立てられ、カイラワーンの総督となった。彼は西方の再制圧に乗り出し、かつてウクバが征服した地を手中に収めた。また、ウクバの息子たちに父の復讐戦を果たさせた。

ターリク山頂からジブラルタル海峡、モロッコ側を望む　イスラーム軍は４隻の船を往復させて、兵士をヨーロッパへ渡したという

北アフリカの地は「マグリブ」と呼ばれる。「太陽が沈む地」の意味であり、この語からモロッコという言い方も生まれた。イフリーキヤーが今日のリビア、チュニジア、アルジェリア東部を含む地域とすると、その西側がマグリブにあたる。ムーサーは、セウタを除く全域を制圧した。

さらに、ベルベル出身の部下ターリクはヨーロッパに渡り、今日に彼の名を残している地、ジブラルタルに上陸した。アラビア語で「ターリクの山」を意味するジャバル・ターリクが訛《なま》って、ジブラルタルとなったのである。ターリクは、西ゴートの王ロドリーゴを敗死させた。これは、イベリア半島全域の征服につながった。

ムスリム軍の進撃は、トゥール・ポワティエの戦いまで続いた。フランス中西部まで達したイスラーム軍は、ポワティエの地で七三二年、フランク王国のシャルル・マルテルに敗北を喫した。これをもって、イスラーム軍の北進は停止した。

ヨーロッパの側では、シャルル・マルテルの勝利をきわめて大きな歴史的重要性を持つものと評価している。もしこの勝利がなければ、西ヨーロッパ全体がイスラーム化していた可能性があるという認識が、その背景にある。ただ、イスラーム側に西ヨーロッパを征服する意図があったかどうかは疑わしい。イギリスのイスラーム研究の泰斗ワットは、補給線が延びきっており、戦利品の魅力もなかったと分析している。

ウマイヤ朝にとってみれば、アンダルスを掌中に収めたことは、実に幸運であったことが後に判明する。ウマイヤ朝は八世紀半ばに、東方から起こった革命運動によって打倒され、一族はことごとく殺害されたが、生き残った一人がはるか西方へ逃れ、アンダルスの地で王朝を再建するからである。後ウマイヤ朝と呼ばれる王朝は、コルドバを首都として三世紀近くにわたって繁栄した。バグダードが世界最大の都であった九～一〇世紀頃、西方のコルドバは、はるか東の長安《ちょうあん》に伍《ご》して、世界第三の大都市として夜も煌々《こうこう》と輝く街灯に照らされていたのであった。

帝国支配への道

世襲の始まり

ウマイヤ朝は形成期のイスラーム帝国として、正統カリフ時代の征服事業を引き継ぎ、また国家の諸制度を整備した。帝国としてのその特徴は、いかなるものであっただろうか。

イスラーム世界の歴史家の中には、ウマイヤ朝を「正統カリフ制」によるイスラーム国家を終焉させ「世襲の王権」に転化させたとみなす批判的な見方も多い。ウマイヤ朝の「世襲」は必ずしも父子相続ではなかった（一四代のうち父子相続は四回）が、ウマイヤ家という一族の中にカリフ位を独占したことは間違いない。後に発展したスンナ派の政治理論では、正統カリフ時代は共同体による「選出」と「統治委任の誓い」によって統治に正当性（レジティマシー）があったとされるから、ウマイヤ朝はその理想から言えば逸脱している。

しかし、ウマイヤ朝が正統カリフ制を打倒したわけではない。すでに見たように、正統カリフ時代の後半は、拡大する版図、それが生み出す新しい状況を包摂しえないような社会的・政治的状況が生じて、危機に陥っていた。正統カリフたちを、宗教的な意味でムハンマドの最良の直弟子たちであるとするならば、そのような人々をもってしても容易に統治できないような政治状況が、そこに生まれていた。

ウマイヤ朝がその混乱を収拾し、安定した時代を作り出したことは疑いを入れないであろう。それは、共同体のコンセンサスに基づく統治が不可能な時代に対応するものであった。シリア、イラク、エジプト、北アフリカなどの広大な領土と多数の住民の獲得は、もはやヒジャーズ地方のコンセンサス政治ではたちゆかない事態を生んでいた。それを一言で言えば、都市国家から帝国への変容であり、ウマイヤ朝はまさに帝国的な支配を可能ならしめるものであった。

その特徴として、四つの重要ポイントをあげることができる。それは、宗教の共存の実現、アラブ的支配、征服事業の継続、国家機構の整備である。これら四つは互いに深く結びあっている。帝国の支配という観点から重要なこれら四点について、順に説明したい。

宗教の共存

最初に宗教の共存であるが、まず、ウマイヤ朝は「イスラーム王朝」といっても住民のほとんどがムスリムではなかったことに着目する必要がある。アラビア半島では住民のほとんどがイスラームに改宗したとはいえ、征服されたシリア、エジプトはキリスト教の地であり、イラクからイランにかけてのササン朝の領域はゾロアスター教の地であった。

バレットという米国の歴史学者は、人名辞典を史料として統計的な処理を施した「改宗」の研究を行っている。それによれば、エジプトでもイランでも、住民の半数がイスラームに改宗するのに一世紀以上かかっている。住民の大半がイスラーム化するには、およそ三世紀が必要であったというのがその結論である。少なくとも、一世紀ほどのウマイヤ朝の時代に

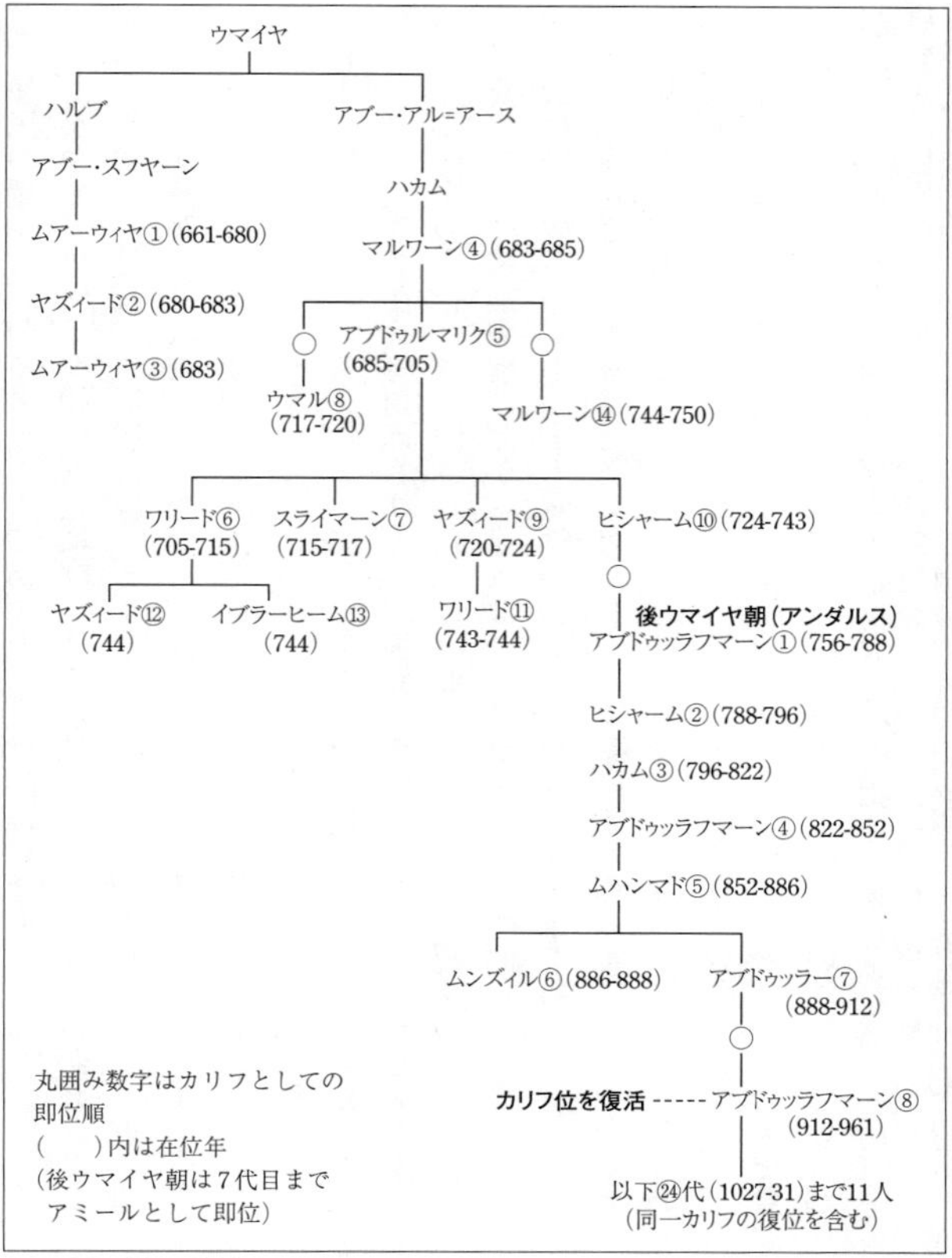
ウマイヤ
ハルブ
アブー・スフヤーン
ムアーウィヤ①(661-680)
ヤズィード②(680-683)
ムアーウィヤ③(683)
アブー・アル＝アース
ハカム
マルワーン④(683-685)
アブドゥルマリク⑤(685-705)
ウマル⑧(717-720)
マルワーン⑭(744-750)
ワリード⑥(705-715)
スライマーン⑦(715-717)
ヤズィード⑨(720-724)
ヒシャーム⑩(724-743)
ヤズィード⑫(744)
イブラーヒーム⑬(744)
ワリード⑪(743-744)
後ウマイヤ朝(アンダルス)
アブドゥッラフマーン①(756-788)
ヒシャーム②(788-796)
ハカム③(796-822)
アブドゥッラフマーン④(822-852)
ムハンマド⑤(852-886)
ムンズィル⑥(886-888)
アブドゥッラー⑦(888-912)
カリフ位を復活
アブドゥッラフマーン⑧(912-961)
以下㉔代(1027-31)まで11人
(同一カリフの復位を含む)
丸囲み数字はカリフとしての即位順
(　　)内は在位年
(後ウマイヤ朝は7代目まで
アミールとして即位)

ウマイヤ朝の系譜

は、住民の過半数が非イスラームであったことは間違いない。

　したがって、ウマイヤ朝の安定には、他の宗教との融和の仕組みが必要であった。その仕組みを図式的に見れば、征服に際して「改宗か、税か、剣か」という三択を迫り、その対応に応じた処置がなされた。当然ながら、他の宗教に属する人々にとって改宗は第一の選択肢ではないし、ウマイヤ朝の側でも税収を好んだから、「税」が合意しやすい選択肢であった。それに同意せず、抵抗する場合は「剣」、すなわち武力による征服となるが、イスラーム軍は和平を結ぶ場合と、武力によって征服する場合には、全く異なる対応をした。和平であれば、当地の人々の生命も財産も――和平協定の内容に応じて――保全されるのに対して、戦いによる征服の場合は、征服された地は没収され、人々は戦死するか捕虜になる運命であった。要するに、被征服地の側から見れば、イスラーム軍に直面したときは、和平条約を望んで納税に同意するのがもっとも犠牲が少なく、合理的な選択であった。

　その状況をさらに加速させたのは、ビザンツ帝国の宗教政策であった。ビザンツ帝国は、その領内で公式教義に反するキリスト教徒たちを激しく弾圧していたからである。イスラーム勃興《ぼっこう》直前の四～五世紀には、激しいキリスト教の教義論争が行われていた。その論争は、三二五年のニカエア公会議で三位《さんみ》一体《いったい》説が公式教義となることで落ち着きを見せたが、さらに、イエス・キリストが神であるのか人であるのか、いずれの性質が強いのかをめぐる論争があった。そのため、四五一年のカルケドン公会議ではキリストの「二性一人格」（神性と人性が一人格の中にある）が確立されたが、誰もがこの教義に納得したわけではなく、シリアヤエジプトでは「二性一人格」に反対する「単性説」が有力であった。シリアのヤコブ派教会、エジプトのコプト教会などが単性説に属する。

　同じキリスト教と言っても、これらの教派は激しい弾圧にさらされていたから、イスラーム軍が現れたとき、ビザンツ支配の継続とイスラームの支配下に入るのとを天秤にかけるような状況があった。同じキリスト教の弾圧に疲れていたキリスト教住民は、イスラーム軍へ協力したり、局外中立を保ち、これがイスラーム軍に有利に働いた。さらに、ビザンツ帝国のシリア支配が一時回復された際に、ユダヤ教徒たちがササン朝への協力の咎で迫害されたことも、ユダヤ教徒たちがイスラーム軍に協力する原因となった。

　ゾロアスター教の場合は、これを国教としていたササン朝そのものが崩壊したため、イスラーム軍の提供する庇護《ひご》制度を受け入れることになった。

　このようにウマイヤ朝は、数多くのキリスト教徒、ユダヤ教徒、ゾロアスター教徒を住民として抱えることになった。庇護制度は、イスラーム国家を認め納税する見返りとして、信仰の自由と宗教共同体の自治を認めるものであった。これは、諸宗教の融和に機能を発揮した。しかし、その一方で、ウマイヤ朝は少数の

ウマイヤ・モスクのヨハネ廟　イエス・キリストに洗礼を授けたヨハネは、イスラームでも預言者の一人として尊ばれている。著者撮影

支配者として広大な土地をおさめなければならなかった。そのため、アラブの諸部族からなるイスラーム軍を、各地の軍営都市にとどめ、現地住民と交わらないようにする政策をとった。

アラブ人の支配と征服事業の継続

つまり、アラブ人ムスリムが支配者である仕組みを作ったのである。各地のアラブ人支配者のネットワークが、帝国を安定させる要であった。これがウマイヤ朝支配の二つ目の成功因であった。ウマイヤ朝は、征服地に住む非アラブ人がイスラームに改宗しても、アラブ人ムスリムと同等の権利を認めなかったため、現地住民の改宗もそれほど進まなかった。

ちなみに、アラブ的な要素は、ウマイヤ朝の王子たちの宮殿などを見ても、建築モチーフの中に残されている。また、彼らはアラブ的な詩を好んだ。

このようなアラブ人の優位性、それを前提とした支配体制のゆえに、かつてのイスラーム史の権威ヴェルハウゼンは、ウマイヤ朝を「アラブ帝国」と呼んだ。日本におけるイスラーム史研究の先駆者・嶋田襄平氏もこれを踏襲している。次に登場するアッバース朝こそが「イスラーム帝国」の名に値するとの考え方である。これは、両王朝の違いを表す方式としては有効であり、わかりやすい。ウマイヤ朝はイスラーム王朝とはいえ、アラブ人を優位に置き、内実を見るとアラブ民族の王朝であるかのような側面も持っている。しかし、人口的にマイノリティのアラブ人ムスリムの支配が可能だったのは、宗教共存の仕組みも含めて、イスラーム的統治制度を整備しつつあったからと見ることもできる。少なくとも、イスラーム帝国の形成期として評価することが可能であろう。

いずれにしても、アラビア半島からあふれ出て征服地に移住したアラブ人ムスリムたちは、おおむね職業的に軍人であり支配層を形成した。首都ダマスカスに対する彼らの忠誠心は、経済・社会的に見ると征服事業の継続によって保証された。第三代正統カリフの時代に、戦士たちが乏しい給付に不満を持ったのは、征服事業が一時停止したためであった。しかし、ウマイヤ朝時代に征服地が拡大すると、戦利品や土地からの税収によって、国庫も戦士たちも潤うことができた。

クサイル・アムラ　いわゆる「沙漠の宮殿」の内部にはウマイヤ朝時代の美しい壁画が残されている

征服事業の継続を、ウマイヤ朝の三つ目の成功因であり特徴であるとすると、最後は、国家機構の整備である。国家や税収の管理、戦士たちの管理などが緻密かつ公平に行われなければ、いかなる帝国も立ちゆかない。

ウマイヤ朝を開いたムアーウィヤは、それぞれの地域に自律的な統治を認め、中央集権化は進めなかった。この時代は、通貨や税制などにしても、征服した相手の制度をそのまま踏襲していた。ビザンツ帝国の旧領土ではディーナール金貨が、ササン朝ペルシアの旧領土ではディルハム銀貨がそのまま使われていたのである。

ディーワーン（官庁）を創設したのは第二代カリフ、ウマルであったが、ウマイヤ朝では、さらに行政制度が整備された。重要な官庁を見れば、租税を徴収する税務庁、戦士に俸給を支給する軍務庁、中央政府の文書を管理する文書庁、カリフの印璽《いんじ》を扱う印璽庁などがあった。また、広大な領土から情報を的確に収拾し、命令を伝達するために駅逓《えきてい》の制度が作られたが、それを管理するのは駅逓庁であった。

イスラーム国家は理念的に、あるいは通時的に——実在したさまざまなイスラーム国家を一般化して——考えることもできる。しかし、歴史的な発展として考えるのであれば、ウマイヤ朝によってイスラーム的な統治や行政が明確な姿を取り始めたと言える。

国家の優越

ウマイヤ朝の特徴を、それ以前と比較してまとめるならば、国家の優越が重要であるように思われる。それは、宗教・社会・政治の三つの領域を考えたときに、政治に重きがあるという意味である。

これまで論じたように、ムハンマドが作り出したマディーナのイスラーム共同体は、宗教と社会を統合するものであった。イスラームの教えは、宗教に立脚した社会を建設しようとするものであろう。イスラームは精神的な倫理だけではなく、それを具体的に実現するために、さまざまな規範的な規定を作り、さらにその執行を可能ならしめる政治権力をも想定した。また当時のアラビア半島の状況の中で、この共同体の実力による防衛についても明確な方針を出し、「剣のジハード」も定めた。しかし、全体としてみれば、政治は社会が持つ機能の一つであり、決して政治が優位に立つものではなかった。

ムハンマド時代は、宗教・社会・政治の諸機能がムハンマドという人格によって統合されていた。しかし、よくみれば、預言者、宗教指導者、立法官、司法官、政治家、軍事司令官というような彼の役割の中で、政治家としての側面が他に優越していたわけでないことは明らかであろう。

正統カリフ時代も、このような性質は続いた。カリフを選出する基準自体、政治的能力よりも、宗教的・倫理的資質、社会的な信頼性が優先されていた。そのことがかえって、帝国へ発展しつつあるイスラーム国家の統治を困難にしたことは、すでに明らかとなった。軍事も、この時代には、軍人としての才能とともに、イスラームへの献身、勇猛さ、潔さなどの倫理的資質が重視されていた。

ウマイヤ朝を開いたムアーウィヤは、宗教的指導者、あるいは軍事的指導者のカテゴリーには入らない。彼は政治家として優れていた。彼は、よい意味における族長的な資質、つまりアラビア語でいうヒルムを備えていたように思われる。それは機敏かつ温厚に自制しながら、状況に対応するような力量を意味する。

なぜ、国家が優先されるようになったのであろうか。その理由は、大きく分けて二つ考えることができる。一つは、正統カリフ体制の崩壊過程から、統治権を優先し、内紛を防ぐ必要が生じたためであろう。マディーナの貴顕がムアーウィヤのカリフ就任や、さらにウマイヤ朝の支配をおおむね容認したのは、安定性を重視したからであった。イスラーム社会が成長するためには、軍事的・政治的な安定が必要とされる。

もう一つは、ウマイヤ朝の支配地域が、ムスリムの住むところではなく、庇護されたキリスト教徒、ユダヤ教徒、ゾロアスター教徒が多数派であったことによる。ウマイヤ朝は、そこにおいて王朝権力によってイスラーム社会が成立する空間を確保した。しかし、イスラーム社会が広がるには、長い時間が必要であった。言うまでもなく、宗教的な教えを社会的な現実に転換する過程は、帝国の出現よりもはるかに長い時間と労力がかかる。

第六章　イスラーム帝国の確立

ウマイヤ朝の限界

カルバラーの悲劇とシーア派誕生

ウマイヤ朝はムアーウィヤの優れた政治力によって樹立されたが、それだけでマディーナを首都とするヒジャーズ国家から帝国への転換がなされたわけではない。ムアーウィヤは息子のヤズィードを第二代カリフに就《つ》けたが、これは多くの批判を呼んだ。その批判がもっとも明確な形を取ったのは、第四代正統カリフ、アリーの次男フサインが蜂起《ほうき》しようとした時であった。

フサインは六八〇年、わずかな人数を連れてマディーナを出発し、クーファに向かった。ウマイヤ朝の軍隊は、彼らをカルバラーの地で迎撃し、フサインらほぼ全員を殺害した。これは、あからさまな蛮行であった。誰であれムスリムが、預言者ムハンマドが愛し可愛がった孫を無情に殺害することは、容易に想像しがたい。「カルバラーの悲劇」は、後にシーア派が成立する主要な契機となった。クーファにいたフサインの支持者たちの中から、フサインを見殺しにしたことを悔いる者たちが「悔悟者たち（タウワーブーン）」として、シーア派の原型となった。

シーア派の誕生は、しばしばムハンマドの没時の後継者問題に発すると説明されている。アリーが後継者となるべきと考える人たちがいた、というのである。しかし、これは直接的原因ではない。当時のイスラーム共同体の政治状況は、アブー・バクルを後継者として選出するものであった。確かに、ムハンマドの従弟で娘婿のアリーを支持し、信奉する者たちはいた。しかし、彼らの願いは、アリーが第四代カリフに就任することでかなえられることになった。

さらに、アリーの後継者としてその長男ハサンを推挙する者もいたが、ハサン自身はムアーウィヤに座を譲った。これはこれとして、内乱に疲れたイスラーム共同体の再統合のために有効な政策であり、そう評価された。問題は、その先である。

政治的安定のためにムアーウィヤを支持した人々も、多くは息子のヤズィードが後継して世襲化することを好まなかった。さらに、蜂起したフサインが殺害されるに至って、シーア派的な潮流が明確な姿を取り始めるのである。ウマイヤ朝の側では、この有力な反体制派となりうる指導者を排除することで禍根を取り除こうと考えたであろうが、逆に、カルバラーの悲劇は大きな禍根を残した。

カルバラーの悲劇のあと、今度はヤズィードを拒否して、マッカでイブン・ズバイルが自らカリフを名のって反乱を起こした。いわゆる第二次内乱である。この内乱は長く続き、イブン・ズバイルはウマイヤ朝のおよそ半分を支配下においた。その制圧に成功して、危機を脱したのは、ウマイヤ朝第五代カリフとなったアブドゥルマリク（在位六八五～七〇五年）である。彼の総督ハッジャージュは、マッカを襲撃し、イブン・ズバイルを敗死させ、蜂起を終わらせた。ハッジャージュは、アブドゥルマリクの右腕として、イラクからイランの支配にも大きな力をふるい、ウマイヤ朝の統治を安定させた人物であるが、カアバ聖殿に火をかけたため、イスラーム史上ではきわめて不人気である。

　アブドゥルマリクの統治は、中央集権化の始まりであった。金銀の貨幣も、アラビア文字を刻印して統一的に鋳造《ちゅうぞう》するようになったし、行政文書も、ギリシア語、ペルシア語からアラビア語に変わった。名実ともに、イスラーム帝国への転換がなされ始めたのである。また、イラク地方も、それまで保持していた独立的な地位を失った。それまではイラクと言えば、主要都市はクーファとバスラであったが、新たにワースィトの町が建てられ、ここがダマスカスからの直轄統治の拠点となった。

ディナール金貨　初めてアラビア語が刻印された

　この時代に始まる中央集権的な統治形態は、その後のアッバース朝にも継承された。それは広大な帝国を治めるために必要なことであった。

　なお、アブドゥルマリクの統治の遺産として今日まで伝わっているのは、黄金の「岩のドーム」を建立したことであろう。これは、イスラーム的文脈の中で聖地エルサレムを高める政策に由来する（一五九頁参照）。その背景には、イブン・ズバイルがマッカで対抗カリフ制を維持している間、シリアから通常の巡礼を出せなかったことによる。聖地を訪れたい信徒たちの願望を部分的に満たすために、エルサレムを美しい参詣地として整えたのであった。

ウマイヤ朝の終焉

ウマイヤ朝は満一世紀を待たずに、崩壊する。六六一年にムアーウィヤがダマスカスを首都としてから、七五〇年にアッバース朝に打倒されるまでの九〇年間、一四代のカリフがその地位に就いた。

世界史の水準から言って、九〇年は決して長いものではない。続くアッバース朝は、最後はイラクだけの地方王朝に成り下がっていたにしても、名目的にはイスラーム世界全体の宗主権を持つ王統として五世紀もの間命脈を保ったし、また、スルターン制の王朝として東西に覇を唱えたオスマン帝国は、一三世紀末の創建から二〇世紀初めまで六世紀の長きにわたった。それらと比べれば、最初のイスラーム王朝という栄誉にもかかわらず、ウマイヤ朝はやや短命という印象が強い。

ヒジャーズ地方における都市国家としてのイスラームの成立から世界帝国へ、という転換過程を考えるならば、ウマイヤ朝はその過渡期として位置づけられるべきかもしれない。この王朝は死に装束《しょうぞく》の「白」によって象徴され、何よりも大征服の王朝であった。それによって、イスラーム世界は自己確立する地理的空間を確保することができた。統治制度についても、帝国の基礎を置くことができた。

しかしその一方で、内部に根源的な矛盾が生み出された。その矛盾の中で深刻なものは二つあった。一つは、イスラームをめぐる分派の誕生である。これは神学的な論争の結果ではなく、まさに政治をめぐる争いの中から、特に正統カリフ制の終焉《しゅうえん》からウマイヤ朝の成立に至る過程から生まれた。ハワーリジュ派が、アリーとムアーウィヤの間のスィッフィーンの戦いの際に誕生したことは、前章で触れた。また、アリーの息子フサインがウマイヤ朝の手で殺害されたために、シーア派が成長することになった。

もう一つは、アラブ人優位の政策から生まれた宗教的な矛盾である。イスラームは「ウンマは一つ」という原理に立脚している。ウンマ＝イスラーム共同体をアラブと非アラブに分別するような政策は、イスラームと本来矛盾している。

分派の伸張とアラブ人優位政策のどちらも、ウマイヤ朝の性質と深く関わっている矛盾であった。ここから、ウマイヤ朝の不当性を主張する分派的な志向と、不平等政策に対する不満が、革命運動を守り立て、ウマイヤ朝は突如としてその命運が尽きることになる。それは、しばしば歴史のなかで見られるように、社会不安が積み重なり、統治機構が次第に解体して王朝が最後を迎えるというようなものではなかった。革命が一気に王朝の息の根を止めたのである。

反乱軍、東方から来たる

革命運動は、東方から来た。後にアッバース朝を興すことになるこの運動を、とりあえず「アッバース家革命運動」と呼ぶことにしたい。革命運動は密かに二〇年ほども続いて、成功に至ったようである。今、「アッバース家」という名称を出したが、革命運動は巧妙に組織されており、最後まで固有名詞は出なかった。当初は「ムハンマドの一族から(皆が)満足する人(を指導者に選ぶ)呼びかけ」がスローガンとなっていた(「満足」については「アッラーが満足する人」と読むこともできる)。

この場合の「ムハンマドの一族」とは、ハーシム家のことである。ウマイヤ家はクライシュ族の支族であり、ムハンマドとは系譜的につながってはいるが、ハーシム家とは別であった(系譜を大きく取れば、クライシュ族はみなムハンマドと同族である)。しかし、当時ハーシム家と言う場合に、ムハンマドの叔父アッバースの系譜を考える者はなかったであろう。通常はハーシム家と言えば、ムハンマドの娘ファーティマと、その夫でムハンマドの従弟であるアリーの間に生まれた子どもたち、すなわちムハンマドの孫たちの家系が主であった。

この家系を尊ぶことは、ムハンマド自身が子どもや孫たちを可愛がった以上、信徒にとってはごく自然のことであった。さらに、ムハンマドの子孫を尊ぶだけではなく、その中からウンマの指導者が出るべきという政治的主張をするのは、シーア派として知られる人々である。とはいえ、この革命運動が誕生した頃は、まだシーア派の形成期であり、ハーシム家の中の誰が指導者になるべきかについてはコンセンサスがなかった。現に、ウマイヤ家時代の六八五年にクーファで起こった反乱では、アリーともう一人の妻ハウラの息子が奉じられていた。

「皆が満足する人を指導者に」というスローガンは、それを聞く者がそれぞれに指導者像を描けるという点で、十分に魅力的であると同時に適切な曖昧《あいまい》さを含んでいた。アリーとファーティマには二人の息子、ハサン、フサインという兄弟があったが、そのいずれかの子孫を奉ずると考えた者もたくさんいたことであろう。アッバース朝が成立すると、体制側はこの「満足する人」は本来アッバース家を指しているという公式な歴史を作り出した。これは、後付けである。実際には、誰をカリフにするか決まっていたわけでないからこそ、この革命は成功したのであろう。

革命運動はイラン東部のホラーサーンから起こった。しかし、誰がその主要な担い手であったのか、この地方に移住したアラブ人たちであったのか、この地で改宗したペルシア人たちであったのか、これまで歴史研究者たちの間でも論争が続けられてきた。革命運動は「クルアーンとスンナへの呼びかけ」というスローガンも掲げたが、ペルシア人主体説に従えば、これは民族差別への反対、すなわちアラブ人優位のウマイヤ朝への反対を意味していたことになる。

革命運動は、クーファのシーア派から生まれたと考えられる。シーア派は、ハーシム家の指導者をウンマの長としようとしてきたが、反乱はことごとく失敗し、また誰を指導者とするかで分裂が続いていた。そのため、革命が成功してから指導者を選ぶという方式が考えられた。誰が考えたにせよ、「皆が満足する人を指導者に」という路線は天才的な戦略であろう。

この運動をホラーサーンで組織した中心的な指導者は、アブー・ムスリムであった。彼は社会的な不満分子の中から共鳴者を集めるとともに、非ムスリムの間に布教して、自分たちの運動に参加させる活動を行った。民族差別に反感を覚えるペルシア人ムスリム、あるいはアラブ人でもシーア派に賛同する者たちは、この反ウマイヤ朝運動に加わった。

アブー・ムスリムは七四七年、メレヴ近郊で蜂起して、またたくまにホラーサーン全域を掌中に収め、さらにイラクに侵攻した革命軍は、ウマイヤ朝軍を壊滅させた。アブー・ムスリムはクーファでアッバース家のアブー・アッバース（サッファーフ）を指導者として、七四九年に彼に忠誠を誓った。ここにアッバース朝が成立した。翌年、ダマスカスに進撃すると、ウマイヤ朝の人々はことごとく斃《たお》された。わずかに難を逃れた者がはるばる西方に逃亡して、北アフリカからヨーロッパに渡り、アンダルスで王朝を再建する。イスラーム世界の中央部では、ウマイヤ家の帝国はもろくも崩れ去った。

「皆が満足する人」が、アリーとファーティマの血を引く子孫でもなく、アリーと別な妻との子孫でもなく、ハーシム家と言ってもムハンマドの叔父のアッバースの子孫であることがわかった時、驚愕《きょうがく》した者、裏切られたと思った者は数多くいたに違いない。アブー・ムスリムは彼の権力掌握の最大の功労者であり、ホラーサーン総督に任命された。しかし、その後革命の功労者にありがちな運命をたどり、七五五年、第二代カリフ、マンスールによって暗殺された。

初代カリフは「サッファーフ」と称したが、これは正義のために「血を流す者」を意味するともされる。実際、ウマイヤ家の残党狩りで多くの血が流された。その一方でサッファーフには、水や液体を注ぐ、流すという語義から、「降り注ぐ者」として、恩寵などを与える者の意味がある。彼から、新しい支配者の系譜が始まった。

マワーリー問題

ここで、革命の起爆薬となったマワーリー問題について、見ておこう。アッバース朝の革命運動がマワーリー問題についての不満を原動力としたとすれば、それによって樹立された体制はこの問題を最終的に解決することによって、イスラーム帝国を確立することができた。

マワーリー問題とは、簡単に言えば、新しい改宗者を平等に扱わないという問題である。保護される者を表す「マワーリー（単数形はマウラー）」という語は、イスラーム以前からあった。マッカ社会では解放奴隷をマワーリーと呼び、もはや主家に所有されているわけではないが、その保護下に置いた。同じように、奴隷身分とは関係なく、契約によって保護・保証を与える制度もあった。イスラーム時代となって大征服が行われ、各地で改宗者が出始めると、この保護制度を利用して、新参の改宗ムスリムを古参のアラブ人ムスリムの「マワーリー」として認定するようになった。これは、ウマイヤ朝がアラブ的な紐帯を政治的安定のために用いたことと表裏一体をなしていた。

しかし、どれほど現実的な制度だったとしても、これはイスラームの原理には反している。すでに検討したように、ウマイヤ朝時代には、イスラーム以外の諸宗教に庇護《ひご》を与え、イスラーム国家の中に内包する制度が確立していた。イスラームは人間は基本的に平等であるとするが、同時に、主体的な宗教の選択によって識別が生じると考える。つまり、人間は共同体的な存在であり、その社会的なステータスは帰属する宗教共同体によって異なる。この原理によれば、人間の第一の識別指標は宗教であり、同一の宗教に帰属する者は同等に扱われる。

ところが、他宗教には共存と自治で対応するのに、イスラーム自体に関しては、改宗してもなお、新参者が以前からのムスリムとは平等に扱われないとすれば、もっとも基本的な原理に抵触することになる。ウマイヤ朝時代に、他の宗教からイスラームに改宗した者たちに「マワーリー」という地位を与えたのは、いわば「二級ムスリム」を作り出したことになる。これは単にアイデンティティの問題ではなかった。

税法上も不利な扱いがされた。イスラーム国家の宗教共存の制度は、非ムスリムから人頭税、あるいは、ハラージュ（地租）を徴収する。これに対して、ムスリムは軍務があるものの、税はザカート（喜捨）しか支払う義務がない。しかし、マワーリーは、ムスリムとしての扱いを受けず、地租の徴収をも受けた。つまり信仰上はイスラーム、税法上は庇護されたマイノリティー宗教の扱いを受けたことになる。革命運動が生じたのも、当然というべきであろうか。

アッバース朝の時代には、宗教だけが法に関する識別指標となり、イスラーム共同体には一体のイスラーム法が適用されるようになった。ムスリムは、古参であろうと新参であろうと、民族的な出自がアラブであろうと非アラブであろうと、同等の扱いを受けることになったのである。イスラーム法も、そのような前提で体系化が進められた。

アッバース朝の繁栄

バグダードの建設

初代カリフの治世は短かった。七五四年には、その兄マンスールがカリフ位に就いた。マンスール（「援助される者」「勝利を与えられた者」の意）は二〇年に及ぶ治世によって、アッバース朝の支配体制を築き上げた。革命運動の功労者であった叔父やアブー・ムスリムを排除し、また革命の基盤をなしたシーア派勢力も抑制し、新体制を固めたのであった。

その中でも最大の功績は、帝都バグダードの建設であろうか。やがて、この新しい都からイスラーム貿易ネットワークが世界の四方に伸び、世界中の交易品と東西の科学や文化等をもたらし、また新しいイスラーム文明の中心地となった。

マンスールは、七六二年に新都の建設を命じた。七六六年に完成した円形都城は、実に壮

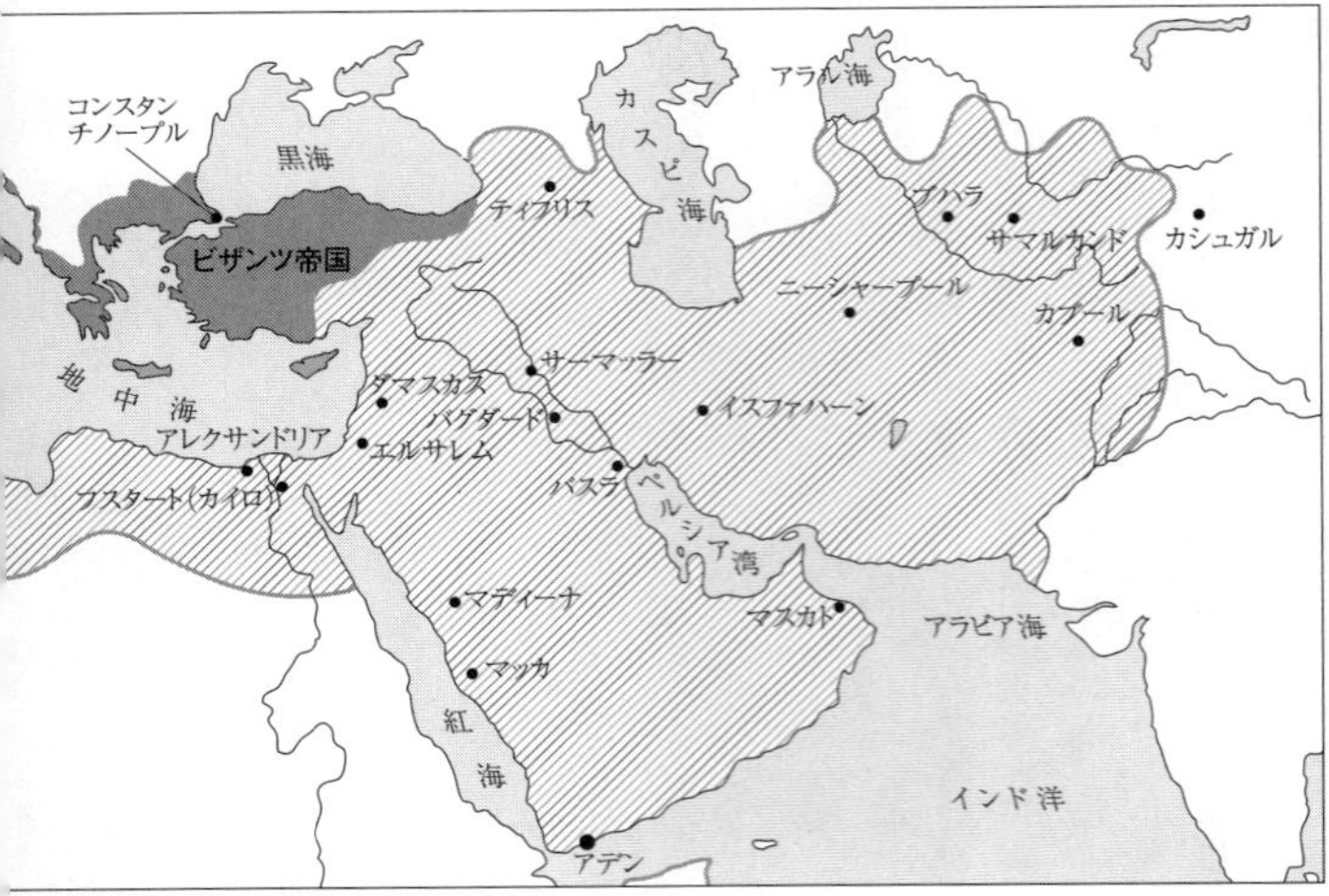

アッバース朝の版図

麗なものであった。

　ダマスカスに替えて、新しい首都がティグリス川のほとりに建設されることになったのは、帝国の重心が東に移ったことによる。ウマイヤ朝末期からアッバース朝初期にかけても、大征服の運動は続いていた。しかし、西進する征服運動は、ウマイヤ朝期にイベリア半島に入ってアンダルスを制圧し、ほぼその限界に達した。ポワティエの戦いでフランク王国に敗れて、イスラーム世界の西端は定まったのである。これに対して、東進の運動はまだまだ続いていた。

　初代カリフ、サッファーフの短い治世の間にも、中央アジアでタラス河畔の戦いが行われた。これは、高仙芝《こうせんし》の率いる唐《とう》軍との会戦であったが、勝利

したイスラーム軍が捕虜にした兵士の中に製紙法を知る者がおり、紙の製法がイスラーム世界に伝えられたという。これによって、イスラーム世界で膨大な写本が作られ、近代以前の最大の書物文化が生み出されることになった。

征服地として、中央アジア、南アジアの一部が加えられた上に、もともと、革命運動はホラーサーンを基盤とし、ホラーサーン軍がアッバース朝の軍隊の根幹を形成した。イラクは、今日の地理から言えばアラブ側であり、ティグリス川・ユーフラテス川の河口にあたるシャットル・アラブ川を境として、その東側がイランにあたるが、当時のイラクはササン朝ペルシアの領域であった。その首都クテシフォン（アラビア語でいうマダーイン）は、このあたりに位置していた。ここは東西交通路の要衝《ようしょう》であり、バグダードがその北西に建てられたのは偶然ではない。

マンスールの命によって建てられた都の正確な位置は、近年まで確定できていなかった。バグダードは建設から五世紀後、一三世紀半ばにモンゴル軍の襲来を受けて、灰燼《かいじん》に帰してしまう。今日のバグダードはその後再建され、さらにティムール朝による破壊を経てさらに再建された都であり、アッバース朝時代のバグダードの面影はない。そのため、歴史研究でもかつての円形都城の正確な位置をめぐって、いくつかの説があった。かつて定説となっていた位置づけは、微妙にずれていたことが判明している。最近では、イスラーム建築史の研究者深見奈緒子氏たちが衛星画像を用いたGIS（地理情報システム）によって、その正確な位置を解明している。

それによれば、円形の都城マディーナ・アッ＝サラーム、すなわち「平安の都」という名を持つこの新都は、現在のバグダードの西半分のあたりに位置していた。

巨大な円形都城

この都城は直径が二・三五キロに及ぶ円形で、三重の城壁に守られていたので、上から見れば三重円の形をしていた。そこに、官庁のほか、カリフの一族や官僚、高級軍人の邸宅などが設けられた。一番内側の円は、そのまま直径一・八キロもの円形の広場であり、その中心には、黄金の門を持つゆえに「黄金門宮」と呼ばれたカリフの宮殿があった。隣接して中央モスクが建ち、宮殿の緑のドームがカリフの威光を四方に示した。ドームは三七メートルの高さを持ち、その直下に玉座が置かれたという。

モスクと共同体の長の住居が並び立つことは、ムハンマド時代からのイスラーム共同体の性質を継承するが、質素なマディーナ時代とはすべてにおいて比較にならない豪壮な建物であった。内円の広場には、親衛隊の駐屯所も置かれていた。君主の座する都が円形とされたのは、イラン的な系譜を引いたものとも言われる。ササン朝ペルシアの首都クテシフォンも、いびつながら楕円形をしていた。

イスラーム都市というと、中央モスクとその近くにあるスーク（市場）を思い浮かべる。しかし、この新都では、初めは内側に市場があったものの、治安上の理由から外に移された。人々の住居を含めて、円の外側も都市化が進み、東西貿易の要衝となった都は大いなる繁栄を享受した。

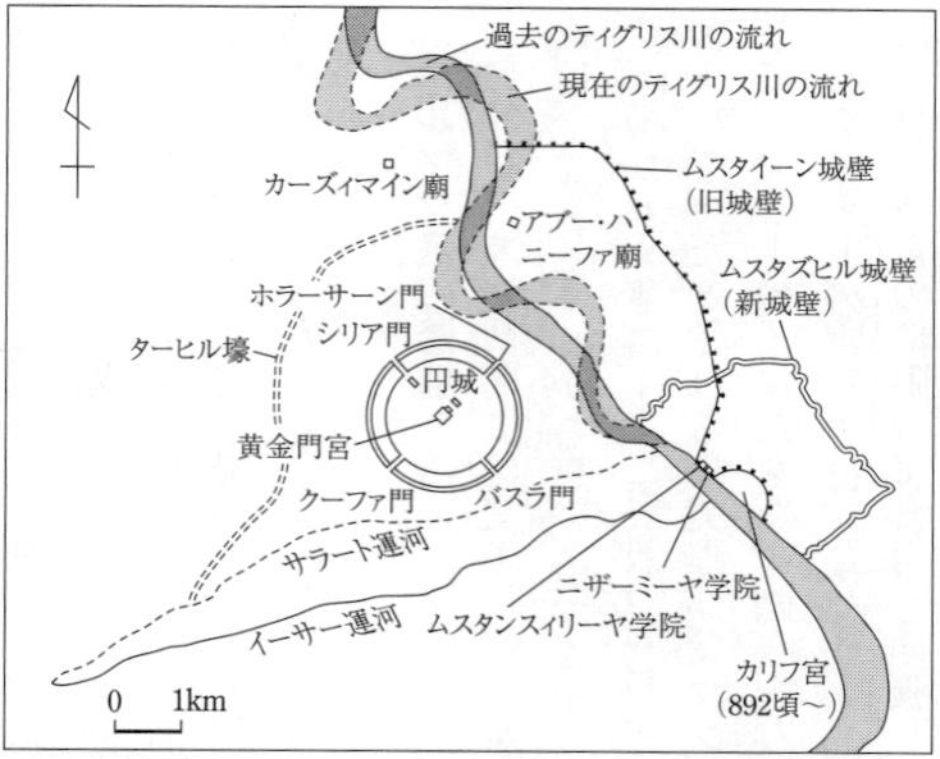

円形都城バグダード　平安の都は川と水路に囲まれていた。『岩波イスラーム辞典』をもとに作成

　バグダードから東のホラーサーン門を出て東方に進めばホラーサーンであり、また、ティグリス川、ユーフラテス川に沿って南下すればバスラ、北上すればモスル、ラッカなどの主要都市に行くことができた。特に、北には豊かな穀倉地帯であるジャズィーラ地方が広がっていた。このような交通の要衝にあることは、食糧の安定供給にとっても欠かせないことであった。バグダードはまもなく巨大都市に成長し、近隣からだけで食糧を調達することはできなくなったからである。

　マンスールは、都から四方に延びる街道と、バリード（駅逓《えきてい》制）と呼ばれる情報収集システムによって、各地の動きに常に目を光らせて、統治を行った。総督や裁判官などの動静のみならず、各地での基本物資の物価もカリフに直接報告されていた。当然、反乱を起こしそうな者についての情報も収集されていた。王権を握る前の辛い時代を知っているマンスールは、非常に倹約家であったとも伝えられる。国家財政が安定したのも、彼の大いなる功績の一つであった。

バルマク家の隆盛

アッバース朝初期には父子相続のルールが決められていたわけではないが、結果として言えば、マンスールから息子のマフディーへと、権力移譲はほぼ円滑に行われた。「マフディー（導かれた者）」という称号にはシーア派的な響きがあり、アリー一族との宥和《ゆうわ》の意味も含まれていたとされる。実際、父マンスールと違って、マフディーはシーア派の心情に配慮して、アリーの子孫たちを、贈与を与えたり宮廷に招いて厚遇した。

バグダードの宮殿では、「書記」と呼ばれる官僚たちとカリフの侍従たちが増大し、それにつれて彼らの権限や影響力も伸張した。侍従長はハージブと呼ばれ、解放奴隷を主体とする侍従たちを統率した。侍従長はカリフとの面会を取り持つだけに、大きな力を持った。

官僚たちの中で、特筆に値するのはバルマク家の者たちである。バルマク家はホラーサーン出身のペルシア系の一族で、アッバース朝革命運動とともに西にやってきた。股肱《ここう》の臣というべきであろうか。祖先は、仏教都市ナウバハール（現在のアフガニスタン）で管長（パルマク、アラビア語ではバルマク）を務めていたため、この家名になったという。

バルマク家のヤフヤーはカリフの信任を受け、宮廷で重きをなした。マフディーにはムーサー、ハールーンという息子がいたが、バルマク家のヤフヤーは弟ハールーンの養育係となった。言うまでもなく、宮廷では君主とその子は、通常の家庭のように父子が同じ屋根の下で一緒に暮らす関係にはない。ハールーンにとっては、ヤフヤーは父代わりの存在となった。

マフディーは狩りの最中に事故死したが、すぐに、息子のムーサーが即位し、「ハーディー（導き手）」の称号を名のった。ハーディーは軍人たちと親しい存在であった。バグダードの宮廷で官僚や侍従たちが勢力を伸ばしたと言っても、帝国の基盤は軍事力である。軍人たちは、特にホラーサーンやアルメニアといった大軍の駐屯を必要とする地方に展開しており、首都の官僚群と対抗した。軍を握る者が帝国の護持者としての自負を持つ一方、軍人の給与は中央の官庁を通じて支払われるから、両者の間に緊張関係が生まれるのは当然であった。

軍人を基盤とするハーディーは、父を囲んでいた官僚や侍従たちを抑圧し、バルマク家のヤフヤーをも逮捕させた。また、アリーの子孫を厚遇する政策も放棄した。ちなみに、この政策はアリー一族の反発を呼び、マディーナで小さな反乱を招いた。反乱はすぐに鎮圧されたが、そこから逃れたアリー一族の一人イドリースは、遠く西の果てにあるマグリブ（現在のモロッコ）まで落ちのび、ここで、イドリース朝を建てることになった。

しかし、バルマク家のヤフヤーを襲った窮状は、ハーディーがわずか一年一ヵ月の在位で世を去ったために一気に解決することになった。ヤフヤーが養育したハールーンが新しいカリフとして即位し、官僚たちの力はただちに回復されたからである。

ハーディーがなぜ急死したのかは、よくわからない。王朝の権力闘争のゆえに、就寝中に殺害された可能性もある。ハーディーは軍人派であり、次に即位するハールーンは文人派と言ってよい。ハーディーが即位して軍人派が支配的となり、彼らは、権力基盤を固めるために、次の後継者とされていた文人派のハールーンを排除しようとした。ハーディーが長生きしたならば、ハールーンの世は来なかったかもしれない。

どうやら、ハーディーは自分の母親と仲違いし、落命したと思われる。母親は当然ながら、前カリフの妻、しかも寵愛された妃であり、夫の生前は宮廷で大きな影響力を持っていた。母親の名はハイズラーンと言う。当人の気性にもよるが、ムハンマド時代から女性たちが大きな影響力を持っていた事例は枚挙にいとまがなく、このこと自体は不思議ではない。しかし、ハーディーは即位すると、自らの母親を政治から排除した。それが彼女の怒りを買い、命を落とす結果となった。その手段が何であったにせよ、状況証拠から見ればその疑いは濃い。

ハーディーの死によってバルマク家のヤフヤーは釈放され、ただちにハールーンを新しいカリフとして即位させた。軍人派は、その迅速な動きに対応することができなかった。軍人派がハールーンの代わりにと考えていたハーディーの息子も逮捕された。ハイズラーンも、亡くなるまでの三年間、政治に大いなる影響力をふるった。

バルマク家が新カリフを玉座につけたため、その治世はバルマク家が権力を独占することとなった。ヤフヤー、その弟ムハンマド、ヤフヤーの二人の息子は、長きにわたってこの世の春を謳歌した。文人派の勝利は、官僚が支配する中央官庁の優位を意味する。アッバース朝はその当初から中央集権的な王朝であったが、いよいよそれが進展したとも言えるであろう。

突如の悲運

しかし、バルマク家に悲劇の最後が訪れる。ハールーンが即位したのが七八六年、七九四年には国政をすべてバルマク家にまかせていたというが、八〇三年、カリフは突然バルマク家の粛清に走った。父のようであったヤフヤー、その息子のファドルを投獄したのみならず、ヤフヤーの息子で自分自身の盟友であったジャアファルを処刑した。絶大な権勢を誇っていたバルマク家が、急転直下、すべてを失ったのである。

タバリーの大著『諸使徒と諸王の歴史』の表紙（1987年版）

この時代の少し後に生きたタバリー（八三九～九二三）は、年代記の形で歴史を記した最初のイスラーム史家として、膨大な歴史書『諸使徒と諸王の歴史』を残している。イスラーム史で必ず最初にあげられる史料であるが、その中で、ジャアファルの末期を述べている――ハールーンは、マンスールという名の宦官《かんがん》にジャアファルを引き立てるように命じた。マンスールがジャアファルの邸宅にやってくると、アブー・ザッカールという盲目の歌手が「遠くへ行くではない。死がやがて訪れる。どんなに勇敢な若者にも。それが夜であれ、朝であれ」という歌詞を歌い終えるところであった。マンスールがジャアファルに「それ（死）がために私は来ました。アッラーに誓って、それは夜に来ました。信徒たちの指揮官（カリフ）のもとにおいでください」と言うと、ジャアファルは恐慌をきたしたという。やがて、ジャアファルを連れたマンスールがハールーンのもとに戻り、その寝室に報告に行くと、ベッドの上からハールーンは「やつの首を持て」と命じた。ジャアファルの嘆願もむなしく、ジャアファルは斬首された。翌日、彼の首、手足は三つの橋にさらされた。

寵臣の末期としては、恐ろしい情景であったであろう。当時のアッバース朝は、巨大なイスラーム帝国であった。カリフの側近としてバルマク家は、帝国をその手で実質的に運営していた。それが、突如失脚したのである。カリフと彼らの間に何が起こったのか。当時の人々も後世の研究者も大いに関心を持ったが、真相はわからない。ハールーンは、ジャアファルと自分の妹アッバーサとよく一緒に過ごしたが、いつも一緒にいられるように二人を名目的に結婚させたところ、二人が本当の夫婦になってしまい、子どももできたためにカリフが激怒した、という説もある。これは、物語的には非常に面白い。

しかし、そのようなことで自らの権力基盤を破壊するほど、カリフが愚かであったと考え

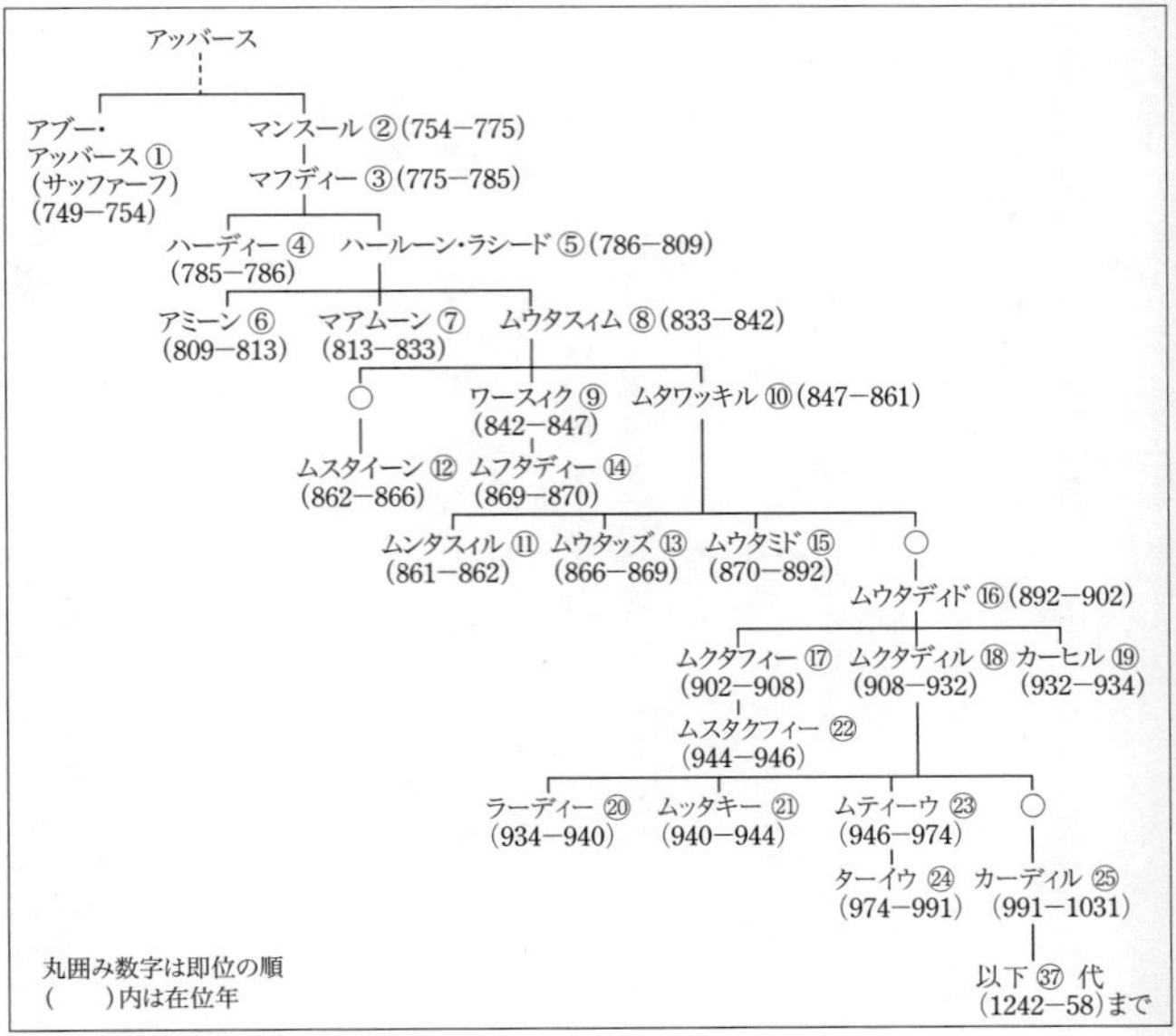

アッバース朝の系譜

ることは合理的ではない。むしろ、年若くして（生年は一説ではないが、おそらく二〇歳で）即位したカリフが次第に統治に熟練し、自らの権力基盤を整備するために障害となる家臣を排除した、と見る方が理にかなっている。バルマク家の支配がさまざまな反乱を呼び起こしたが、彼らは軍事的な基盤を欠いていたため、それに十分対処できなかったという事実も指摘しうる。そのため、反乱の鎮圧に功績のあった軍人派が復活するようになった。ハールーンは、官僚だけに依存するのではなく、官僚、侍従、軍人という三つの基盤をバランスすることで、自らの権力を制御する道を選んだ。
「預言者の子孫」であるアリー家の人々の処遇をめぐって、厚遇を支持するバルマク家と、それに反対するハールーンが対立したという見方もある。また、次のカリフの継承をめぐって、ハールーンとバルマク家の見解が対立した、という見方もある。相続問題は、どのような王朝、帝国でも、深刻な対立を呼ぶ問題であろう。ハールーンは、帝国を二人の息子の間で実質的に二分割しようとしたと考えられる。執権者たるバルマク家がこれに反対したのは当然であろう。

ちなみに、当時は相続のルールは一定していなかった。正統カリフ時代からウマイヤ朝、アッバース朝と続くイスラーム帝国は、クライシュ族出身者が統治権を握ってきた。クライシュ族はイスラームの登場まで王権を握ったことはなかったし、また、長子相続の原則があったわけでもない。部族的な指導者が有能である必要があり、単なる血統だけで指導権を相続することは、集団全体の利益にかなうものではなかった。

実際、正統カリフ時代には係累の相続は一つもなかったし、ウマイヤ朝でも全一四代のうち父子相続は四回、アッバース朝を見ても、一〇世紀が終わるまでの二五代のカリフで父子相続は七回にすぎない。あとは、兄弟間、おじから甥というような相続がなされている。甥からおじ、という事例もある。相続制度が安定していないことは、それをめぐって権力闘争が生じることを意味している。

原因が何であれ、カリフのハールーンは側近の専横を排して、実権を自らの手に握った。

名君ハールーン・ラシード

アッバース朝第五代カリフとしてのハールーン・ラシードの治世は、おおむね平安な時代であった。巨大な帝国が繁栄を享受していたという意味で、最良の黄金時代であった。ハールーンは『アラビアン・ナイト』（千夜一夜物語）の主要な登場人物の一人として知られている。英明君主とされており、イスラーム世界では庶民の間でも長らく人気の高いカリフであった。

「千夜一夜物語」には、ハールーンが登場する場面はたくさんあるが、たとえば、第二八五夜に、ハールーンが市井をお忍びで歩く姿が出てくる。

カリフ、ハールーン・アル・ラシードには、ある夜のこと、ひどい不眠に悩み、バルマク家のジャアファル大臣（ワジール）をお召し寄せになりました。そして、「いかにも胸苦しくてならぬ。今宵はひとつバグダードの街まちを遊行し、民情などをも視察したいと思うのじゃ。ついては商人どもの風体《ふうてい》に身をやつしていかねばなるまいて。市民のうち、誰ひとり、われらのことを気づかぬようにするためにな」と仰せられますと、大臣は、「謹んで御意《ぎょい》に従いまする」と答えました。そんなわけで、この方がたは、早速に身を起こすと、まとっていた豪奢な衣裳を脱ぎ去り、商人の衣服をまといました。この方がたと申しましたのは、カリフさま、ジャアファルおよび首斬役のマスルールとの三人でございました。あそこからここへと所を変えて歩いてまいりますうちに、ティグリス河の岸に出まし

バグダード近郊の公共図書館
13世紀の写本『マカーマート』の挿絵。パリ国立図書館蔵

た。ふと見れば、ひとりの老人がザウラク舟の中にしゃがみこんでおります。……（前嶋信次訳『アラビアン・ナイト』東洋文庫）

「千夜一夜物語」は書かれた文学ではなく、物語師が語って聞かせる語り物であった。幾世紀にもわたってこのような物語を楽しんだ後世の人々が、ハールーンに親しみを持ったことは容易に想像できる。ハールーンに随行する大臣ジャアファルにしても、首斬役にしても実在の人物であるから、これを聞く庶民があたかも実話のような気分を持っても不思議ではない（ジャアファルが斬首され、遺体を橋にさらされたことも、物語の中に出てくる）。

名君としてのハールーン像がどれほど歴史的実像であるかは、問題であろう。しかし、統治者としてのハールーンの行動が、よきカリフのイメージを形成することを狙っていたことは確かであり、それが成功を収めたことも疑いを入れない。たとえば、歴史書にも、一年おきにビザンツ帝国を攻めるか、巡礼を率いるかした、というように書かれており、「信徒たちの指揮官」としての責務を果たした人物とされている。

「ラシード」という称号は、「導かれた者」という意味であり、宿敵であったビザンツ帝国への「剣のジハード」を遂行した彼は、ラシードと呼ばれるにふさわしい。しかし、ハールーンが、ビザンツ帝国を征服するという宗教的でもあり、歴史的でもある使命に対して、どれほど本気であったかは疑わしい。当時はまだ職業的軍人の時代ではなく、戦役に赴《おもむ》くことは信徒の義務とされていたから従軍する兵士は数が多かった。一〇万人を率いた対ビザンツ戦もあり、きわめて有利な講和を結んだこともあって、カリフの正当性を宣伝する機会として見るとその効果は大きかったであろう。もちろん、統治者の行為としてみれば、目的がどちらであれ、それは優れた政策と言うべきであろう。

また、ハールーンは詩人、文人、芸術家たちにとって、非常に寛大で気前のよいパトロンであった。彼らは、当然ながら、ハールーンを讃《たた》える作品を大いに著した。あるいは、重用された知識人たちが、彼に対する好感を育んだという面もある。

ちなみに、君主たちが芸術家を保護することは、文化の繁栄という点で有意義なことに違いない。もちろん、優れた文才が生み出す華麗な作品が、その修飾を取り除いてしまえば君主への称讃あるいは追従《ついしょう》でしかないと思える時、やや興ざめすることも確かであろう。しかし、美しい詩文などは、やがて文化的な公共財となる。文芸作品は、貴族も庶民も享受する文化となるのである。君主たちが巨額の財を投じて建設するモスクも、誰もが使える公共財であり、ついには現代に伝わって「世界遺産」となりもする。その意味では、芸術や建築の保護は善というべきであり、それによって君主の名声が鳴り響くことも決して悪いことではない。

カリフへの助言

総じて言えば、ハールーンの代は、古典的なイスラーム帝国が栄華を誇ったと評価できる。ハールーンに至る三代に大法官（カーディー・アル＝クダー）として仕えたアブー・ユースフ（七三一～七九八）が、カリフの理想像について書き記している。それはハールーンの求めに応じて献上された『地租の書』の序文である。この書そのものは、地租についての法学書であり、租税をめぐる法学理論を整備する上で重要な役割を担《にな》った。その序文は、イスラーム政治思想史における最初のまとまった文書と言える。

その中で、アブー・ユースフは言う。

信徒たちの指揮官よ（ハールーンに対する呼びかけ）、アッラーは――彼に讃えあれ――あなたに偉大な責務をおまかせになりました。（正しく執行した時の）その報賞はもっとも偉大な報賞であり、（過った時の）その罰はもっとも厳罰です。すなわち、このウンマ（イスラーム共同体）のことを、あなたにおまかせになったのです。それゆえ、あなたは寝ても醒《さ》めても、多くの人々のために建設をするのです。アッラーは彼らをあなたの責任とし、彼らについてあなたに信託し、彼らによってあなたを試し、彼らの諸事をあなたに委任しました。建物は、篤信《とくしん》以外の基礎の上に建てるならば長持ちすることはなく、やがてアッラーが基礎から引き倒し、建てた者の上に倒壊させることでしょう。それゆえ、アッラーがあなたにまかせたこのウンマと臣民の諸事を喪失してはなりません。アッラーのお許しによって、力は実践の中にあります。今日の仕事を明日に延ばしてはなりません。……

ここで、ウンマの最高指導者としてのカリフ像が明示されていることが、注目に値する。本書でも述べてきたように、ムハンマドは宗教と社会、さらに政治を統合するものとして「ウンマ」を定式化した。しかし、それがそのまま帝国の原理として、予定調和的に継承されると考えるべき根拠はない。実際に、巨大なイスラーム帝国に成長したこの時にも、それが確認されることには大きな意味がある。

内戦と帝国の変容

兄弟の争い

ハールーンが帝国を息子たちの間で二分する構想を持っていたことは先に触れた。それは自分の死後、政争が起こらないことを目的としていたと思われるが、彼の没後、その息子の間で、深刻な対立が生じた。まず、弟が「アミーン（誠実者）」の称号で即位した。「アミーン」はかつて、預言者と名のる以前のムハンマドがその名で呼ばれたのと同じ称号である。

この語は、「安全となる」という動詞から派生している。誠実者はその誠意によって他者を安全にするから「アミーン」なのである。次のカリフは兄が即位したが、彼の称号は「マアムーン」、すなわち動詞「安全となる」の受け身形で、「安全とされた者」を意味した。しかし、両者の関係は、安全からはほど遠く、帝国は内戦に投げ込まれた。

アミーンは八〇九年に即位し、兄をホラーサーンの総督とした。しかし、ホラーサーンの租税の扱いをめぐって争いが生じ、ついに兄が八一一年に、マアムーンとしてカリフ位を宣言するに至った。二人のカリフが並び立つ状況はかつての第一次内乱を思い起こさせるもので、人々の不安を呼んだであろう。マアムーンが送った軍隊は、バグダードを一年にわたって包囲・攻城した。この時、バグダードの庶民というべき人々が自衛戦に参加したことは、非常に興味深い。

アミーンは、八一三年、バグダードが陥落する際に、捕らえられて処刑された。これは帝国にとって、よいことではなかった。カリフの権威が低下するさきがけとなったからである。さらに愚かなことは、弟を倒して名実ともにカリフとなったマアムーンが、東の辺境にあるホラーサーンの地から帝国を統治しようとしたことであった。これは、地勢的な力学に反しているし、アッバース家の他の者たちも都の人々も反対した。当時は、ホラーサーン出身の側近が力を持っており、彼らがこの政策を実質的に決めていた。マアムーンは、勝利の後、ただちにバグダードに帰還すべきであったろう。ついに国内の争乱がおさまらないために彼が都に戻ったのは八一九年であったが、その間に失われたものは大きかった。

ただし、内戦の終了によって、再び栄華は戻る。長期的に見れば、この内戦が帝国が解体へ向かう最初の里程だったとしても、まだ帝国は黄金期にあった。その後のマアムーンについては、ギリシア文化の導入や、「国教」確立の試みなど、大きな論点を含んでいるので、次章で検討する。

奴隷軍人の登用

もう一人の弟は、マアムーンの死後に次のカリフとなるが、この争乱の間に自らの軍隊を築き上げていた。それは、いわゆる「奴隷軍人」を主体とする軍隊であった。彼は、若い兵士を奴隷として導入し、よく組織された私的な軍隊を手に入れた。マアムーン時代の末には、三、四千人のよく訓練された軍隊を持っていたという。彼らの出自は通常「トルコ系」と呼ばれているが、トルコ系だけに限られていたわけではないし、また、自由身分の者もいた。いずれにしても、重要なことは統治者に直属し、一般社会に帰属しない軍隊の登場であろう。八三三年にカリフとして即位した時の称号は「ムウタスィム（アッラーによって結ぶ者）」であった。

米国の研究者ヒュー・ケネディーは、ムウタスィムの功績をアッバース朝革命に匹敵するような革命であった、と評している。ただし、アッバース朝革命が、旧体制を打倒して新しい王朝を開いたのに対して、ムウタスィムの革命はアッバース朝を延命させることが目的であった。奴隷軍人による新しい軍隊を創設したのみならず、ムウタスィムは、軍務庁に登録されたアラブ兵士たちが俸給（アター）を受け取る制度に手を付けた。これは、第二代正統カリフ、ウマルが創始し、これまでずっと続けられてきた制度の廃止であった。男性成人の信徒は、命じられれば誰もが戦士となるという原則から、職業的軍人への転換は、確かに大きな変化であった。

しかし、この変化はアッバース朝を復興させる革命であったであろうか。「奴隷軍人」の導入は、その後イスラーム諸王朝に広がり、ついにエジプトでは彼らが王権を握るマムルーク朝（一二五〇～一五一七年）の成立をみた。アッバース朝時代には、即戦力としての軍人を集めていたが、マムルーク朝時代には、青少年の奴隷を購入し、優れた教育をほどこし、解放した上で才能に応じて軍人、官僚として取り立てる仕組みが発展した。これは、血統や系譜に依存する仕組みに対して、徹底した能力主義であり、確かに合理的な性質も持っている。その合理性が、後の十字軍やモンゴル軍の侵攻に対抗しうる力を与えたことは否定できない。

しかし、その一方で、男子の軍事的な能力を優先するような統治のあり方は、本来のイスラームとは異なる男性優位の社会をもたらした。初期イスラームにおいて女性が活躍していたことは、本書でも見てきた通りである。また、イスラーム社会の大半は農村であり、男女が農地で働く地域では、後の都市部に見られるような男女の分離もなく、女性もはるかに自由に暮らしていた。軍事主義の優位が男性優位を強めたとすれば、功罪相半ばと言うべきであろうか。

サーマッラー遷都

ムウタスィムの代のもう一つの大事件は、遷都《せんと》であった。新しい軍隊とバグダード市民の対立が生じたために、それを避けようと、彼はサーマッラーに新しい都を築いた。新都の名前は「スッラ・マン・ラアー（見る者は喜ぶ）」と言う。この名は明らかに「サーマッラー」と語呂合わせになっている。都市の造営として見ると、バグダードの円形都城ほどは斬新ではないが、方形の都市で、世界最大級の大モスクに螺旋《らせん》形のミナレットが付属するところは、いかにもメソポタミア的である。

イブン・トゥールーン・モスク　独特の形の塔がカイロ旧市街に映える。著者撮影

螺旋形の尖塔は、古代バビロニアで用いられた「ジグラット」を模している。ジグラットとは、聖書に登場する「バベルの塔」がその形と言えば、想像がつくであろうか。この形のミナレットは、サーマッラー以外には類例がなく、ただ、カイロにもう一つだけある。それは、事実上のエジプト君主であったイブン・トゥールーンが、中央の大モスクとして建てたモスクに付属している。

サーマッラーが首都であったのは八三六年から八九二年までで、トゥールーン朝はその時代に、アッバース朝の宗主権を認めながら独立を果たした。カイロ旧市街の中にあるイブン・トゥールーン・モスクは今では遺跡的な扱いで、ほとんど礼拝する人もいない。しかし、筆者の好きなイスラーム建築の一つで、若い頃はよく訪れて広い中庭で思索にふけった。螺旋形の尖塔を見ると、時空を隔てて、そこがサーマッラーの都とつながり、さらに古代メソポタミアとつながっている気がして、感慨深かったのを思い出す。

サーマッラー時代は、ムウタスィムの後も、二代後のムタワッキル（在位八四七〜八六一年）までは比較的平穏な時代であった。しかし、その後、都は争乱に陥り、さらに軍人がカリフを勝手に支配する時代となった。

日本におけるアッバース朝研究の第一人者である清水和裕氏は、ムウタスィムの軍事制度改革を境としてアッバース朝が解体期に入ったとして、それ以降の時代のイラク社会について優れた研究を著している。それによれば、カリフ個人に直属する常備軍の登場は、土地と租税をめぐる国家的制度の変化と並行するものであった。

アッバース朝初期には、イスラーム的な土地所有理論が整備された。マディーナ国家が大征服によって帝国化し始めた段階では、土地制度や租税は、マディーナ国家で形成されつつあった原則と、征服地で実践されていたビザンツ帝国およびササン朝ペルシアの制度がまじりあって実践され、体系化されるまでにしばらくかかった。アッバース朝の時代に入ると、戦利品として得られた土地はすべてウンマの所有という原則から、国家が土地を支配し、ハラージュ（地租）を徴収する制度が確立された。国庫にとって地租は、重要な収入源であった。ハールーンの時代に、バグダードを含むサワード地方（イラク中西部を指す）の総収入のうち、地租が八四・五パーセントを占めていた記録が存在する。

しかし、ムウタスィム以降の時代においては、私的な所領が形成されるようになった。それを背景として、「軍事イクター制」と呼ばれる制度が生まれるが、そこでは、カリフが軍人や官僚に土地から徴税する権利を与えただけではなく、軍人たちは自分の支配地で他の者の私有地からも徴税する権利を得た。これが、イスラーム帝国の解体を促進した。

ただし、帝国権力の衰退は、イスラーム社会の衰退を意味するわけではなかった。国家と社会を分けて考えるならば、第七代のマアムーンから第一〇代のムタワッキルに至る時期は、むしろイスラーム社会の側が王朝権力に抵抗し、反撃する時代であった。

第七章　ジハードと融和の帝国

国家と社会の確執

ジハードの三つの側面

剣のジハードが作り出した帝国とその版図の陰で、イスラーム社会が徐々に深化していった。この場合のイスラーム社会とは、誰が代表するものであろうか。また、国家と社会の関係は、どのように理解すべきなのであろうか。本章では、そのことを考えてみたい。ムハンマドは、宗教と社会の統合をめざした。あるいは、すべての面において宗教に立脚する社会をめざした、と言いかえてもよい。しかし、そのことは同時に、社会のすべての領域にムハンマドの指導を及ぼすため、「宗教」の内実が他の多くの地域で言う「宗教」とは非常に異なるものとなる結果をもたらした。

そのため、イスラームは商業を勧め、正当な利益を擁護《ようご》する。アッラーの恵みとして、利得は認められ、むしろ、大いに稼いで大いに費やすことが奨励される。聖典クルアーンは、冒頭の部分で、篤信者《とくしん》を讃《たた》え、彼らは「不可視界を信じ、礼拝を確立し」と述べた後で、「われ（アッラー）が彼らに与えた恵みを使う者たち」（雌牛章三節）と付け加えている。信仰・礼拝とならんで、財を用いることが奨励されるのは、いかにもイスラーム的な特徴であろう。

この背景にマッカの商業社会があることは言うまでもないが、このような過程を経て、イスラームの教えは世俗の事項を数多く含むものとなった。宗教と社会の統合とは、世俗的な部分も含めてイスラームの教えによって統御するような社会をつくる、ということであった。

社会の機能の中には、政治や軍事も含まれる。ムハンマド時代は、政治と軍事はさかんになされたものの、政治的配慮、軍事的必要性が、宗教と社会よりも重視されたことはない。しかし、イスラーム共同体が確立され、マディーナ政府がアラビア半島を統一すると、ここに領域的国家としての側面が加わった。ビザンツ帝国とササン朝ペルシアという当時の二大帝国との衝突も不可避となった。

ムハンマドの没後、反乱が起きると、後継者となったアブー・バクルは「リッダ戦争」を遂行し、さらに二大帝国との不可避の戦いにも突き進んだ。新生のイスラーム社会が生き延び、自己確立するためにも、政治と軍事が優先する時代となった。軍事の成功は大征服を生み、イスラーム世界は自己確立を遂げた。

ジハードには、いくつかの側面がある。それを本書では、「内面のジハード」「社会的ジハード」「剣のジハード」と三つの表現を用いて説明してきた。イスラーム軍が戦場に赴《おもむ》く時、兵士が信仰のために身を捨ててかかるとすれば、それは「内面のジハード」に基づく「剣のジハード」ということになる。しかし、軍事を統轄している統治者にとっては、「剣のジハード」は対外戦争であり、征服事業である。征服事業は、時に政治的・経済的な目的を持っている。言いかえれば、世事としてのイスラームの戦いということになる。

逆の場合もある。兵士が戦利品を主目的に参加しているならば、結局それは世事であろう。それに対して、統治者がイスラームの目的のために彼らを動員し、戦利品を動員のための「飴《あめ》」（飴と鞭《むち》の）としているのであれば、統治者にとってこそ、宗教的な意味でのジハードとなる。

信仰心は正義を希求するから、社会秩序とのバランスを逸すると、危険なことになる。それが、第三、四代正統カリフ時代に、深刻な内乱によって証明された。そのため、ウマイヤ朝の成立を支持した人々は、軍事を政治に従属させることに賛成したと思われる。剣のジハードは、統治者と国家の専権事項となり、信徒が勝手に発動するものではなくなった。信徒の自由に残されたのは「内面のジハード」と「社会的ジハード」である。

イスラーム社会の担い手

第一次内乱への反省、そして、内乱の負の遺産として生じた分派の問題から、国家の優位を認める志向性が生まれたというのが、筆者の考えである。宗教と社会の統合というイスラームの原理は、やや政治の優先という側に傾いた。成立したばかりの帝国は、行政制度なども整備しなければならなかったから、権力者がウンマを支配する状況もやむをえないものであった。それが、ウマイヤ朝を容認する態度を生んだ。

しかし、政治に関わりをあまり持たず、ムハンマドから「イスラームに立脚する社会」という原理を継承した弟子たちもいた。ムハンマドの妻アーイシャのように、しばらく政治に関わってから、イスラーム社会の構築は政治でするものではない、という結論に達した者もいた。一時は「ラクダの戦い」に示されるように、アーイシャは軍事にまで突き進んでしまったが、その後は「マディーナの女性教師」として、ムハンマドの言行を伝え広めることに専心した。

ジハードは、内面や社会的実践のレベルでは、社会構築の方途である。また、剣のジハードすらも、さまざまな社会的制度と結びついて、イスラーム社会の原理の中に統合されている。そのような社会がどう運営されるべきか、という知識は、ムハンマドを継承する社会的指導者たちにとっては、何よりもまず聖典クルアーンとその解釈であり、次いで聖典やムハンマドの言葉から導き出される「法の知識」となった。

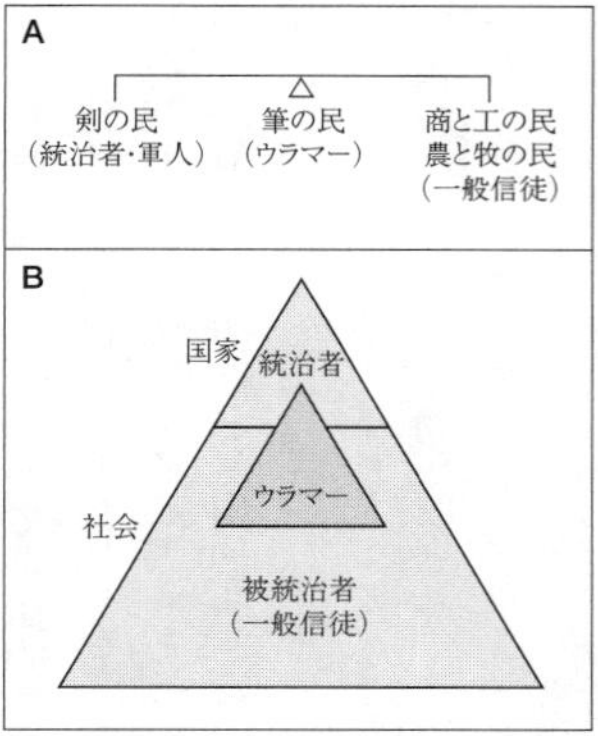

A　バランサーとしてのウラマー、B　相互の仲介者としてのウラマー　ウラマーは、統治者と一般信徒の間に位置する

イスラームは「命令の体系」であるから、信徒たちはその体系が法として示されれば、国家や権力の介入もなしに、法に従

う。ウンマは、法によって自律的に運営される、というのが、その原則であった。もちろん、法を破る者はどの社会にもいるから、軍やシュルタ（警察）によって治安を維持し、犯罪を裁く制度を確立する必要もある。それが、国家と統治者が必要な理由である。しかし、国家が対外的な防衛と対内的な治安の維持という役割をきちんと果たすならば、イスラーム法によってウンマは自律的に生きることができる、というのが基本認識であった。

ムハンマドの直弟子たち、そのまた弟子たちは、自分たちこそがウンマの指導者であると認識した。ウマイヤ朝が成立し、次いでアッバース朝が成立し、権力者たちが生まれた。しかし、彼らは統治権においてウンマを代表しているものの、法の知識においてウンマを代表するものではない。法の知識を継承する者たちは、そう理解した。宮殿の中で密かに酒を飲む者たちが、イスラームの教えを体現する者ではありえない。

やがて、これらの知的な指導者たちは、法学者を中心として「ウラマー（イスラーム学者）」という社会集団として姿を現すことになるが、重要なことは、彼らが王朝権力とは無縁の「私人」だったことであろう。生計の道も、商人だったり職人だったりした。ハナフィー法学派の祖となるアブー・ハニーファ（六九九頃～七六七）は、絹商人であった。

彼らの多くは、権力者に取り入ることも権力者に支配されることも嫌った。アブー・ハニーファは、アッバース朝から裁判官（カーディー）となることを求められ、拒絶して獄死したとされる。彼の弟子に当たるアブー・ユースフは、アッバース朝第三代カリフ、マフディーに乞われて、大法官となった。彼が第五代カリフ、ハールーンに贈った『地租の書』とその序文については、前章で引用した。この任用は、権力者と法学者の和解の始まりとも言える。

法学者の側から見れば、統治者もウンマの一部であり、学者たちがウンマの知的指導権を担うならば、一般信徒に対するのと同様に、統治者に対しても助言をすべきであり、必要とあらば官職について働くこともありえた。しかし、まだ、この時代は、国家と社会の緊張関係は続いている。学者たちが社会としてのウンマを代表しているとするならば、権力者はしばしばウンマよりも王朝の存続を優先し、自己の意思を通そうとした。

マアムーンの治世と神学の押しつけ

権力者と学者たちの対立が決定的な局面を迎えたのは、アッバース朝カリフ、マアムーンが「ミフナ」と呼ばれる審問を設けた時であった。イスラームの歴史には、西洋に見られるような異端審問は、制度的にもほとんど存在しない。その最大の理由は、宗教的権威を独占する聖職者と教会や公会議がないことに由来する。正統と異端を審査するには、それを審査する権威が必要なのである。その意味では、ミフナは、きわめて例外的な事態であった。

マアムーンが設けたミフナを「異端審問」と呼ぶのは、はばかられる。確かに、その機能を見れば、キリスト教の異端審問に似ている。しかし、ミフナ自体の方が異端的であった。というのも、正統と異端を制度的に断じるという方法が、イスラームにはなじまないだけではなく、マアムーンが正統として学者たちや社会全体に押しつけようとした教義が、社会の抵抗のために拒絶されてしまうに至るからである。

マアムーンが押しつけようとした宗教思想はギリシア哲学の影響を受けたものであった。まず、マアムーンがヘレニズムの文物を組織的に導入したことを理解する必要がある。古典的なギリシア文化が、哲学、医学、幾何学、天文学など、多くの科学、思想が流入した。なお、ギリシア文化だからと言って、ビザンツ帝国の側から来たとは限らない。ビザンツ帝国が禁圧したヘレニズム文化が、ペルシアで生き延び、イスラーム帝国にもたらされた場合もある。

マアムーンは、優れた学者を集め、ギリシア語やシリア語からの翻訳を奨励した。現代風に言えば、先端科学研究プロジェクトの実施のようであった。翻訳を通じた文化の伝播という点では、アッバース朝時代の翻訳運動は、人類史における二大翻訳運動の一つであり、仏典の漢訳とならぶ規模と質を持っている。この翻訳運動は、後のイスラーム科学の発展に多大な寄与をしたし、イスラーム世界でもきわめて高く評価されている。マアムーンの「功」であろう。

問題は、神学にあった。イスラームは「朗誦《ろうしょう》する聖典」によって、聴覚的イマジネーションがかき立てられることで信仰が深まる仕組みを持っている。理屈で神や宇宙を論じるものではない。ところが、ギリシアの哲学や論理学の導入によって、理屈で信条を考える人々が生まれた。高度な体系性を持った最初の神学は、ムウタズィラ学派という。

ムウタズィラという名称は「身を引いた者」を意味する。この学派の最初期の指導者が賛成できない論争から「身を引いた」というのが語源とされるが、名称からは思想内容の想像がつかないであろう。この学派は、合理的な思考法に立脚してイスラームの教義を説明しようとした。

マアムーンは、この学派に共鳴し、これをもってアッバース朝の公認学派とし、それに逆らう人々をカリフの権威と権力をもって従わせようとした。問題となった教説はいくつかあるが、最大の問題は「クルアーン創造説」と言われるものである。

かいつまんでこの説を述べると、クルアーンは神が創造したもので、神の永遠の言葉そのものではない、という考え方である。一般のムスリムは、聖典が神の言葉であると教えられれば、そのままに信じてきた。しかし、ムウタズィラ学派は、ギリシア的な論理をもって、神と神の言葉を論じた。それによれば、世界を創造したアッラーは永遠の存在であるが、「アッラーの永遠の言葉」というものがアッラーのほかにあるとすれば、永遠の存在が二つあることになる。これは一神教の原理に反する。しかも、クルアーンは人間が朗誦し、紙に書き、読

天文学者たち　マッカの方角を知るために天文学が発達した。16世紀の写本の挿絵。トプカプ宮殿博物館蔵

んだり聞いたりするものであるから、これが永遠とは考えられない。とすれば、聖典はこの世にある被造物であるという結論になる。ムウタズィラ学派は、これなら矛盾は生じないと考えた。カリフ・マアムーンもこの説に納得したわけである。

抵抗する学者たち

この学派を否定して、後に多数派の神学となった考え方は、そもそも、神や不可視界に関する事柄は議論や理屈の対象ではない、とする。聖典と預言者の教えから、クルアーンが神の永遠の言葉であるとするならば、それはそうである、というのが多数派の立場であった。ただし、クルアーンが神の言葉だとしても、それを書く紙や文字、それを朗誦する声は被造物であり、永遠のものが日常世界に漂っているわけではない、と説明した。

どちらも細かく見ると複雑な論点を含んでいるが、あえてどちらが理屈としてわかりやすいか判断すれば、それはムウタズィラ学派であろう。しかし、宗教は理屈ではない。クルアーンが主張したのは、神の言葉が人間に伝えられるという「奇蹟」がおこった、そのことはクルアーンが超常的な言語であることがわかる人には理解できる、というものであり、それを受け入れた人々がムスリムである。一般の信徒から見れば、あるいは庶民感覚から言えば、ギリシア哲学を援用してこのことに議論を挑むのは筋違いのことであった。

マアムーンがミフナを命じたのは最晩年であったが、その命令は続く二代のカリフによって執行され続けた。ミフナは、クルアーン創造説に同意しない学者たちを、厳しく弾圧した。同意しなければ、裁判官の資格を剝奪《はくだつ》され、裁判における証人にもなれなかった。鞭打ち刑なども執行された。弾圧された代表格として、ハンバル法学派の祖イブン・ハンバル（七八〇〜八五五）があげられる。彼は、異国の理屈などではなく、聖典と預言者ムハンマドの言葉に従うべき、ということを主張し続けた。彼は、独自の法学を興しただけではなく、預言者言行録（ハディース）の編纂者の一人でもあった。理屈ではなく、預言者言行録に従うという意味で、彼らは「ハディースの民」とも呼ばれる。

厳しい弾圧にもかかわらず、イブン・ハンバルたちは、不屈の闘いを続けた。彼らにしてみれば、自分たちが正しいと信ずるイスラームを語り続けること、王朝の不当な行為に抵抗し続けることこそが、「言論によるジハード」だったであろう。

ムウタズィラ学派の考え方も、広く言えばクルアーン解釈の一つであり、そのような見方に全く余地がないわけではない。しかし、彼らは、明らかに論理や合理的思考法をクルアーンよりも上位に置いていた。それは、彼らの正義論にもよく現れている。アッラーの名前の一つは「正義者」であり、ムウタズィラ学派はそれゆえ、この世の不義をアッラーが創造するはずがなく、それは人間が創り出すものだ、と主張した。この言い方は、正義とは何かを自分たちが決めた上で、クルアーンの章句の解釈を行うものであろう。

一般信徒の感覚では、聖典が「アッラーは正義と善をお命じになる」という以上、神は正義者である。そして、同じく聖典が「アッラーはお望みのままに創造する」という以上、すべてのことは神の行為である。何かが不義に見えるのは人間の感覚であって、それを元に理屈をこねてはいけない、ということになる。このような一般信徒の感覚からすれば、ポイントはクルアーンの章句をめぐる解釈の違いではなく、聖典と理屈とどちらが上なのか、ということになる。イブン・ハンバルたちの主張が力を持ち得たのは、素朴な信仰を持つ一般信徒を味方に付けることができたからであった。

ミフナはおよそ一六年続いたが、ムタワッキルの代になって廃止された。ムタワッキルが廃止に踏み切ったのは、政策として無意味となっていたからであろう。これ以上、王朝の正当性を崩すのは得策ではなかった。結果として、国家と社会の戦いにおいて、社会が勝利することになった。このことによって、イスラームの護持者がウラマーであることがほぼ確立したと言える。ミフナのような制度が再び施行されることはなかった。

ムウタズィラ学派は、公認学派から滑り落ちた。のみならず、神学の学派としては、独立にはもはや存続しえなくなった。かわって主流派となったのは、アシュアリー学派である。実は、この学派の祖アシュアリー（八七三〜九三五）は、もともとムウタズィラ学派に属しており、ある日思想的な転回を遂げたのであった。彼は、クルアーンの教えをギリシアの哲学・論理学の思考法を用いて擁護する、という統合の道を選んだ。この学派が優勢となったのは、二つを合わせる立場によるものであろう。

優れた科学や知識の流入は、時代の趨勢《すうせい》であり、それに抵抗することはできない。それは、先行する文明の吸収・融合で新しい文明を築くイスラームが避けて通れない道であった。それと同時に、イスラーム社会が立脚している信条をないがしろにして、その社会と文明の発展もありえなかった。アシュアリーは、両者を統合するという中庸《ちゅうよう》の道を選ぶことで、時代の波に乗ったのであった。

厳密に言えば、イブン・ハンバルのような伝承を重視する学派と、アシュアリーのような伝承と理性を統合しようとする学派では、かなり考え方に隔たりがある。しかし、両者は、クルアーンを擁護するという大きな原則によって手を携え、ともに主流派を形成するものとなった。

なお、ムウタズィラ学派は、独立した学派としては影響力を失ったが、思想としては、シーア派の中に生き続けることになった。彼らが強調した「神の正義」は、人類の指導者としてイマームを遣わせる「神の正義」として、シーア派思想を支えるものとなったのである。ここでも、イマームを待望するシーア派的な一般信徒の心情と合致することで、彼らの合理的思考は生き延びる道を見いだした。その意味では、これも別な形の中庸の道と言える。

国際ネットワークの確立

海上貿易の発達

八世紀半ばからおよそ二世紀におよぶアッバース朝の繁栄期は、新しい国際的な貿易ネットワークを発展させるものとなった。それによって、東は中国、西は地中海に至る広大な地域が、交易と文化交流のネットワークによって結ばれることになった。さらに、イスラームの広がりによって、北アフリカからサハラ沙漠を南下する貿易ネットワークも発展したから、ほぼ「旧大陸」のすべてがこのネットワークによって結ばれた。

やや大げさな言い方をすれば、地球上の諸地域が国際的に結ばれることで「世界」が成立するとすれば、その最初の形態はアッバース朝期に形成された世界貿易ネットワークによるものであった。その後の発展は、次の段階がモンゴルがユーラシア大陸のほとんどを面的に統合することで成就し、さらに、近代に至り西洋列強の制覇によって新大陸をも含む「世界」が成立することになる。そのような「世界」の発展は、まずイスラーム帝国によって最初に大きく促進された。

八〜一〇世紀において、イスラーム帝国が国際的なネットワークを発展させたことを実証的に示したのは、家島彦一氏の『イスラム世界の成立と国際商業——国際商業ネットワークの変動を中心に』(岩波書店、一九九一年)であった。その内容は、学術的に見て欧米の研究にはるかに先行する優れたものとなっている。当時の日本では、ヨーロッパ中心ではない世界史を構築する一つの重要な道として、海域世界に対する知的な関心が高まっていたから、その意味でも大きな貢献をなした。

アッバース朝は、ササン朝ペルシアの交易圏であったインド洋の海域と、ビザンツ帝国の交易圏であった地中海の海域を統合した。これによって東西を結びつける大きな海域世界とその交易ネットワークが成立したのであった。遠くの物産を大量に効率的に運ぶ方法は船による海上ルートであり、正確な季節風の知識と航海術によって、新しい交易ネットワークが

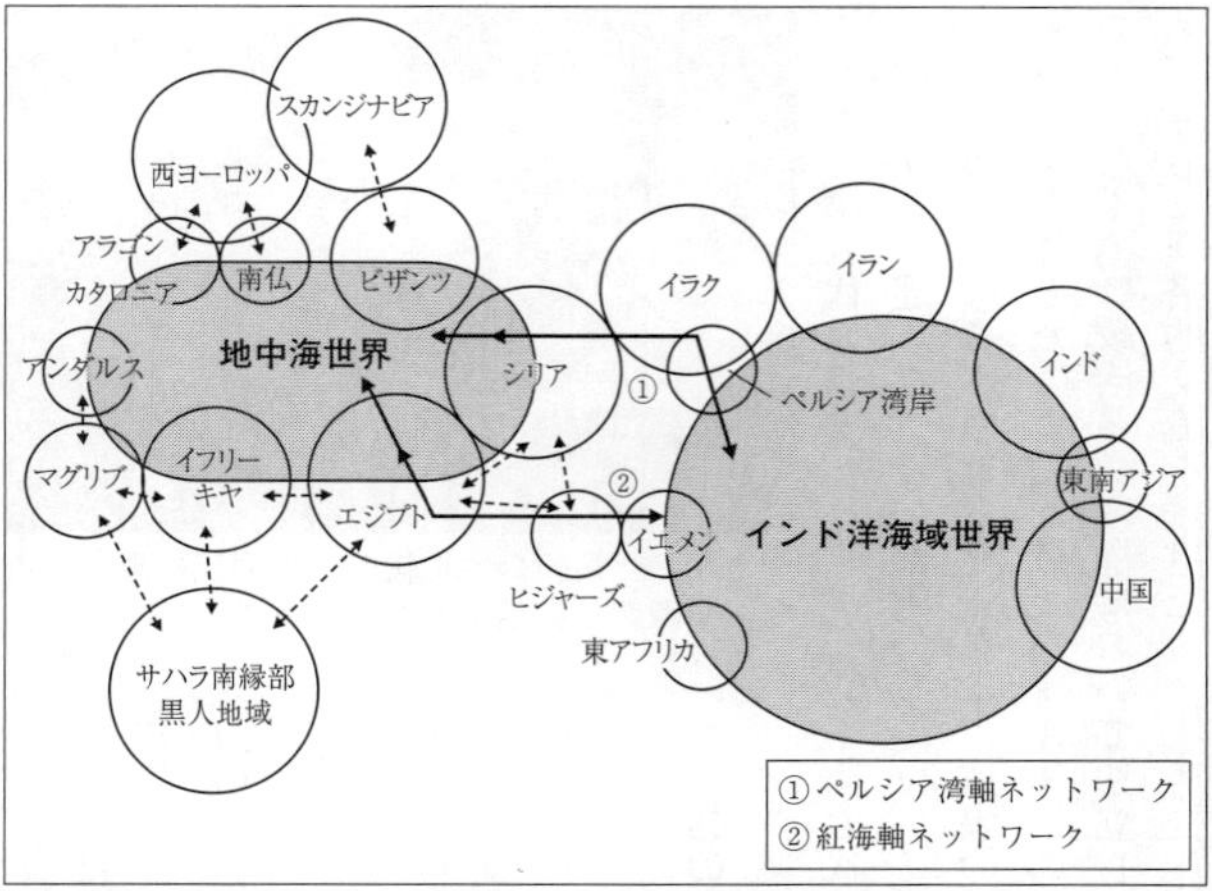

国際的な交易ネットワーク　家島彦一『海域から見た歴史――インド洋と地中海を結ぶ交流史』より

繁栄することになった。

家島氏はさらに、ライフワークである『海域から見た歴史――インド洋と地中海を結ぶ交流史』（名古屋大学出版会、二〇〇六年）で、そのことを緻密な史料研究と広範な現地調査によって、きわめて実証的に論じている。氏は、西アジアが三大陸（アジア、アフリカ、ヨーロッパ）の結節点であるがゆえに古くから都市文明と流通経済が発展した、という理解の仕方は、海域の視点が欠落しているという。三大陸の接点という見方は「陸域」の視点によるが、西アジアはインド洋と地中海という異なる海域の結節点でもある。

マッカのクライシュ族が商人として勃興《ぼっこう》したのが、シリアとイエメンを結ぶキャラバン貿易によるものであるこ

ダウ船　三角帆の木造帆船。季節風に乗り、古今、東西貿易に活躍してきた

とは、第一章で詳しく述べたが、彼らの商業もインド洋を通じた交易と地中海を結ぶものであった。確かに、西アジアを「文明の十字路」として見る場合、陸と海の両方の視点が必要であろう。

二つの海域をつなぐのは、ペルシア湾を軸とするネットワークと紅海を軸とするネットワークであり、ウマイヤ朝からアッバース朝前期において、この二つを軸として二つの海域が統合され、大きな国際交易ネットワークが発展することになったのである。

交易の中心バグダード

アッバース朝によって創建された「平安の都」バグダードが、第五代カリフ、ハールーンや第七代カリフ、マアムーンの時代に繁栄をきわめたことは、すでに述べた。その繁栄の基礎は、このような国際交易ネットワークの中心となったことにあった。このネットワークは、遠隔の地方が実質的な独立王朝として分立しても、変わりなく機能した。たとえば、ハールーンの代にチュニジアでアグラブ朝が自立したが、このような王朝は政治と徴税権において独立したとしても、バグダードのカリフの宗主権は認め、さらに経済的交流を続けた。

イスラーム文明は都市的である、としばしば言われる。かつてヨーロッパではイスラームを「沙漠の宗教」と誤解してきたが、近年は乾燥オアシス地域を背景にしているから「遊牧民の宗教」と誤解するような単純化はなくなった。実際、イスラームはマッカ、マディーナという都市で誕生し、発展したが、その教えは都市的なものと適合的であった。帝国となった後もイスラーム国家は、各地に都市を発展させ続け、イスラームの都市性はさらに洗練された。ウマイヤ朝、アッバース朝時代の都市の発展が、巨大な交易圏の成立を背景としていることは言うまでもない。

特に、帝都バグダードは、大きな発展を遂げた。市場（スーク）は初め、ティグリス川西岸に建設された円形都城の内部にあったが、治安上の理由もあって後に郊外に移された。それは都城の南側のカルフ地区であったが、この地区には遠隔地貿易を営む大商人、中小の店舗経営者、倉庫業者、両替商、市場の運搬人、職人などが集まり、数多くの消費者や仲買人などでにぎわった。イスラーム都市の市場は、同じ種類の商品を扱う店舗が同じ場所に集中して並んでいるのが、当時から今日に至るまで特徴となっている。

イスラーム都市には市場（スーク）がつきもの　イエメンの首都サナアの旧市街。著者撮影

細密画に描かれた浴場　15世紀の写本『ハムサ』の挿絵。イスラームは清潔と社交を推進した。大英図書館蔵

　バグダードには、カルフ地区だけではなく、大小の市場があちこちにあった。貴金属や装飾品、穀物、果物などの食料品、香料や薬物、衣料や布、書籍や文具などの市場が、通り毎に整然と並び、さまざまな出自の人々が行き交う市場の活気はどれほどのものだったであろうか。さらに、奴隷市場もあったであろう。人が行き交うのみならず、家畜を扱う市場もあったし、あるいは商品を積んだロバやラクダも見られたであろう。

　首都は一時サーマッラーに移り、またバグダードに戻ったが、今度はティグリス川の東岸で街が発展した。ティグリス川や運河、四方へ延びる街道は、この地が交易ネットワークの中心として機能するインフラを提供した。アッバース朝は、アラブ人優位のウマイヤ朝とは異なり、さまざまな民族からの改宗者をイスラーム的な原理で統合するものとなったため、豊かな才能や技能を持つ人々が出自にかかわりなく参画する社会が築かれた。これも、経済的繁栄と文化の発展に大いに寄与した。

　イスラーム以外の宗教を奉じる人々、ユダヤ教徒、キリスト教徒、ゾロアスター教徒も、マイノリティー宗教を包摂する仕組みによって、才能を発揮する場を得た。彼らは、特に商人として大いに活躍した。また、君主たちに仕えたユダヤ教徒やキリスト教徒の医師や官僚もたくさんいた。さらに言えば、シーア派の諸分派の人々も、自分たちの宗派ネットワークを利用して、商人として栄えることができた。イスラーム国家は一般に、他宗教に寛容であるのに比べると、イスラーム内部の分派に厳しい側面を持っているが、経済活動に関する限りこれはあてはまらなかった。

バグダードを建設した第二代カリフ、マンスールの時代に、バグダードには三万のモスクと一万の浴場があったという。イスラーム都市の規模はしばしば「モスクと浴場」で数えられる。イスラーム法は清潔・清浄を重視するため、沐浴《もくよく》のための公衆浴場はどんな場所でも必要とされた。モスクでは金曜日ごとに集団礼拝が捧げられるが、その前に沐浴することは「預言者の慣行」として尊ばれた。バグダードの最盛期である第五代カリフ、ハールーンから第七代カリフ、マアムーンの時代（七八六～八三三年）には、モスクが三〇万、浴場が六万軒もあったという。浴場それぞれに従業員（風呂たき、水汲み、ゴミ収集、監視）が五人だとすると、それだけでも三〇万人に達する。この最盛期の人口は、一五〇万人から二〇〇万人と推定されている。この人口は、ビザンツ帝国の都コンスタンチノープルよりも、唐の長安よりも多く、当時世界最大の都市であった。

農業と科学の発展

都市の発展は、都市への人口集中を生み、それが食糧需要を生む。近隣からの輸送だけでは足りないから、遠隔地から食糧を輸入するため、さらに交易が発達する。バグダードが発展しえたのは、メソポタミアの北部のジャズィーラ地方、中部のサワード地方のような豊かな農業地帯を控えていたためでもあった。

バグダードの人口が一五〇万人を数えた頃は、イラクの他の都市、たとえば大征服の初期に建てられたバスラ、クーファ、あるいはウマイヤ朝が建てたワースィトなども、一〇万人単位の人口を擁していたと思われる。イラクからペルシア湾のあたりの都市人口が四、五百万人、農村地帯を含めると一〇〇〇万人を超える人口があったとも推定されている。

これらの人口の食糧をまかないえたのは、不足する小麦をエジプト、シリア、イランなどから輸入する交易ネットワークにも拠っていたが、基本はティグリス川・ユーフラテス川流域地帯での農業生産力がこの頃の技術革新で高まったためであった。その中には、灌漑《かんがい》技術もあり、また、新種の農作物の導入もあった。それまで休耕していた時期に栽培できる作物を導入し、品種改良して広めるということが行われた。

熱帯・亜熱帯性の食用になる植物が、インドなどから広く取り入れられた。これらの植物は、次第に北アフリカにも広がり、やがてヨーロッパに達した。このため、イスラーム圏から植物とそのアラビア語名がヨーロッパに入り、後に日本に伝わったものも多い。私たちが「舶来」のものだと思っているが、実はイスラーム帝国が世界に広めた植物をあげるならば、柑橘《かんきつ》類のレモン、オレンジや、バナナ、サフランなど枚挙にいとまがない。現在では、マンゴーなども新しい果物として日本に定着しているが、これもインドから当時のイスラーム帝国を通じて西進した。さらに、私たちはご飯を洋食に付けるときは「ライス」と呼ぶが、ライスも語源はアラビア語の「ルッズ」であり、熱帯産のこの植物とその名称もイスラーム世界を経由してヨーロッパに伝わった。最盛期のバグダードでは、小麦ではなく、モロコシや

単語／事物	原語（アラビア語）
アマルガム（合金）	アル＝マルガム
アルカリ	アル＝カーリー
アルコール	アル＝クフール
キャンディー	カンド、カンディー（濃い砂糖汁）
コーヒー	カフワ（カフェもカフワから）
シャーベット	シャルバート
バナナ	バナーナ（原義は指から）
レモン	リームーン
サテン（繻子）	ザイトゥーニー（中国の地名泉州のアラビア語から）
ジャンパー	ジュッバ（長上着がポルトガル語を経由して日本では「襦袢」に）
ブラウス	バルスィー（古代エジプトの地名から）
モスリン（織物）	マウスィル／モスル（地名から）
キューポラ（丸屋根）	クッバ（現代では転じて溶鉱炉の意味も）
ジャー（壺、瓶）	ジャッラ
アルジェブラ（代数学）	アル＝ジャブル
キャメル（駱駝）	ジャマル
モヘア（アンゴラヤギの毛）	ムハイヤル（原義は特選品）
カラット（重さの単位）	キーラート
チェックメート（チェスの王手詰め）	シャー・マータ（「王は死んだ」の意）
マガジン（雑誌、武器庫）	マハーズィン
マスク（仮面）	マスハラ（「笑いの種」の意）
マットレス	マトラフ（原義は捨てる場所）
ラケット	ラハト（「手の平」の意）
アクラブ（さそり座β星）	アクラブ（「さそり」の意）
アルカイド（北斗七星の先端の星）	アル＝カーイド（「導く者」の意）
アルゲニブ（ペガスス座γ星）	アル＝ジャーニブ（「脇」の意）
アルタイル（わし座α星、牽牛星）	アッ＝ターイル（「飛ぶ」鷲の意）
アルデバラン（おうし座α星）	アッ＝ダバラーン（「続く者」の意）
デネブ（はくちょう座α星）	ザナブ（「尾」の意）
ドゥベ（おおぐま座α星）	ドゥッブ（「熊」の意）
ファクト（鳩座α星）	ファフト（「鳩」の意）
マルカブ（ペガスス座α星）	マルカブ（「乗り物」の意）
リゲル（オリオン座β星）	リジュル（「脚」の意）
ワサト（双子座δ星）	ワサト（「中央」の意）
ヴェガ（こと座α星、織女星）	アル＝ワーキウ（「降下する」鷲の意）

アラビア語起源の言葉

米から作られたパンを食していたようである。

農業技術以外の分野でも、イスラーム帝国は新しい文明の器となり、多くの分野で科学が発展した。第七代カリフ、マアムーンは、科学や哲学の文献のアラビア語訳を大量に進めさせた。これらの諸科学を吸収し、さらに独自に発展したイスラーム科学が成立することになった。国際的な交易ネットワークは文化交流も推進し、知識と科学も流通し、バグダードや他の都市が科学の中心となった。

数学もバグダードで発展した。今日残されているもっとも古い代数学の書は、八二〇年頃にフワーリズミーが著したもので、そこには二次方程式の解法も記されている。時代的には、アッバース朝第一〇代カリフ、ムタワッキルの頃である。ちなみに、フワーリズミーの名は、現代にも「アルゴリズム」という語になって伝わっている。イスラーム科学が数学に大きく貢献したことは意外と知られていないが、今日でも算用数字を「アラビア数字」と呼ぶことの中にその影響を見ることができる。

哲学や諸科学のアラビア語化は、すでに「聖典の言語」として特別の地位を持っていたアラビア語を、文明の媒体となる言語に鍛える働きを持った。アラビア語が、宗教、法、行政の共通語のみならず、科学の共通語となったことは、国際的なネットワークにとって大きな意味を持った。帝国が衰えてからも、アラビア語の地位は低下しなかったからである。

イスラーム世界の形成

融和の帝国

八世紀半ばからおよそ二世紀におよぶアッバース朝の繁栄期が作り出したのは、国際的な商業ネットワーク、それに立脚する大海域世界だけではなかった。「イスラーム世界」と呼ぶべきものも、この時代に確立されたと考えられる。

ウマイヤ朝からアッバース朝への交代が、アラブ人が支配するイスラーム王朝から、より普遍的なイスラーム帝国への転換を意味することは、第六章でも論じた。ウマイヤ朝時代には、征服された地の他の民族からイスラームに改宗した人々は「マワーリー」と呼ばれ、アラブ人ムスリムを擬似的な保護者としてウンマに参入した。これは、彼らをいわば「二級ムスリム」扱いするものであった。このことに対する不満がウマイヤ朝を打倒するエネルギーの一部となっていた。

これに対して、アッバース朝では、ムスリムは誰もが平等なウンマの構成員、という原則が貫かれた。もちろん、この原理の基礎はマディーナにおいて、ムハンマド時代から正統カリフ時代に確立されたというべきであろう。しかし、その後、帝国が成立していくにしたがって、アラブ的な紐帯《ちゅうたい》が優先され、その原理は揺らぐことになった。また、ウマイヤ朝からアッバース朝前期の時代は、クルアーンと預言者ムハンマドによって確立されたイスラームとは何か、をめぐって議論がなされ、その内容が体系化される時期であった。その意味で、ムスリムを平等な存在として、ウンマを民族・人種・言語などを超越する共同体として適用するような社会が広域にわたって作られたのは、アッバース朝時代であった。

これは、人口の宗教的構成の面からも考えることができる。ウマイヤ朝時代は、住民のほとんどが非ムスリムであった。特に初期においては、ムスリムとはアラブ人ムスリムのことであり、彼らが支配的エリート層をなした。イスラーム国家の主権と納税と引き換えに、マイノリティー宗教に自由と自治を付与するシステムはすでに成立していたとはいえ、政治上の「マイノリティー」が人口的に多数である限り、帝国は安定しきれない。常に、被統治民の反乱に備えている必要があるであろう。

ウマイヤ朝時代でも次第に住民の改宗が行われたが、彼らは「二級ムスリム」扱いに不満を持った。それが、アッバース朝時代になって解消されると、住民のイスラーム化がいっそう進み、一〇世紀頃には大半がムスリムとなっていた。改宗した人々を「同胞」として統合することによって、統治は安定することができた。その一方で、自治を守るマイノリティー宗教は、もはや人口的には脅威となることがなく、彼らを「庇護《ひご》される民」として安全を保障する仕組みが、共存を可能にするものとなった。

繁栄する経済が商業の機会や能力主義を発展させて、さまざまな出自の人々を参画させたことは、すでに見た通りである。帝国の官僚機構さえも、その機能を果たした。イスラーム世界とは、イスラーム的なシステムが運用されている場所と定義することができる。イスラーム的システムが機能するためには、それを主体的に担《にな》うムスリムが必要であろう。彼らが多数派を形成する一方、マイノリティー宗教の人々も、宗教共存を実現するシステムの一部として、その中に包摂される。そのシステムを象徴するのが、アッバース朝の「カリフ」という存在であった。

多くの地方王朝が、アッバース朝が衰えた後でもカリフの宗主権を認めたのは、彼らが、カリフが象徴するイスラーム的システムに依存していたからと考えられる。このシステムは、法を提供し、司法を担う法学者を提供するのみならず、人々が法に服すべき原理を提供し、統治者の正当性を提供するものであった。それがゆえに、実権を失った後も、アッバース朝は一三世紀半ばにモンゴル軍に滅ぼされるまで命脈を保ったのであり、その過程を通じて、ウンマの意識が各地に浸透し、イスラーム世界が東西に広がる基盤を作った。この原理は、アッバース朝が滅んでも、イスラーム的な価値として多くの地域で維持され続けることになった。

言いかえれば、アッバース朝は、イスラーム的な融和の原理を世界帝国の実践的な原理として確立することに成功した。その原理が実践される社会的・政治的空間、つまり帝国の版図を築いたのは「剣のジハード」であった。しかし、剣のジハードはそれ自体は目的ではなく、宗教と社会を統合したウンマを建設するための方途であった、と総括することができる。

ちなみに、後にイスラーム化が進んだ東アフリカや東南アジアなどを見ると、軍事的な征服がなく、商業ネットワークに沿ってイスラームが浸透したことがはっきりとわかる。これは、いったんイスラーム的なシステムが成立した後は、そのシステムが広まるのに帝国は必ずしも必要ないことを示しているであろう。

改宗とイスラーム化の進展

かつて、イスラーム史の通説では、イスラームの大征服と共に、被征服地の住民が大挙改宗したと考えられていた。要するに、ウマイヤ朝時代に住民のイスラーム化が進んだという見方である。この通説は、古くからヨーロッパで持たれていた「イスラームは剣の力で広まった」という俗説に近い面を持っている。その説によれば、大量改宗の理由は、庇護される民が支払う人頭税（ジズヤ）を逃れるためであった、と説明されていた。

しかし、その後の研究の進展によって、事実としてそのような速度では大量改宗がなかったことがはっきりしてきた。イランの場合、住民の大半が改宗するまで、三世紀ほどかかったと考えられる。改宗の速度は、地域によって異なるようで、一様ではない。

シリアなどは、イスラーム以前からアラブ人が住んでいたから、彼らがイスラームを受容する速度は他よりも速かったと思われる。また、イスラームは始めはアラブ人ムスリムたちによってもたらされたが、彼らは当初、地域の住民とは別に集住して暮らしていた。それには軍事的な理由もあるが、アラビア半島からの移住者が故郷にできるだけ近い地理的条件の場所を選んで住んだためでもある。征服初期のイラクで、クーファやバスラという町が建設

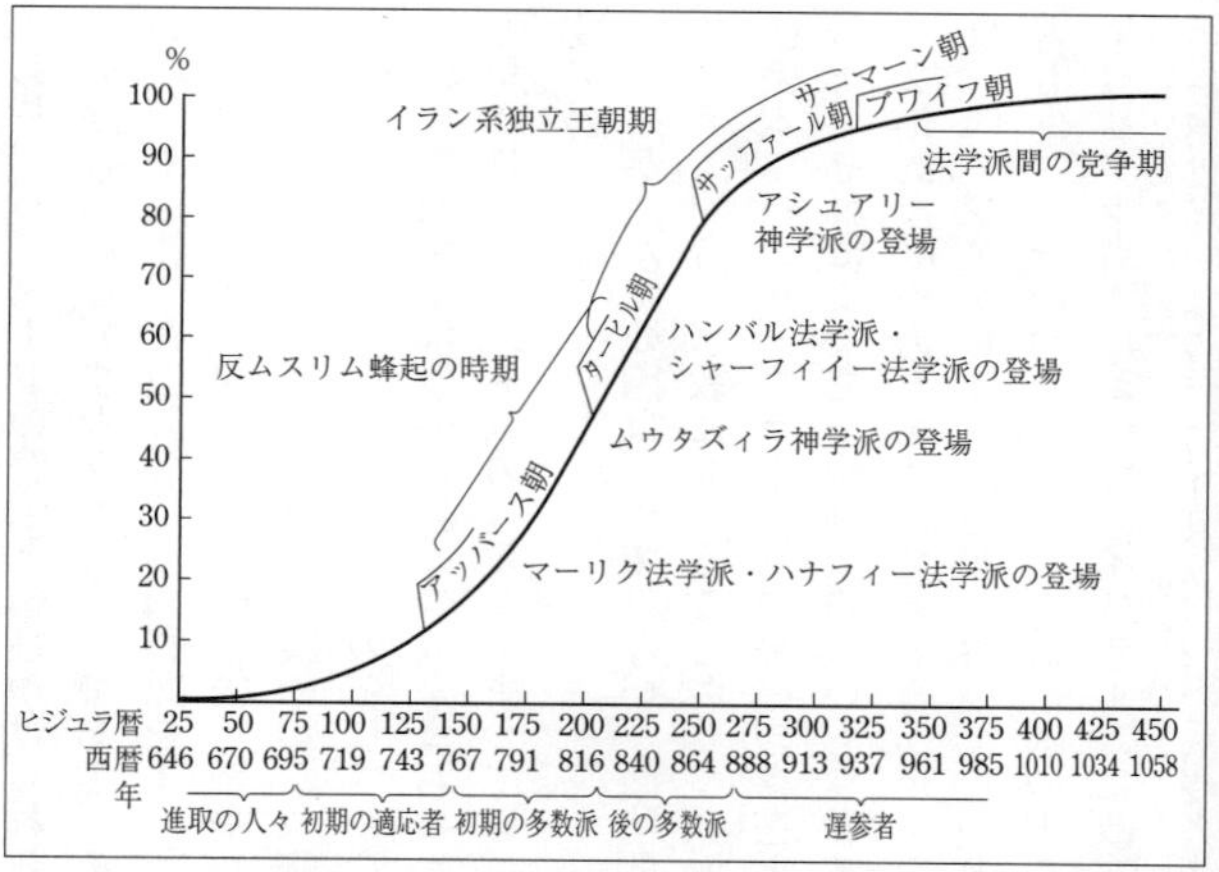

イスラーム化の進展　イランの例　リチャード・バレット『中世期におけるイスラームへの改宗——計量的歴史研究』（1979年）より作成

されたのは、北イラクに進駐したアラブ人たちが気候風土が合わず疲弊《ひへい》したため、彼らに適した地に居住地を作る必要が生じたためであった。

　ササン朝ペルシアを崩壊させ、ビザンツ帝国をシリア、エジプト、北アフリカから駆逐《くちく》したイスラーム軍を見ると、彼らは勇猛果敢な戦士たちのように思われるが、彼らも人の子であるから、気候・風土や食べ物については変化に弱かったに違いない。たとえば、「暑さに強い」と言う場合でも、乾燥地帯の灼熱と蒸し暑さでは種類が違う。アラビア半島は乾燥しているが、イラクやペルシア湾岸はそうではない。湿気があるところの暑さは全く別物である。

　ちなみに、アッバース朝第五代カリフ、ハールーンは、バグダードの生まれであり、バグダードの繁栄と結びつけられることが多いが、本人は「蒸し風呂」と呼んで、この地の気候を好まなかったようである。そのためもあってか、ハールーンはビザンツ領への攻勢や巡礼、帝国の各地への移動をよく行った。

話題を戻すと、改宗は大征服の後、緩やかな速度で進んだ。もし、徴税が嫌で大量改宗した、という説が誤りであれば、緩やかな改宗の理由は何であろうか。たとえ緩やかでも、この改宗プロセスは不可逆的なものとしておこった。いったん、住民がイスラーム化すると、これらの地域では他の宗教への改宗はおこっていない。それは近代にいたって、西洋列強の支配と共にキリスト教の宣教が始まっても、ほとんど影響がなかった事実を見ても明らかであろう。

改宗が進んだ要因は一つではない。政治的・社会的な理由があったことは疑いえないであろう。支配者の宗教に加わることで、多数派の一部になること、特にアッバース朝において改宗ムスリムがイスラーム的に平等の存在とされるようになってからは、この要素は大きかった。それによって、税制上の扱いも変わることは魅力の一部であった。

文化的な吸引力もあったであろう。イスラーム帝国によって新しい文明が成立した。これは、西アジアから地中海地域においてもっとも先進的な文明となったから、それに惹かれる者も少なくなかった。イスラーム帝国の中心部のみならず、アンダルス（イスラーム時代のイベリア半島）において、イスラームに改宗しないキリスト教徒さえも、その文化に同化して「モサラベ（アラブ化した人々）」と呼ばれるほどであった。九世紀のある神父は、若者たちがアラビア語の詩に夢中でラテン語の学習をやめてしまった、と嘆く記録を残している。

宗教的な理由も、当然あったであろう。各地に移住したムスリムたち、また改宗したムスリムたち自身も、イスラームへのダアワ（呼びかけ）を自らの責務としたから、さまざまな布教が行われた。

この点で言えば、ハワーリジュ派、シーア派の諸分派も熱心であった。アッバース朝革命の際に、革命運動がホラーサーン地方で既存のムスリムのみならず、新しい改宗者の獲得に努力していたことに触れたが、勢力の伸張をめざす分派はいずれも、中央権力から遠い土地で新人を開拓することに熱心であった。また、新しい改宗者が、そのような分派に惹かれるということも、しばしば起きた。イスラームは何も、正統な教義だけによって広まったわけではない。

ウラマーの勃興

本章の冒頭で述べたように、アッバース朝第七代カリフが自分が支持する教説を強制するために「ミフナ（審問）」を設け、三代にわたって執行したが、ウラマーたちの抵抗にあって、カリフの側が敗北した。そのような過程で、ウラマーが社会集団として勃興《ぼっこう》した。彼らの隆盛には、改宗者の増大も大きな要素となっている。

ムハンマドの教えを継ごうとして、宗教や法の知識を持つ人々が互いに交流し、ウラマー集団を形成するようになった。彼らの需要が大きく増えたのは、一つには、改宗によってムスリムの絶対数が増加したためと考えられる。また、改宗者たちの中に、自分が新しく入った宗教を学ぼうと熱心に教師を求める者がいたことも、ウラマーの需要を増やし、社会的地位を強化した。

イスラームの知的な体系化も、部分的にはこのことから説明される。たとえば、イラクはササン朝ペルシアの中心地であったから、そこではペルシア人の改宗者も多くいた。この地で発展した法学派は、演繹《えんえき》的な議論を好んでする。それは、教養の高いペルシア人の改宗者たちが、何かにつけ「それはなぜか」と問うためであった。マディーナで発展した法学派が、もっぱらムハンマド時代から継承されている慣行を重視したのと、明らかな対照をなしている。

改宗者およびその子弟たちが、新しい宗教に熱中したことは、ウラマーの相当数が彼らに担われるようになったことからもわかる。それを端的に示すのは、ハディース学であろう。ハディース学者たちの中に、新参者の子孫が多く含まれている。

預言者言行録であるハディースは、ムハンマドの行為や発言、あるいは弟子たちに対する許諾を記録したものである。それは、クルアーンに次ぐイスラームの典拠として大きな重要性を持った。ところが、ウマイヤ朝からアッバース朝初期にかけて、多くの偽造ハディースが流布するようになった。さまざまな批判を浴びたウマイヤ朝が、自己を正当化しようとして預言者がウマイヤ家を讃《たた》えたハディースを偽造したり、逆にシーア派がアリー家を讃えるハディースを広めようとしたり、さらには物語師が金銭のために作り話をするなど、種々の理由でハディースが偽造された。ウラマーたちは、それを識別しようと、ハディース学を発展させた。

彼らは、いかに信憑性を測るかという学問を体系化し、ハディースの語り手、内容、伝承の文脈などを吟味して、識別作業を行った。バグダードは、その学問的中心となった。今日、多数派が認めている六つの主要なハディース集が成立したのは、九世紀後半から一〇世紀初頭である。その中でも、もっとも権威が高いのは、ブハーリー（八七〇年没）で、彼は一〇〇万ものハディースを収集し、そのうち七千余を真正と判別して『真正集』にまとめた。その名「ブハーラー（ボハラ）出身者」が示すように、彼は中央アジア出身のペルシア系の人物であった。

ブハーリーの『真正集』扉頁　この版（2000年）ではブハーリーから現代まで19代の子弟相伝が記されている

ブハーリーの祖先は、この地域がイスラーム軍に征服された際に捕虜となり、その息子がイスラームに改宗して総督ジュウフィーのマウラー（庇護者）となった。その曾孫が、この著名なハディース学者となった。三代の間に十分アラブ化していたにしても、ペルシア系の人物が、クルアーンに次ぐアラビア語典拠であるハディースの権威となったこと、しかも全イスラーム史を通じてハディース学の最高峰とされるようになったことは驚きに値する。

　これは、イスラーム社会の統合力をよく示すと共に、ウラマーという社会階層が知的能力だけを基準に強力な構成員をリクルートする機能を持っていたことを表している。ウラマーは長い歴史を通して、農村部や都市下層の「神童」たちを糾合し、彼らが社会的に上昇する回路を提供するものとなった。

第八章　帝国の終焉とパクス・イスラミカ

大帝国の分解

ファーティマ朝の挑戦

広大な版図を支配し、イスラーム世界を実質的に成立させたアッバース朝も、一〇世紀半ば以降、次第に内部で分解し始めた。さらに、外側からもさまざまな危機が生じた。その最大のものは、ファーティマ朝の挑戦であった。九六九年にエジプトを征服したファーティマ朝が、いよいよイスラーム世界の心臓部であるバグダードをうかがう形勢を見せ始めたからである。

「ファーティマ」はあらためて述べるまでもなく、預言者ムハンマドの末娘であり、ムハンマドの従弟で第四代カリフとなったアリーと結婚した。そのため、ムハンマドの子孫はこの二人の血を引く者となった。ファーティマ朝は、その名によって彼らがこの血筋に属していることを示している（なお、当時は「アリーの王朝」などと名のっていた）。

ということは、彼らはシーア派であった。しかも、その中の急進派と言うべき、イスマーイール派に属していた。シーア派については、アッバース朝革命に関連して少し述べた。シーア派はもともと、アリーおよび彼の一族に共感を寄せる人々が、時代の政治状況に裏切られ続けることで、独自の世界観と歴史観を持つに至った。

まず最初に、アリーの支持者たちにとって、預言者ムハンマドの没時にアリーこそが後継者にふさわしいと思われた。残念ながら、その時はアブー・バクルが第一代カリフとなった。アリーがムハンマドの葬儀の準備で忙しく後継者選出に関与していなかったこともあるし、また、長老としてはまだ若かったためもあろう。いずれにしても、当時の不満は潜在的なものに過ぎない。アリーがようやく第四代カリフになった時、その支持者たちは満足を覚えたであろう。

しかし、アリーの治世は戦乱に明け暮れ、彼自身も分派であるハワーリジュ派の凶刃に斃《たお》れた。その息子ハサンは、争いを避け、ムアーウィヤがウマイヤ朝を樹立することを容認した。歴史的なカリフ論の中には、ハサンが半年間、第五代カリフであった（その後、ムアーウィヤに譲った）という記述も見られるが、実効的な支配はなかった。ハサンの弟フサインは、ウマイヤ朝への怨嗟の声に押されて、蜂起《ほうき》の指導者となろうとしたが、カルバラーの地でウマイヤ朝軍に殲滅《せんめつ》された。六八〇年の「カルバラーの悲劇」であり、これがシーア派を生む衝撃的事件となった。

歴史に「もし」はないが、もしもハサン、フサインがアリーを継いで「アリー王朝」が開かれていたら、シーア派は生まれなかったかもしれない。シーア派はアリーの一族を指導者として奉じるだけではなく、彼らが現実によって裏切られ続けたという思いによって、結集している。
カルバラーの事件以後、シーア派は誰をイマーム（指導者）として奉じるかで、さまざまに分かれた。その分裂を解決して革命を成功させる方法を編み出したのが、アッバース朝革命の指導者であった。彼らは、「皆が満足する人を指導者に」というスローガンで反乱軍を統一し、ついにウマイヤ朝を打倒した。しかし、蓋を開けてみると、アリー家ではなく、アッバース家の子孫がカリフとなった。シーア派は、再び政治の現実に裏切られたのであった。

この後のシーア派運動を成功に導いたのは、第七代イマームであったイスマーイールの子孫を奉じる人々であった。これが、ファーティマ朝を創建したイスマーイール派である。もともとは、イスマーイール（または彼の息子）が救世主マフディーで、終末まで姿を隠しているのだ、というのが教義だったようであるが、イスマーイールの子孫を名のる人々がイマーム位は代々継承されてきたと主張するようになった。

彼らの指導者が、ファーティマ朝の初代カリフとして「マフディー（導かれた者）」の称号を名のることになる。その教宣員たちは初め、帝国の中心バグダードから遠く離れた地域で賛同者を募り、組織を広めた。特に成功を収めたのは、今日のチュニジアである。ここには、北アフリカを征服したウクバが建設した都カイラワーンがあるが、そこから一二〇キロほど離れた海岸部に、彼らはマフディーヤという名の要塞都市を築いた。

この名は、「マフディーの町」という意味である。この町を訪れた時、筆者は地形と城塞《じょうさい》

城壁が残るカイロ旧市街　ズウェイラ門とモスクのミナレット。著者撮影

を活用した要害をなしていることに感心した。海に突き出た小さな半島の入り口を堅牢な城壁でふさぎ、その城門だけが内側への出入り口となっている。しかし、全体としての規模は小さく、帝国の大軍に陸海から囲まれても持ちこたえられるというほどではない。

この要塞都市は、むしろ出撃拠点であった。ファーティマ朝は、ここからアグラブ朝を倒してチュニジアを征服し、さらにそこから東に軍を進めて、エジプトを征服した。

新都カイロの建設

征服軍を指揮したのは、ジャウハルと呼ばれる奴隷軍人であった。エジプトの征服が完了すると、ファーティマ朝第四代カリフが東遷した。この時、カイロの都も新たに建設された。イスラーム軍に征服されて以来、エジプトの首都はずっと今日のカイロのあたりにあったが、それまであった首都の北側に「カイロ」という名の新都を築いたのは、ファーティマ朝の功績であった。カイロとは「カーヒラ（勝利する都）」の訛音であるが、「勝利する都」という命名には、イスラーム帝国の中央を狙うファーティマ朝の覇気がよく示されている。

このカイロの町は、やがて南側にあるそれまでの首都地域であるフスタート、カターイーなどを合わせて「イスラーム的カイロ」「カイロ旧市街」と呼ばれるようになるが、方形のカイロを囲む城壁の一部は今日まで残っており、その境界がよくわかる。ファーティマ朝の建てたカイロには東西南北を貫いて十字に交わる大通りがあって、交差点の近くに大モスクと宮殿が建てられた。宮殿は大通りをはさんで二つあり、大通りは「二宮殿の間（バイナ・アル＝カスライニ）」とも呼ばれた。大通りの北端にはナスル門、南端にはズウェイラ門が現在も威容を残している。筆者は、ズウェイラ門から徒歩五分のところに二年ほど暮らしたが、この門を通って、現在はスーク（市場）になっている大通りをよく歩いたことを思い出す。

大モスクは「アズハル・モスク」と名づけられた。現在でも、一〇世紀に建てられたその場所にあり、ファーティマ朝時代に学問所として機能して以来、イスラーム諸学の中心地の一つであり続けている。「アズハル」とは花が咲き乱れている様子を指す最上級の語であるが、それはファーティマがその女性形（ザフラー）という名を持っていたことにちなんでいる。ここにも、ファーティマ朝の特徴がよく現れている。

アズハル・モスク　新都カイロには新しい中央モスクが建てられた

ファーティマ朝の勢威は、またたくまに広がり、イスラーム帝国の版図のほぼ半分を占めるに至った。最盛期の版図は、エジプトを中心に、西は現在のアルジェリア、南は北スーダン、東はシリア、ヒジャーズ地方まで広がり、二聖都のみならず、紅海の貿易ネットワークを支配した。

カリフの鼎立

ファーティマ朝がアッバース朝の権威に挑戦したことは、彼らが「カリフ」を名のったことによく現れている。他の諸王朝は、アッバース朝から実質的に独立する場合でも、アッバース朝の宗主権を認めて、カリフの権威下の地方的な統治権者というスタイルを取った。しかし、ファーティマ朝は、ウンマを統率するカリフとして、アッバース朝にとって代わろうとした。

アッバース朝にとって頭の痛いことは、この動きに誘発されて、遠くアンダルスの地で後ウマイヤ朝も「カリフ」を名のったことであった。後ウマイヤ朝は、アッバース朝に倒されたウマイヤ家の生き残りが、西へ落ちのびて、七五六年にイベリア半島で興した王朝である。同じスンナ派に属するため、預言者の後継者たるカリフはただ一人、という原則を守り、それまでアミールの称号を用いていた。

アミールは「指揮官」を意味し、カリフに直接任命される指揮官の場合も、地方王朝の君主の場合もあった。ところが、九一〇年にファーティマ朝がカリフを称するようになったため、後ウマイヤ朝にとっても敷居が低くなった。もともと、ウマイヤ朝カリフの末裔《まつえい》である

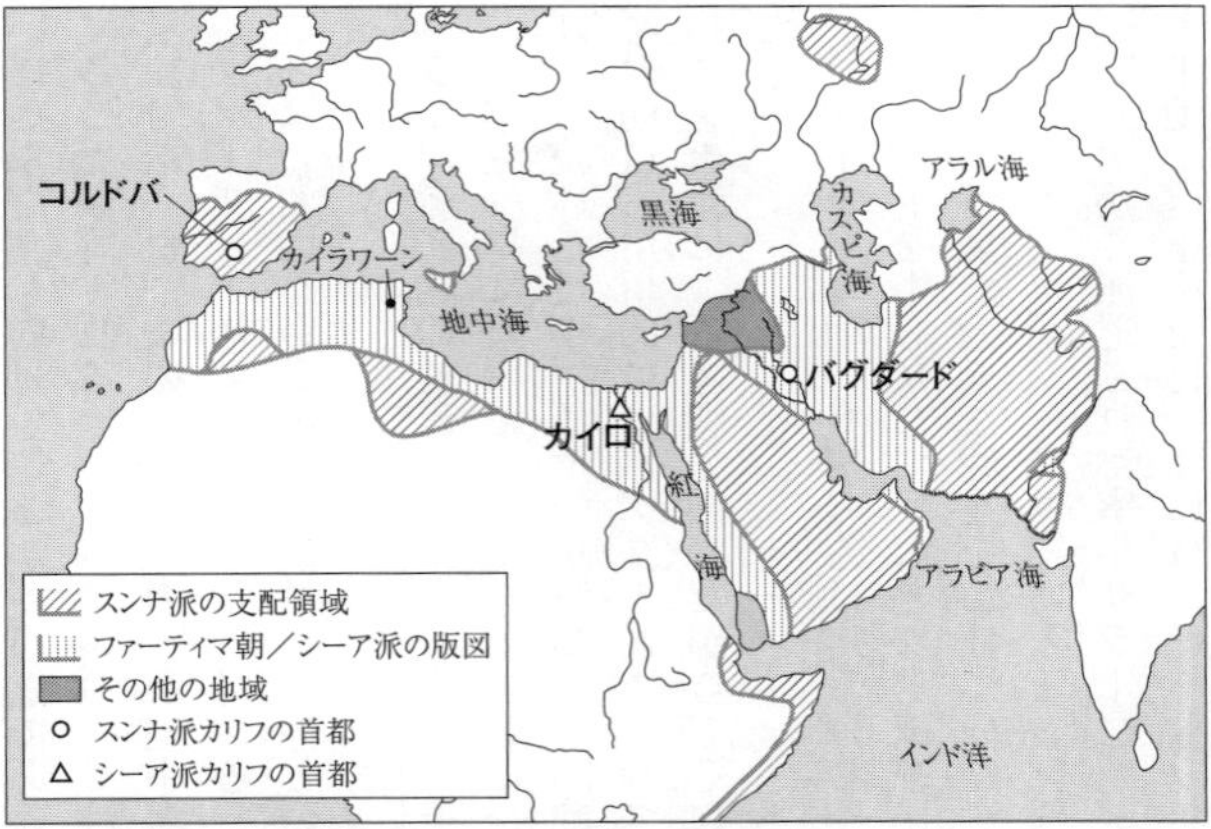

カリフ制の鼎立　10世紀末ごろの版図

から、カリフを名のることはそれほど不当ではない。九二九年、後ウマイヤ朝はカリフ位を称した。ここから、ほぼ一世紀にわたって、三人のカリフが鼎立する状態が続いた。さらに、ファーティマ朝がエジプトを征服して、カイロを都とすると、いよいよこの鼎立状態は、アッバース朝カリフを圧迫した。

バグダード、カイロ、コルドバの三つの都の玉座にカリフがいる状態は、かつてない事態であり、多くのムスリムたちを困惑させたに違いない。政治理論を論じる法学者・神学者たちも、困惑したであろう。

一一世紀に活躍した著名な神学者アブドゥルカーヒル・バグダーディー（一〇三八年没）は、『宗教の根幹の書』の中で、ウンマの元首の数について論じて、「元首は一時には一人のみ」と述べたあと、但し書きをつけて、「ただし、二つの国の間に海があって互いに援軍を差し向けることが不可能である（ほど離れている）場合は、それぞれに元首を立てることが許される」と述べている。これは、後ウマイヤ朝のカリフ位を正当化するための議論であった。この場合の「海」が地中海を指していることは言うまでもない。もっとも、バグダーディーはスンナ派の学者であるため、さすがにシーア派のファーティマ朝を認めることはしていない。そのカリフは僭称《せんしょう》という考え方であった。

シーア派王朝の終焉

一〇三一年になって、アッバース朝は一息ついたかもしれない。アンダルスで、八世紀半ばから続いた後ウマイヤ朝が滅び、小国乱立の時代を迎えたからである。遠い西方の後ウマイヤ朝は、軍事的にはバグダードにとって脅威ではなかったものの、正当性という点では同じスンナ派による挑戦であったから、その終焉《しゅうえん》はアッバース朝にとっては幸いなことであった。

ファーティマ朝の脅威の方は、しばらく続く。ファーティマ朝は強大な軍隊を持ち、豊かなエジプトを中心にして、大きな勢威を持った。さらに、紅海をはさんで、インド洋と地中海を結ぶ貿易で大きな利益をあげていた。しかし、一一世紀末に十字軍の襲来でパレスチナ地方を失ったほか、一二世紀に入ると宮廷内の争いや軍閥の抗争で弱体化した。

シリアから派遣された宰相《さいしょう》サラーフッディーンが実権を握って、最後のカリフの死をもって王朝に終止符を打ったのは、一一七一年のことであった。サラーフッディーン自身は、自らの王朝（アイユーブ朝）を始めた。

彼はスンナ派に属していたから、ここにそれまで最強であったシーア派の王朝が滅びたことになる。このことは同時に、シーア派の中でも、イスマーイール派の最盛期が終わったことを意味した。その後のイスマーイール派は今日に至るまで、二度と主流派に返り咲くことはない。

歴史を振り返って見ると、九〇九年から一一七一年に至るファーティマ朝の時代、特にその最盛期であった一〇世紀後半から一一世紀にかけて、イスマーイール派のヘゲモニーがきわめて広い範囲に及んだ。他派も含めて、シーア派の影響力がこれほど広がった時代は、ほかにはない。

ファーティマ朝の強みは、アリーとファーティマの血を引く指導者が統治するという点にあった。シーア派は、彼らの系譜がもっとも指導者にふさわしいという思いと、それが政治の現実に裏切られているという思いが合わさって成り立っているから、その指導者が現実の権力を握ることは、シーア派にとって理想的な状態であった。しかし、その強みは、イマームの統治が単なる権力支配に堕するとき、弱点となる。ファーティマ朝の末期は、まさにそのような状態となった。イスマーイール派が衰退したのは、そのことも一因となっている。

代わってシーア派の主流となるのは、一二イマーム派と呼ばれる派である。彼らは、その名の通り、一二人のイマームを認める。イスマーイール派は、第七代イマームに指名されながらも早世したイスマーイールとその子孫を奉じるが、一二イマーム派は、イスマーイール

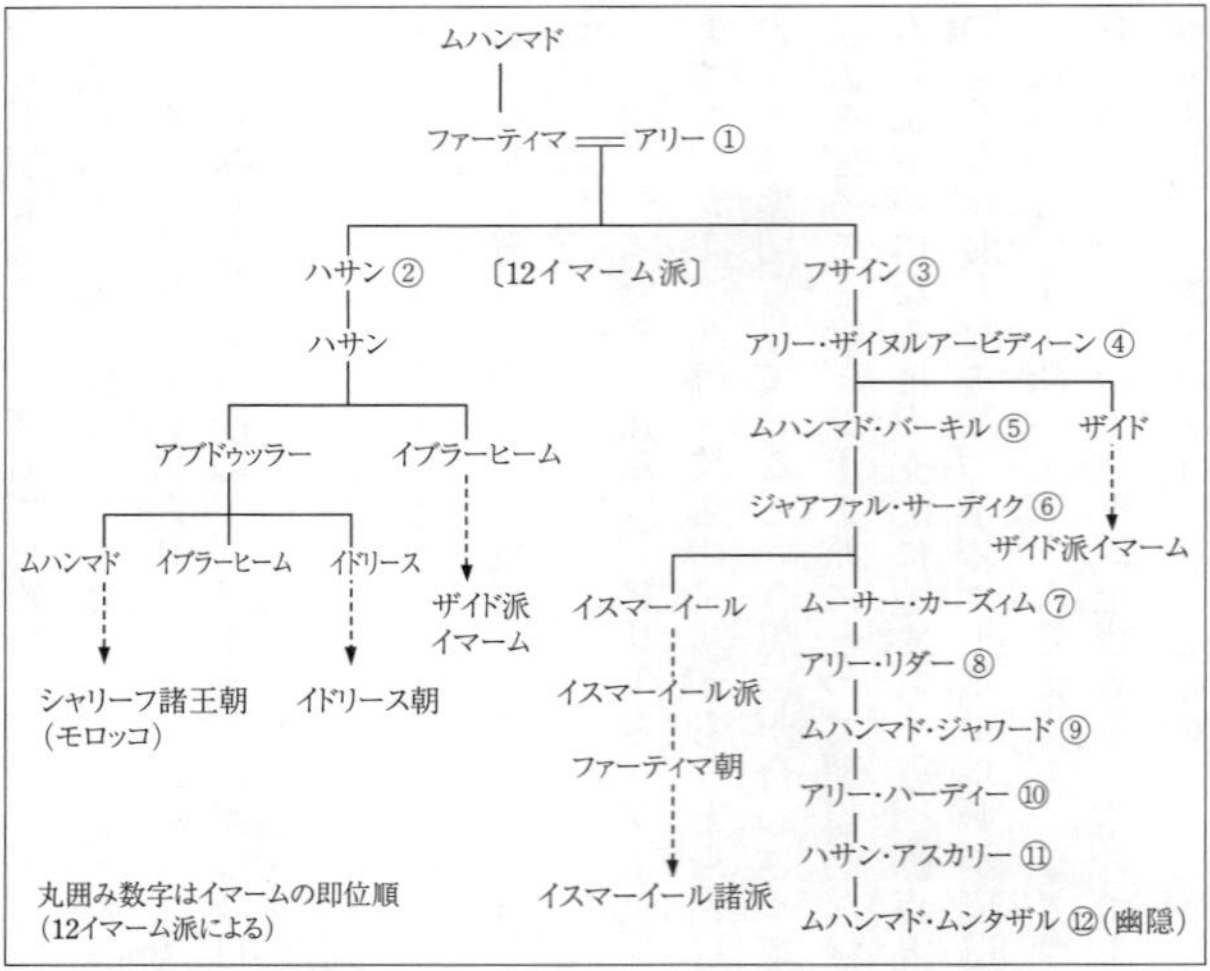

シーア派イマームの系譜

が死んだ後に弟のムーサーを実際の第七代イマームとして奉じた。さらに、五代にわたって続くが、第一二代にいたってイマームは「ガイバ（幽隠）」の状態になった（九四〇年）。これはイマームは生きているものの、この世から姿を隠しているという状態である。一二イマーム派の信条では、最後のイマームはやがて終末の前に再臨することになっている。

指導者のサイクルが一二人をもって完結するというこの理論は、イマームが不在となるという弱点を抱えているが、実際のイマームがいないために、理想的人間としてのイマーム像と現実権力の堕落とを分離できるという長所を持っている。これは、イスマーイール派の長所・短所と、ちょうど逆の形である。

一二イマーム派は、シーア派の中で次第に勢力を伸ばし、一六世紀初頭に成立したサファヴィー朝がイランでこの派を公式学派にして以降、中東の一角に着実に根を下ろした。イラン、アゼルバイジャンなどで多数派となったほか、イラクでも、特に一九世紀以降人口の過半を占めるようになって、現在に至っている。

いずれにせよ、それは後世のことである。ファーティマ朝が消滅した一二世紀に戻ろう。

モンゴル軍の襲来

ファーティマ朝の滅亡はアッバース朝にとってよいニュースではあったものの、その脅威が去ったからと言って、弱体化していたアッバース朝そのものが復活したわけではない。しかし、一〇世紀以降のアッバース朝は、ウンマの宗主権という意味でのカリフ位を保持することが存在意義であったから、その宗主権を認める王朝が現れることで命脈を保つことができた。

その仕組みは、九四六年にブワイフ朝の君主がバグダードに入城した時に、「大アミール」の称号を授かった時に始まった。一〇三八年に成立したセルジューク朝も、一〇五五年にバグダードに入り、スルターンの称号を得た。スルターンとは「実権者」「権力者」を意味するが、要は覇者の称号であり、ここから統治の正当性を軸とする「カリフ制」の時代から、支配の実効性を軸とする「スルターン制」へと移行し始めた。

セルジューク朝の時代には、宰相ニザームルムルク（その名は「王権の秩序」の意）が登場し、バグダードに彼の名をとった学院を設立した。このあたりから、イスラームの学院制度が確立し、教育制度が充実していく。ウラマーも、教育者としての社会的役割を持つと同時に、ウラマー集団を再生産する制度を得て、社会階層として安定するようになった。

セルジューク朝時代のアッバース朝カリフは、名目上はウンマの代表者であるが、現実的にはセルジューク朝君主に正当性を付与する貴族的な存在にすぎない。この長期的な凋落を逆転させようとしたのは、第三四代カリフ、ナースィル（在位一一八〇〜一二二五年）であった。彼は、政治的実権を取り戻そうとして、ホラズム・シャー王朝をそそのかしてセルジューク朝を滅ぼさせた。しかし、このようなことで本当の実権を取り戻せるものではなかった。

まもなく、東からモンゴル軍の砂塵が上がり始める。チンギス・ハンに率いられたモンゴル帝国がユーラシア大陸を史上もっとも広範囲に統合したことは、疑いを入れない。イスラーム帝国が東西貿易の広域ネットワークとして編成した世界は、モンゴルの大征服によって「面」となる。しかし、モンゴル軍の襲来はまずは、イスラーム帝国にとって最悪の一撃となった。

一二五八年、イラクに襲来したモンゴル軍はチンギス・ハンの孫フラグが率いていた。第三七代カリフ、ムスタアスィムは降伏したが、赦《ゆる》されず処刑された。都の住民も多くが虐《ぎゃ》殺《くさつ》されたが、実数はわからない。推計は、一〇万人程度から一〇〇万人まで幅がある。宮殿

モンゴル軍によるバグダード陥落　14世紀の写本『集史』の挿絵。フランス国立図書館蔵

や大モスクなどの主要な建物も多くが破壊された。

この時、大図書館ほか、数多くあった公共の図書館も燃え落ち、貴重な史料が失われている。ティグリス川に投げ込まれた書物のインクで、川の水が黒く染まったという。実のところ、筆者のようなイスラーム研究者にとってみれば、バグダードで数多くの書物が失われたことは、実に巨大な喪失であった。イスラームの歴史や思想史には、史料が足りなくて、解決しようのない論争がいくつかあるが、バグダードで焼けた史料の中に答えがあると想像できる場合も少なくない。

一時は世界最大の都市であったバグダードは、モンゴル軍による破壊から二度と立ち直ることができなかった。メソポタミアの農業生産は低下し、バグダードは単なる地方都市となった。実のところ、再び都となるのは、二〇世紀にはいってイラク王国がつくられてからであり、大都市として発展し始めるのは一九七〇年代以降に石油の富が流入するようになってからである。

カリフの末裔

バグダードの陥落は、イスラーム帝国の一つの時代の終焉を示すものであった。とはいえ、すでに政治的な実質をほとんど失っていたアッバース朝が、カリフ位の力によって一三世紀半ばまで生き延びたことは、驚異的と言うべきかもしれない。アブー・バクルによって始められたカリフ制は、ウマイヤ朝、アッバース朝と六世紀以上も続いた。

カリフ位のその後について、簡単に述べておこう。バグダード陥落の際に、最後のカリフは殺害されたが、一族の一人が落ちのび、カイロに向かった。当時はすでに、新興のマムルーク朝時代となっていたが、この王朝もスンナ派であり、アッバース家の末裔を手厚くもてなした。これ以降、アッバース朝カリフは、マムルーク朝に庇護《ひご》された貴族のようなものとなった。マムルーク朝のスルターンにとってみれば、ウンマの代表者たるカリフによって君主としての正当性を保障されることができ、非常に便利な存在であった。

カリフ制論は、古典的なイスラーム政治理論の中で大きな重要性を持っているが、その集成を行ったカルカシャンディー（一三五五〜一四一八）は、マムルーク朝の官僚かつ文人であった。彼は、理念的なカリフ論を述べつつも、同時代のカイロにおけるカリフについて深い敬意を表している。

この亡命貴族のようなカリフは、オスマン朝のセリム一世が一五一七年にエジプトを征服し、マムルーク朝を滅ぼしたときに、その命脈が尽きた。当時のオスマン帝国は力に満ちあふれており、カリフ位には何の魅力も感じなかったであろう。イスラームの政治理論もすでに形骸《けいがい》的なカリフなどではなく、実体的な権力者がイスラーム法を実施することに正当性を求めていた。セリム一世はカリフの称号に、玉座の飾りとしてすら一顧だにしなかった。

オスマン帝国は、最大のイスラーム帝国として、また二聖都の守護者として、イスラーム世界を代表する王朝として長らく君臨した。しかし、一九世紀にはいって西洋に対して劣勢が明らかとなると、イスラーム世界の広範な支持を集める必要に迫られ、オスマン朝のスルターン（オスマン語ではスルタン）が同時にカリフであるという主張がされるようになった。それによれば、エジプトを征服した際に、セリム一世が最後のアッバース朝カリフから、その位を譲られたのだという。

一九世紀末には、オスマン朝君主がスルターン・カリフであるという認識がイスラーム世界に広まっていた。一九二二年にオスマン朝が終焉した時、まず、スルターン位が消滅した。カリフ位は名目的な称号として残ったが、それも一九二四年に、前年に成立したトルコ共和国政府の決定として、廃止された。

カリフの称号が、アッバース朝の滅亡後も二〇世紀まで、ほぼ八世紀にわたって生き延びたことは奇異とするに値する。それほど、カリフという観念は重要だったのであろうか。結論から言えば、そうではなかったであろう。カリフは、ウンマ（イスラーム共同体）の一体性の象徴であった。大事なのは、ウンマの一体性という信条であり、カリフ位の効用はそれに付随するものであったと思われる。

ウンマの意識はアッバース朝によって確固としたものとなっていた。カリフは、その執行権を握る統治者として、また一体的なウンマの象徴として意味を持っていた。しかし、一〇世紀に入ると統治権は形骸化し、次第にウンマの統一性と執行権の正当性を象徴するだけの存在となった。しかし、ウラマー集団が勃興《ぼっこう》し、政治的にもスルターン制ないしは実権制が浸透する過程で、ウンマの実在は、イスラーム法の一体性と実効性によっても保障されるものとなった。その時点で、たとえカリフがいなくなっても、ウンマの一体性という信条も、あるいはその信条によるウンマの実在も継続する条件が整っていたであろう。

一三世紀にアッバース朝が滅びた後も、カイロでマムルーク朝によってカリフ位が維持されたことは、カリフの存在によってウンマの実在が保障されるのではなく、逆に、ウンマの一体性という信条がその象徴としてのカリフに権威を与える構造を示すものであったと考えられる。

多極化の時代

諸王朝の栄え

バグダードは陥落し、アッバース朝は滅びた。そのことは一つの重要な帝国の最期《さいご》を意味した。しかし、それはイスラーム社会の終わりを意味するものでは全くなかった。モンゴル軍は強力であったが、モンゴルに征服されたイスラーム地域で生き延びたのはイスラームであった。西アジアでは、その後、モンゴル系のイスラーム王朝が栄えるようになった。

バグダードを陥落させたフラグはイル・ハーン朝（一二五六～一三三六頃）を開いた。二代にわたる君主が仏教徒で、親キリスト教を外交路線としたのに対して、第三代目になって、住民を慰撫《いぶ》するためにイスラームに改宗した。さらに、チンギス・ハン家の娘婿としての系譜を重視するティムール朝（一三七〇～一五〇七）、さらにインドでも、ティムールの子孫が開いたムガル帝国（ムガルはモンゴルの意の誤称が起源、一五二六～一八五八）などが栄えた。

イスラーム諸王朝が各地に林立する状態を、イスラーム帝国の多極化と呼ぶこともできる。イスラーム帝国の後継者たちは、帝国と呼べるほどの王朝を建てる場合も、地方的な王朝に過ぎない場合もあった。いずれも、イスラーム社会を前提として、イスラームによって正当化される権力を行使したという点で、イスラーム帝国の継承者たちであった。

このような多極化の時代は、すでにアッバース朝の中期から始まっていた。アッバース朝カリフの宗主権を認めるという形で、地方の事実上の独立化は進んでいたからである。たとえば、第五代カリフ、ハールーンの総督は、チュニジアの地で、毎年の貢納と引き換えに、アグラブ朝（八〇〇～九〇九）の自立を認められた。総督が自立化した点では、エジプトのトゥールーン朝（八六八～九〇五）やイフシード朝（九三五～九六九）も同様である。

首都のバグダード自体もブワイフ朝、セルジューク朝などの支配下に入り、アッバース朝カリフは彼らに称号を与えて生き延びるようになった。しかし、その一方で、アッバース朝がイスラーム帝国として確立したイスラーム法の支配は、それぞれの地域で続けられた。

異なる王朝が存在することは、王朝間に越えがたい国境が引かれることを意味しない。前近代には、そのような国境は存在しなかった。したがって、王朝権力の多極化にもかかわらず、アッバース朝の支配下でイスラーム世界となった地域には、おおむねイスラーム社会が成立していたと見ることができる。

そのような社会は、王朝の滅亡や交代を乗り越えて、継続した。

ジハードなきイスラーム拡大

「剣のジハード」は、ウマイヤ朝の成立以降、カリフの専権事項であるという慣行と理論が確立していった。言いかえると、剣のジハードは、王権者が管理する「戦争と防衛」の事項となった。第一次・第二次内乱は、イスラームにとって深刻な危機をもたらすものであったから、ウマイヤ朝以降は権力行使の権限をカリフに集中し、一般信徒がむやみに信仰による義戦を始められないようにすることが重要となったのである。

さらに、アッバース朝時代に職業的な軍隊が成立すると、信徒全員の義務としての「剣のジハード」は理論上のものとなり、それはいっそう国家による戦争と防衛を意味するものとなった。初期の大征服だけではなく、特に南アジアに見られるように、王朝の征服事業の結果としてイスラームが広がる現象は、その後も存在する。しかし、それらの多くは、実質的に王朝による領土拡大の運動であった。

これに対して、より宗教的・社会的な意味での「内面のジハード」「社会的ジハード」は、イスラーム社会の個人やコミュニティーが自ら実践するものと理解された。特に内面のジハードを奨励し、理論化したのは、修行者たちであった。初期には篤信《とくしん》や禁欲、クルアーンの

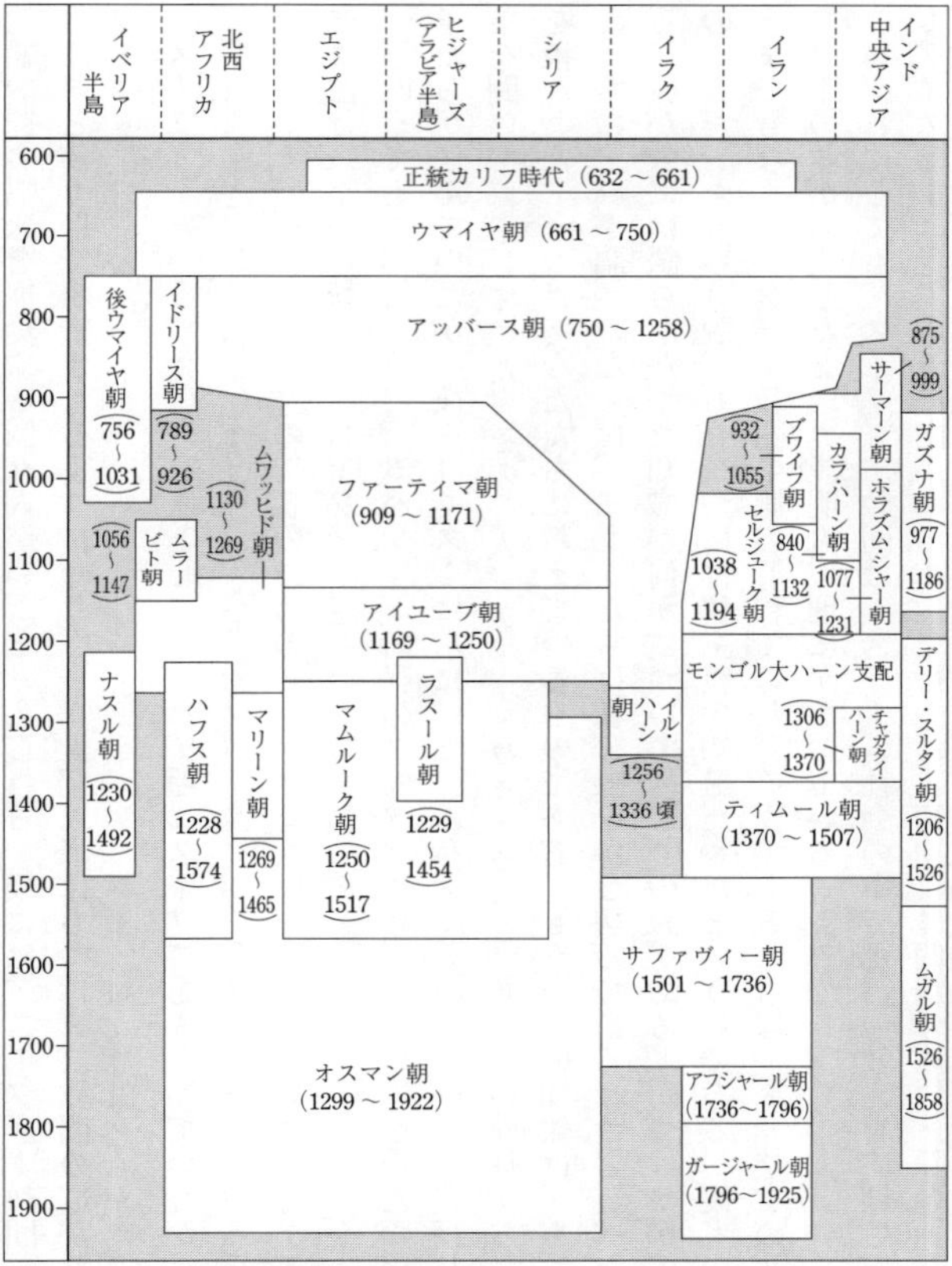

主なイスラーム王朝の興亡

解される。

朗誦《ろうしょう》や神の唱念を推奨する個々人がいたと考えられる。後には、スーフィー教団（神秘主義教団）という形で組織されるようになり、一二世紀以降はもっぱら、教団の広がりとして理解される。

スーフィーという言葉は、衣服として粗末な羊毛（スーフ）をまとっていたから、転じて「スーフィー」と呼ばれるようになったという説が、一般的な定説とされている。しかし、マディーナの預言者モスクの貧者のためのスッファ（回廊）が語源という説もある。スッファに住む人々から転じて、スーフィー、というのである。

第四章でも述べたように、ムハンマド時代のスッファには、生計の道を持たない貧しい弟子たちが住んでいたが、彼らはモスクに常にいて、ムハンマドの一挙一動を観察し、彼の言葉を聞いて暮らしていた。その一人、アブー・フライラは、「私は預言者様から二つの知識を授かった。一つはあなたたちに教えているものである。もう一つの知識は、もし私があなたたちにそれを語ったならば、あなたたちは私の喉《のど》をかき切るであろう」と述べたと言われる。彼が公には語らなかった知識が何かについて、二つの説がある。一つはやがて来る内乱のことだったという説、もう一つは神秘主義の知識だったという説である。後者の説は、言うまでもなくスーフィー教団の側の解釈であり、そうであるならば、スッファの語からスーフィーの語が派生したという説明も、理にかなっている。

いずれにしても、スーフィー教団はイスラーム社会の中で篤信の教えを広げるだけではなく、イスラーム世界の外に向かって布教を行った。初期には個別の篤信・隠遁・修行の人々であったにせよ、一二世紀にはスーフィー教団が確立され、それ以降はイスラーム世界の各地に教団が広がり、主要な教団の系譜が知られるようになる。彼らは「内面のジハード」を「大ジハード」と呼び、「剣のジハード」を「小ジハード」とする原則を確立し、広めた。

より重要なものが内面の悪と戦うジハードであり、それこそが「偉大なジハード（大ジハード）」とされたのである。スーフィー教団は、イスラームの交易ネットワークに沿って、東西南北に広がった。内面のジハードを重視する思想も、彼らの布教活動とともに広がった。

パクス・イスラミカの広がり

「パクス・イスラミカ（イスラームの平和）」という言葉は、通常の語感としては、イスラーム帝国によって平和が保たれていた時代を指すべきであろう。それならば、アッバース朝の最盛期である八世紀後半から一〇世紀初めくらいを、この言葉で呼ぶのが適当かもしれない。

しかし、ここで言いたいのは、アッバース朝が衰退した時代、さらにモンゴル軍によって壊滅させられて以降の状況である。この時代には、イスラーム諸王朝が各地に割拠し、イスラーム世界は多極化した。首都も単一ではなかった。総体として見れば、カイロが事実上の中心として機能していたが、版図の広さを見れば、一つの王朝が単独でイスラーム世界を体現するような時代では全くなかった。

にもかかわらず、これらの諸王朝の版図は「イスラーム世界」としての緩やかなつながりを持っていた。その中を、ムスリムも非ムスリムも自由に、しかも相当程度に安全に移動することができた。王朝は異なっていても、イスラーム法は一貫しており、アラビア語がウラマーの共通語として機能していた。特に、イスラーム法は国際的な秩序をも視野に入れた法体系であり、地域や王権の異なる諸地域を統合する機能を果たしていた。

アッバース朝時代に確立された国際交易ネットワークは、変化しつつも継続していたし、イスラーム世界の各地から巡礼者がマッカをめざして毎年旅していた。ウラマーたちも知を求めて、その中心となる場所を移動しながら、学問に精を出していた。旅の便宜と安全を保障するのは、陸域・海域のネットワークの結節点となる町や港であり、その間をつなぐルートとそこに置かれた隊商宿などのインフラであった。諸王朝はそれらを整備し、維持したが、それは自分たちの利益になるからでもあった。

このような状態を、イスラームを軸とする平和として「パクス・イスラミカ」と呼びたい。その様子を旅の生涯によって体現してみせたのが、一四世紀のイブン・バットゥータであった。彼は「イスラームのマルコ・ポーロ」などとも言われる。

稀代の大旅行家イブン・バットゥータ

彼が歴史に名を残したのは、広大な地域を回ったためもあるが、それ以上に抜群の記憶力で、晩年にその人生を語り残したからにほかならない。彼は旅日記をつけたわけではなく

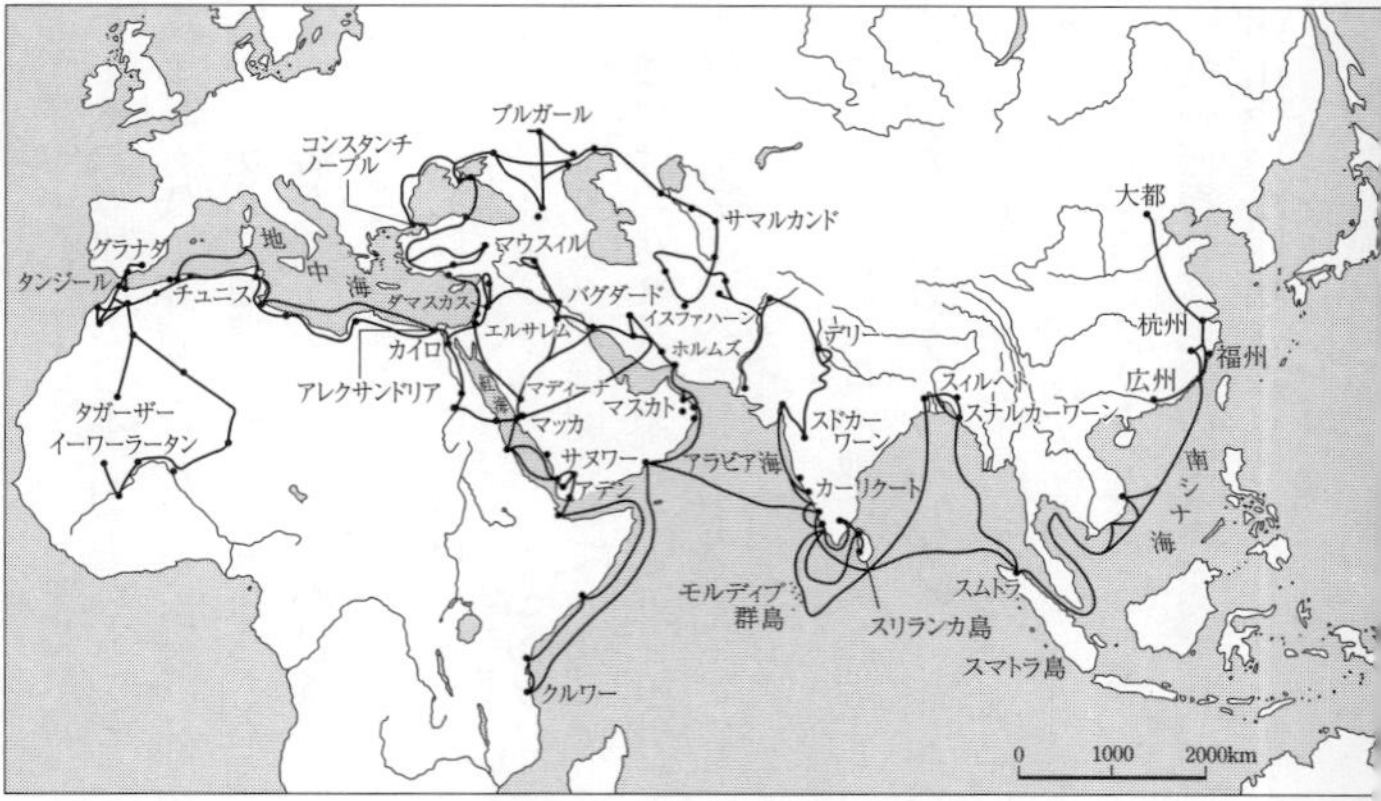

イブン・バットゥータの大旅行　家島彦一『イブン・バットゥータの世界大旅行』をもとに作成

（メモ類は旅の途中の災難の際にすべて失われた）、すべての旅を終えてから、書記に向かって語り、筆記させた。それをイブン・ジュザイイという文学者が編纂したのが、今日残されているアラビア語の『大旅行記』である。全八巻の邦訳が、先に名をあげた家島氏によって完成されたことは大いなる貢献である。

付言すれば、戦後のアラビア語史料の翻訳という観点から言えば、『大旅行記』はおそらく、前嶋信次氏が開始し、池田修氏が完成させたアラビア語からの『アラビアン・ナイト』（千夜一夜物語）全訳と並ぶような偉業である。イスラームやイスラーム世界を日本人が理解するために、原典の翻訳が果たす役割はきわめて大きい。欧米経由ではない情報を得るためには、何よりも原典の解読が必要であり、一般読者にとってそれは原典の日本語訳ということになる。ところが、研究者の世界では、翻訳は学術論文よりも低く評価されがちである。確かに、翻訳は一見すると創造性に乏しいように思える。しかし、原典を一語残らずきちんと訳し緻密な注を付けることは、生半可な学術論文を書く何倍もむずかしい。それが日本社会に果たす貢献度を考えると、もっと高く評価されてしかるべきではなかろうか。

さて、家島氏は、この時代にはイスラーム世界の交易ネットワークに一三〜一四世紀を中心に成立した「パクス・モンゴリカ（モンゴルの平和）」が合わさって、伝統的なアジア交易ネットワークが展開されていた、としている。パクス・モンゴリカは他巻に譲るとして、ここでは「パクス・イスラミカ」が継続していた証左として、『大旅行記』を見たい。そこには、イブン・バットゥータが遍歴した三大陸のイスラーム世界の姿がよく映し出されている。

この稀代の旅人は、地中海の西端、モロッコの港町タンジールに一三〇四年に生まれた。家系的な出自はアラブではなく、ベルベル系であった。二一歳の時にマッカ巡礼の旅に出て、翌年巡礼を果たしたが、その後三〇年にわたってアラビア半島、西アジア、東アフリカ、中央アジア、南アジア（インド、モルディブ、スリランカ）、東南アジア、中国、イベリア半島、西アフリカなどをめぐった。

彼の旅程は、現代の国で言えば五〇ヵ国以上に及ぶが、その足跡を実際にたどった家島氏が出会った困難さを見ると、イブン・バットゥータの方がやすやすと国を越えていたようにさえ見える。一四世紀前半のイスラーム世界は、まさに多極化の時代になっていた。西から、マリーン朝（モロッコ、一二六九〜一四六五）、ハフス朝（チュニジア、一二二八〜一五七四）、マムルーク朝（エジプト、一二五〇〜一五一七）、イル・ハーン朝（イラク、イラン、一二五六〜一三三六頃）、ラスール朝（イエメン、一二二九〜一四五四）、ハルジー朝、トゥグルク朝（インド、デリー・スルタン朝の一部、一二九〇〜一三二〇、一三二〇〜一四一三）などに分かれていた。しかし、この多極化の状況は、彼の旅にとって全く障害ではなかったのである。

異国の裁判官

ここでは興味深い彼の大旅行を追うゆとりはないが、特筆すべきことは、彼が旅先で裁判官を務めたこともあった事実であろう。インドでは、トゥグルク朝治下の首都デリーで、八年にわたって裁判官を務めた。

また、インド洋に浮かぶモルディブでも、一年ほど滞在し、裁判官を務めている。彼はマーリク学派が優勢なモロッコの出身であったので、その学派に立脚して裁判を行ったようである。イブン・バットゥータは述べている。

私がその女と結婚すると、早速、宰相は法官職を私に［強引に］押し付けた。その（私が法官職の任命を受けた）ことの理由は、私が［前任の］法官に対して異議を唱えたことに

あった。（家島彦一訳『大旅行記』による）

宰相は、イブン・バットゥータが前任者よりも優れた法学の知識を持っていることを認め、彼に司法をまかせたのである。イブン・バットゥータは、続けて言う。

私は［新しく］法官に就任すると、早速、イスラム法の諸規定を遵守《じゅんしゅ》させることにひたすら努力を払った。わが国（マグリブ地方）にあるような訴訟制度といったものは、そこでは存在しなかったからである。（同前）

モルディブ　インド洋に浮かぶ島々もイブン・バットゥータは訪れた

さらに彼は、自分なりに、島の人々にイスラーム法を徹底させようとしたことを述べている。ただし、「私は女性たちに衣服を付けさせようと努めたが、それについては達成できなかった」と告白しているのは、ご愛敬と言うべきであろうか。熱帯の島の女性たちは、腰巻き姿をやめなかったようである。

とまれ、たとえモルディブがイスラーム化の前線であったにせよ、西の果てからやってきたベルベル系の旅人が、インドやモルディブで裁判官を務めることができる、という事実そのものが、「イスラーム世界」がこの地にまで広がっていたことを如実に示している。それは、イスラーム帝国のもっとも重要な遺産であった。

第九章　帝国なきあとのジハード

帝国なき時代へ

オスマン帝国最後のジハード

一四世紀から、ここで二〇世紀まで時代を一気に越えることにしよう。そして、本章と次章では、帝国なきあとのジハードを考えることにしたい。

もちろん、この飛び越える数世紀の間は空白ではなく、そこにもう一つのイスラーム帝国たるオスマン朝の興亡がある。オスマン朝は一二九九年に小王朝として成立し、やがて一四五三年にはコンスタンチノープル（後のイスタンブル）を征服して、ビザンツ帝国の後継者となった。そして、その半世紀ほど後には、シリア、エジプト、二聖都のあるヒジャーズ地方などを版図に収め、名実ともにイスラーム世界の盟主となった。

その興亡については、林佳世子氏による本シリーズ『オスマン帝国５００年の平和』をご覧いただくとして、ここで焦点をあてたいのは、オスマン朝の最期《さいご》である。イスラーム帝国として「剣のジハード」の宣言権を持っていたオスマン朝が、最後にジハード令を発したのは、第一次世界大戦であった。

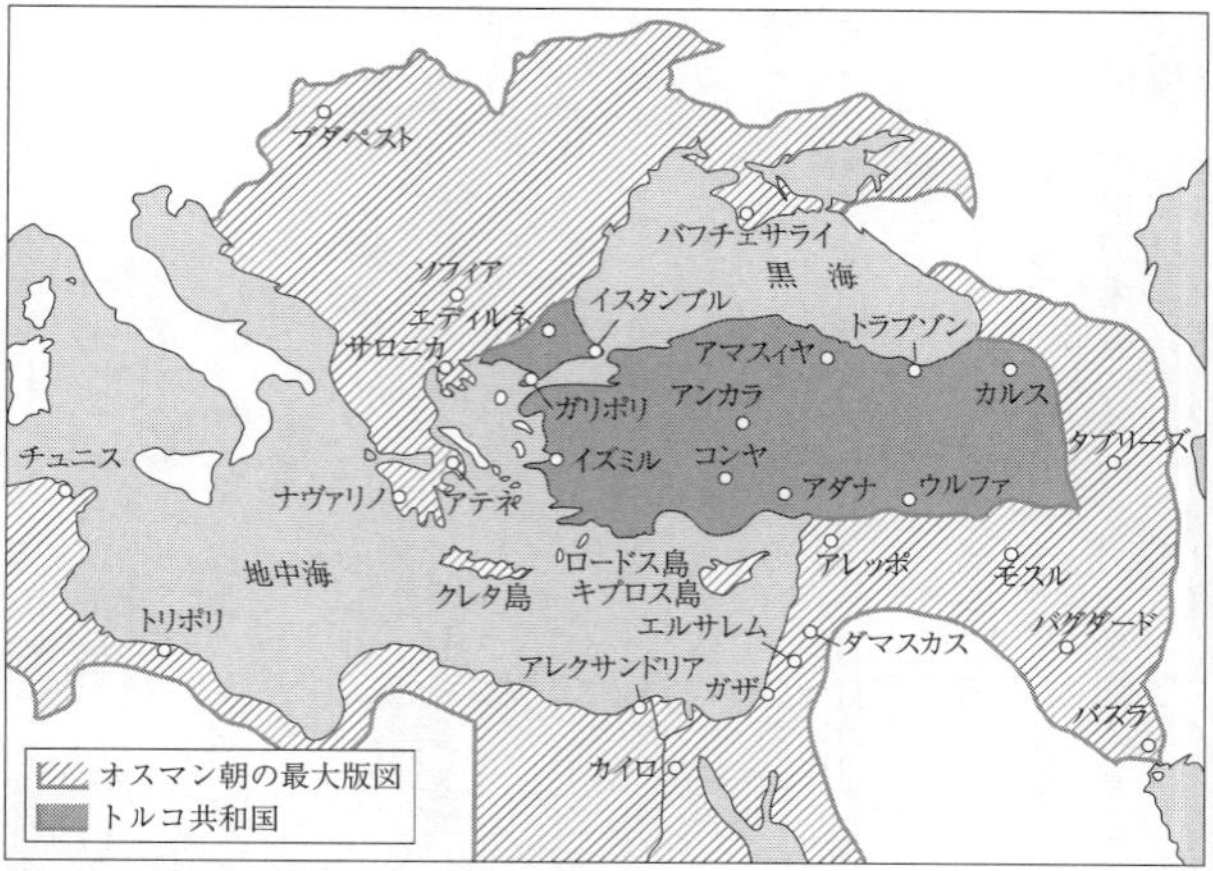

オスマン帝国の版図とその縮小

そして、この戦争に敗北することで、オスマン帝国は解体への道を突き進んでしまう。帝国領のうちでアラブ諸州はいずれも英・仏の支配下に置かれ、中央部ですら、連合国とギリシア軍の侵攻を受けて、植民地化の危機にさらされた。それに対する反撃を組織したのはトルコ大国民会議であった。彼らは、それまでの帝都イスタンブルではなく、アナトリア（小アジア）のアンカラを拠点として、いわゆる「祖国解放戦争」を戦った。

ここで言う「祖国」は、イスラームのウンマ（共同体）のことでも、最後のイスラーム帝国としてのオスマン朝のことでもなく、トルコ人たちの国のことであった。その解放をめざす戦いは、愛国的なナショナリズムに依拠していた。解放戦争は、かつてのオスマン朝の版図から比べれば小さいとはいえ、現在のトルコ共和国の領土を外敵から守ることになった。

しかし、その過程でイスラーム王朝が消滅し、トルコ人の国というものが誕生したとすれば、イスラーム帝国は外部から蚕食され解体されるのみならず、内部からも組み替えられ、消滅することになったのである。実際、アンカラ政府の主導下で、一九二二年にオスマン朝スルターンが廃位された。

オスマン朝君主は、一九世紀後半には「スルターン」かつ「カリフ」という称号を帯びて、イスラーム世界から広く支持を集めていた。たとえば、英領インドでは、ヒラーファト運動という反英運動が盛り上がったが、ヒラーファト（カリフ制）という名の通り、オスマン朝カリフを支持しながら、英国の支配に抵抗するものであった。彼らは、オスマン朝カリフをイスラーム世界全体の代表として、忠誠を誓っていた。

カリフ位がこのような威光を持っていたため、アンカラ政府は一九二二年に、スルターン位とカリフ位を分離して、カリフ位だけは精神的なイスラームの代表として残したのであった。その上で、翌年、トルコ共和国が宣言された。果たせるかな、精神的カリフ制もその翌年には廃止される。このようにして、一九二二〜二四年の間に最後のイスラーム帝国が完全に消滅し、イスラーム世界は「帝国なき時代」に突入した。

帝国なきあとのジハードは、どうなるのであろうか。

第一次世界大戦の時のオスマン朝による「ジハード宣言」は、国家による公式の宣戦布告と結びついている。対外的には、二〇世紀初頭の戦時国際法のルールに従って、戦争が布告された。ジハードの宣言は、ある意味で、イスラーム世界内部に向けて正当性を主張する宣言であった。ここでは、ジハードは完全に、国家（統治者）が管理する戦争と防衛の一環とされている。

オスマン朝が敗北し、解体したあと、剣のジハードの管理権はどこへ行ったのであろうか。これが、現代におけるジハード論の最大の問題点である。

レジスタンスとしてのジハード

帝国が確固としている時代は、ウマイヤ朝やアッバース朝の時代であれ、オスマン朝の時代であれ、剣のジハードは、国家が管理する防衛・軍事の一部であった。そこでは、個々人が勝手にジハードを遂行することは許されない。勝手なジハードは無用な紛争を生むため、むしろ国防を害し、領土の安全を脅《おびや》かすものとなる。戦争をすべきかどうかは、ウンマに統治を任されている者が判断すべき事項なのである。

しかし、国家の統治が及ばない場所がある。オスマン朝が健在な時代でも、少しずつ領土を失いつつあった一七世紀以降は、次第に、イスラーム国家の統治権から外れる場所がでてきた。

たとえば、一八世紀末、フランス軍を率いたボナパルト（後のナポレオン）がエジプトに侵攻した。彼は、地元のイスラーム軍を打ち破り、エジプトを三年余にわたって占領した。しかし、宗主権を持っているオスマン朝は、援護軍を送ることができなかった。そのため、ウラマーたちは民衆に対して、占領軍に抵抗することを「ジハード」として督戦した（なお、フランス軍がイギリス軍に敗れて去った後、エジプトはオスマン朝から自立する道を歩み始めた）。

また、アルジェを一八三〇年にフランス軍が占領したが、宗主国であったオスマン朝は介入できず、現地でスーフィー教団によるレジスタンス運動が起こり、一五年にわたって抵抗が続けられた。アルジェリアの東に位置するリビアでは、二〇世紀に入ってから、イタリアの侵略を受けた。いよいよこの頃にはオスマン朝もアフリカの領土を防衛する力はなく、ここでもスーフィー教団によって抵抗のジハードが組織された。その戦いは、四半世紀にわたった。

スーフィー教団は一二世紀から一九世紀にいたる間にイスラーム世界の各地に広がり、イスラーム社会の重要な構成要素となっていた。篤信《とくしん》や修行によって人々の宗教生活を強めるのみならず、しばしば職業ギルドや住民組織とも結びついて、イスラーム的な生活を推進する機能を果たしていた。王朝権力も及ばず、ウラマーもいないような地方部で、しばしば教団の指導者たちがコミュニティーの指導者かつウラマーの役割を担っていた。したがって、オスマン朝の力が及ばないアルジェリアやリビアの例に見られるような周縁地域において、スーフィー教団を軸とする抵抗のジハードが行われたのは、ある意味では当然のことであった。

しかし、これらの教団や抵抗戦の指導者たちは、オスマン朝カリフの権威を否定していたわけではない。国家の国防軍が不在なために、郷土防衛というムスリムの基本義務を自発的に果たしていたのである。

イスラーム連帯の訴え

国家軍がいない場合に民衆が郷土防衛をはかることは、実際には古くから行われていた。イスラーム世界の周辺には、統治者の力も及ばず、軍隊もない場所はいくらもあったから、そのような場所では自発的な防衛のジハードが必要とされた。また、都市部ですら、都市を守ってくれる軍隊がない時に、住民が自主防衛を行うことはしばしば見られた。

　アッバース朝の内戦において、カリフ・アミーンが座するバグダードが、対抗カリフ、マアムーンの軍隊に攻められた時、民衆が武器を取ったことに第六章で触れた。それを嚆矢《こうし》として、後には、アイヤールーン（無頼の徒）と呼ばれる人々などが、ふだんは無頼の暮らしをしていても、いったん郷里の危機が訪れると自発的防衛軍となる事例が多く見られるようになった。

アフガーニー　イスラーム改革の先駆者

　しかし、このような散発的な抵抗では、強大な敵軍に対抗することはできない。特に、近代の西洋列強は、これまでイスラーム王朝が経験したことのない強力な近代的軍隊を持っていた。彼らが組織的にイスラーム世界の植民地化に乗り出した以上、未曾有《みぞう》の危機がやってきた——そのことを一九世紀に悟った人物がいる。ジャマールッディーン・アフガーニー(一八三七/八〜一八九七)である。

彼は「アフガン系(アフガーニー)」と自称した。その出自については今日まで論争が続いているが、アフガン系とするならばパシュトゥーン人で、ペルシア語と同系(イラン諸語)のパシュトゥー語を母語としていたことになる。いわゆるアフガン人とは彼らを指し、アフガニスタンの諸王朝はパシュトゥーン人によって創建され、周辺の少数民族を糾合するのが通常であった。現在のアフガニスタンは二〇世紀になってから国境が定まったが、今日でもパシュトゥーン人が多数派となっている(ちなみに、次章でビン・ラーディンとの関わりで、ターリバーン政権が登場するが、パシュトゥーン人を中心とする政権である)。

アフガーニーの生誕地は現在のイラン東部に位置する。そのため、アフガーニー=ペルシア人説も主張されてきた。しかし、もっと重要なことは、彼が「フサイニー」、すなわちカルバラーの悲劇(六八〇年)で斃《たお》れたフサインの血を引いていたこと、つまりはムハンマドの子孫であったことであろう。また、その祖先には、スンナ派のハディース(預言者言行録の集成)の中で重視される六書の一つを編纂したティルミズィーもいた。アフガーニーの影響力はその思想のインパクトによるが、思想がわからない人にとっても尊敬されるべき人士であったことは疑いを入れない。

彼は若き日に、インドを訪れ、イギリスの支配下に入った現実をつぶさにみて、イスラーム世界に列強の脅威が迫っていることを深く意識した。その後の人生は、イスラーム世界の各地で政治家や知識人と交わり、イスラーム世界が連帯して列強に対抗するべきことを説いて暮らした。また、ヨーロッパ各地で指導的人物と交わり、時には激しい論争を行った。イスラーム世界の連帯や同盟を説く「汎《はん》イスラーム主義」はアフガーニーから広がった。

もっとも、連帯を主張するだけではなく、彼はオスマン朝やイランの王朝（ガージャール朝）の専制をも批判した。現実を直視して、有効なレジスタンスを築くことのできない王朝は、イスラーム世界を防衛する責任を果たしていないし、その能力を欠いている、というのが彼の認識であった。したがって、彼は連帯だけではなく、改革をも主張した。

一九世紀末のオスマン朝は、自国の危機を克服する方法の一つとして、カリフ位を称揚し、イスラーム世界から広く支持を集める路線を取った。これも官製とはいえ、汎イスラーム主義である。そのためもあって、汎イスラーム主義の唱道者アフガーニーをイスタンブルに招いた。しかし、彼の急進的な改革思想は、あまりに危険と思われたのであろう。活躍の場はあたえられず、一八九七年客死。毒殺説もある。

アフガーニーの説く二重の陣形

アフガーニーは、ジハードを広義の意味でとらえた。イスラーム諸王朝が互いに連携して郷土防衛をはかるのもジハードであるし、国家軍がない状態で民衆が自発的な防衛を行うのもジハードである。さらに、本来のジハードは、公正なイスラーム社会を樹立するためにあらゆる側面で奮闘努力することである、ととらえた。

アフガーニーは、西洋列強に軍事的に対抗する必要を説いたように思われているが、彼にとって軍事よりも重要な戦線があった。それは、知識と思想の戦線であった。それは、彼が西洋の挑戦が「二重の攻勢」であることを早くから見抜いた先覚者であることによっている。

一九世紀から二〇世紀にかけての西洋の世界制覇、イスラーム世界の制圧は、単に軍事的な侵略と植民地化だけによるものではなかった。軍事的には近代的な軍隊によって荒々しい面を見せる一方、思想、科学、知識の面では、啓蒙主義や自由思想などによって、イスラーム世界を圧迫していた。そこでは、「西洋は進歩的で、イスラーム世界は後進的」「平和と愛のキリスト教、野蛮で好戦的なイスラーム」といった図式が描かれていた。

列強の侵略にイスラーム側が軍事的なレジスタンスを組織すると、進歩思想の立場から「後進的で好戦的」という批判が浴びせられるという図式である（現代的に言えば、「二重基準」という表現がわかりやすいかもしれない）。

イスラーム側では、これを「二重の攻勢」と考えない思想家もいた。彼らは、素直に、両方の側面をヨーロッパの優位性と理解し、イスラーム諸国はヨーロッパから先進文明と進歩的な思想を吸収し、軍事的にも発展しなければならない、と考えた。その場合、イスラームは遅れた宗教として忘れるか、脇に置いた方がいいということになる。

アフガーニーはそうではなかった。彼にとっては、イスラームとウンマこそが守るべき本体である。したがって、軍事的な攻勢には軍事的なレジスタンスで、思想的な攻勢には思想的な反論をもって対抗しなければならない、と考えた。

問題は、ヨーロッパの近代的な思想に、旧態依然たる古くさいイスラーム思想では対抗できないということであった。オスマン朝の軍隊が、ヨーロッパから軍事の技術や制度を取り入れて近代化せざるをえなかったのと同様に、保守的なイスラーム思想では、新時代に対応することはできなかった。

停滞しているイスラーム社会の悪弊《あくへい》を一掃し、ムスリムが生まれ変わって新時代を乗り切るようにするためには、イスラームの原点に戻ることが必要とされた。アフガーニーは、本来の純粋なイスラームに戻ることが、解決の道と主張した。しかも、彼の言う「純粋なイスラーム」とは、時代の要請に適合するイスラーム解釈のことであった。

それまでの長い時代に、さまざまな不要な解釈や立場が付着した。それを墨守しようとするような伝統派が、イスラーム世界を停滞させている、と彼は断じた。実際、各地で自説を述べるたびに、彼は頑迷な保守派のウラマーなどの抵抗に遭っていた。それと比べると、若い世代は鋭い感性と豊かな感受性によって、時代を先駆ける彼の思想を受けとめた。

各地を転々としたアフガーニーが比較的長く滞在したのはエジプトで、八年の間に多くの弟子たちが育った。現在にいたるまでアフガーニーの思想が生き続けているのは、どこよりもエジプトと言える。

エジプト人の一番弟子と言えるのが、ムハンマド・アブドゥ（一八四九〜一九〇五）である。彼は、もともとエジプトのウラマー出身であるが、アフガーニーの薫陶を受け、一八八一～八二年のアラービー運動に参加した。アラービー大佐を指導者とするこの運動は、イギリスの経済的支配を脱しようとエジプト人が蜂起《ほうき》したものであった。しかし、逆に、イギリスの軍事占領を受けることになり、アブドゥも、国外追放に処された。彼はパリに渡り、ここで師のアフガーニーとともに、一八八四年にアラビア語雑誌『固き絆《きずな》』を創刊した。わずか一年足らずであったが、この雑誌は斬新な思想と強烈な主張によって、イスラーム世界の各地に大きな影響を与えた。

アブドゥ　宗教と科学の調和を説いた

イスラーム世界の解体

イスラームの旗、嵐の中で墜つ

若き日に『固き絆』に出会い、アフガーニーとアブドゥの心の弟子となったシリア人がいる。名をラシード・リダー（一八六五～一九三五）という。この三人を合わせて「イスラーム改革のトリオ」などと呼ぶこともある。現代イスラームを考える上で、重要な人物たちである。

彼は、一八九七年にアフガーニーの訃報に接し、いつまでも「心の弟子」ではいけないと思い立ち、エジプトに移住した。この頃、アブドゥは、国外追放を解かれて帰国したのみならず、ムフティー（最高法学裁定官）の地位に上っていた。リダーはようやく、アブドゥに直接師事することができた。そして、彼は『マナール（灯台）』という雑誌を創刊した。短命に終わった『固き絆』の後継雑誌である。

ラシード・リダー　『マナール』を創刊し、イスラーム再生を訴えた

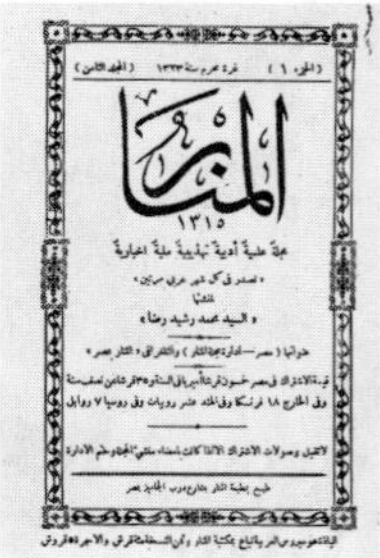

『マナール』の表紙　イスラーム世界に広く流通した

リダーという人物の面白いところは、ウラマーであると同時にジャーナリストの役割を果たしたことであろう。彼はその死の一九三五年まで、この雑誌にクルアーンの解釈や法学的な見解とならんで、各地のニュースや政治分析を書き続けた。さらに、自分の師であるアフガーニーとアブドゥの思想や主張を、この雑誌を通じてイスラーム世界中に撒《ま》き続けた。アフガーニーとアブドゥは今日、近代のイスラーム世界の思想的巨人と思われているが、果たして、リダーによる宣伝なしに、その思想が広まりえたかは疑問である。

彼らの思想が優れていたから、このようなよき弟子が現れたと言うべきかもしれないし、これほど精力的な弟子が出てくるのは僥倖《ぎょうこう》と言うべきかもしれない。

一時の夢に終わったアラブ王国　ファイサル国王とイスラーム指導者ハッジ・フサイニー。1920年

もちろん、師たちを称揚することで、弟子のリダーの地位も上がった面はある。リダーはアブドゥの伝記も書き、アブドゥの一番弟子と目されていたが、それは他の弟子たちが快く思わないことでもあった。ちなみに、アブドゥについても、彼がアフガーニーに愛されたことを他の弟子たちが嫌がった形跡がある。

このような事績を見ていると、幸せな子弟たちの物語のようであるが、実際にはリダーの人生は悲惨であった。リダーが『マナール』によって、イスラームの再生を訴えていた一八九八年から一九三五年の間、イスラーム世界は解体と衰退の一途をたどったからである。彼の故郷のシリアは、一九二〇年にフランスの支配下に落ちた。同年ダマスカスに成立したアラブ王国は、リダーらの必死の支援にもかかわらず、フランス軍によって陥落した。パレスチナもイギリスの支配下に落ちた。さらに、一九二二年にはオスマン朝が終焉《しゅうえん》を迎え、精神的カリフ制も一九二四年に消滅した。新しく誕生したトルコ共和国は、西洋型の国家をめざして強力な脱イスラーム政策を取った。長らく抵抗を続けたリビアもイタリアの軍門に降った。雑誌の経営も大変で、リダーは借財を抱えて、最期を迎えた。

リダーが不思議なのは、この悲惨な時代にイスラーム復興に確信を持ち続け、その確信を世界各地に発信し続けていたことであろう。彼が自分の確信を撒き続けた成果は、明らかに二〇世紀後半のイスラーム復興へとつながっている。しかし、同時代的に見れば、彼の「灯台」は絶望的な嵐の中で、か細い光を投げているだけのように思われた。

七世紀に誕生し、ウマイヤ朝とアッバース朝によって確立され、ながらく命運を保ってきたイスラーム世界は、リダーの生きている間に消滅した。伝統的なイスラーム諸王朝の世界でもあったが、それは第一次世界大戦後にほぼ消滅した。その領域のほとんどは列強の植民地となった。それだけではなく、それらの植民地が独立を遂げるとき、もはやイスラームを名のることはなかったのである。列強の植民地主義と、それに対抗するナショナリズムがイスラーム世界を消滅させたのであった。

消えないウンマ

ここで消滅した「イスラーム世界」とは何か、ということを考えておきたい。というのも、「イスラーム世界」という表現は私たちが世界史を見る時の一つの用法で、本人たちがそのような言葉遣いをしていたわけではないからである。現在では、ムスリムたちも「イスラーム世界」「非イスラーム世界」というような用語を用いるが、前近代ではそうではなかった。

イスラーム世界の基盤になっているのが「ウンマ」であることは、本書でも再三にわたって触れた。ムハンマド時代に部族主義を克服する新しい同胞の紐帯《ちゅうたい》が生まれ、それに基づく共同体が「ウンマ」と呼ばれた。そのウンマは、最初はマディーナという小さな都市の領域の中にあった。しかし、イスラーム帝国が成立する過程で、ウンマは多民族・多言語・多人種のイスラーム共同体として、広大な地域に広がるものとなった。それを実現したのがアッバース朝であった。

ウンマは、クルアーンの中に何度も登場する。「まことにこれは汝《なんじ》らのウンマ、単一のウンマである」（信徒たち章五二節）とも言われるし、「それぞれのウンマには使徒がある」（ユーヌス章四七節）と言われることもある。そこでは、「アッラーの使徒（預言者）に率いられたウンマ」というイメージがあり、その使徒がモーセであればユダヤ教のウンマ、イエス・キリストであればキリスト教のウンマとされる。イスラームは「ムハンマドのウンマ」であり、実際初期にはそのように呼ぶことが普通であった。現代では「イスラーム的ウンマ」と言うことが多いが、その場合でも先頭に立つのはムハンマドと意識されている。というのも、ウンマの最終的イメージは、来世で楽園に入るときにそれぞれの使徒（預言者）に導かれる、というものだからである。

その意味でのウンマは、現代の到来によっても、イスラーム王朝の滅亡によっても、なくなることはない。たとえイスラームが衰亡し、世界中に信徒が三人しかいなくなったとしても、その三人がウンマであると言える。また、過去に生きたムスリムたちはすべて、来世でムハンマドのもとに集まると考えられているから、その意味でのウンマは既成事実であり、なくなることはない。

要するにウンマは、ムスリムが少しでも存在し、自分たちがウンマに帰属していると思っている限り、信仰の共同体として何らかの実在を持っていると考えられる。したがって、オスマン朝の滅亡とともに消滅したのは、ウンマの統治機構であって、ウンマそのものではないことになる。

イスラームの館の消滅

ここに、クルアーンには登場しない、もう一つの用語がある。「ダール・アル＝イスラーム」である。「ダール」は、ふつう「館」「家」を意味する。そこで、「イスラームの館」「イスラームの家」と訳されることが多い。この場合の「館」「家」は比喩《ひゆ》的な用法であり、現代でも「ヨーロッパ共通の家」というような語法をする時の「家」に相当する。要するに、小さな国を超えた、イスラームの大きな領域を指す。ウマイヤ朝の版図はイスラームの館であった。アッバース朝の版図はイスラームの館であった。その後、アッバース朝の版図は複数の国家に分裂した。さらに、その外側にもイスラーム王朝が成立するようになった。

しかし、イブン・バットゥータの旅が証明しているように、多極化の時代でも、それらの総体が「イスラームの館」としての共通性を持っていた。いわば、王朝は多数あっても、イスラームの教え、イスラーム法という共通要素が広がっているのが、イスラームの館である。たとえて言えば、かつては大きな天幕の家で内部は一つであったが、石造りの家を建てるときに内部が多数の部屋（王朝）に分かれたようなものである。部屋ごとに取り仕切っている主人は違うが、建物全体はその扉を入った時から、イスラーム法という共通のルールで規制されている。

そのため、第八章でも述べたように、マリーン朝の支配するモロッコで生まれたイブン・バットゥータが、インドに行ってトゥグルク朝の支配下で裁判官を務めることも可能であった。イスラーム法の支配は、ムスリムの統治者を前提とする。住民の多くがムスリムであるかどうかは、必ずしも必要条件ではない。実際、ウマイヤ朝は住民の多数が非ムスリム（キリスト教徒やゾロアスター教徒）であった。

「イスラームの館」が、イスラームの統治、イスラーム法の支配を基本要素とするのは、用語と概念が法学者たちによって作られたことと無縁ではない。この語はクルアーンの中にはなく、イスラーム法学が体系化される中で造語された。「イスラームの館」は「平和の館」とも呼ばれ、そうでない地域は「戦い（戦争）の館」という。非イスラーム世界を「戦争」で呼ぶ語法は、現代では狭量とされ、あまり好まれていない。しかし、古い時代のイスラーム法学者たちの目には、イスラームの館の外は普遍的な法もなく君主がきままに支配する世界に見えたし、国家間の戦争が自由に行われていると考えられたのである。イスラームの館の中でも、王朝間の争いはあったが、イスラーム法に照らせばそれらは非合法の私闘であった。イスラームの館である限り、ムスリム同士が争ってはならないという理念は、少なくとも思想レベルでは受け入れられていた。

古典的な法学の分類によれば、人類社会は「イスラームの館」と「戦争の館」に分けられる。「戦争」というような中世的な語法を無視するならば、これは世界を「イスラーム世界」と「非イスラーム世界」に二分するものである。その意味では、法学の用語では、イスラームの館こそが「イスラーム世界」に相当する。

「二〇世紀にイスラーム世界が消滅した」と言う場合、このイスラームの館が消滅したことになる。そのほとんどが列強の植民地となり、ムスリムの統治者もイスラーム法の支配もなくなった。さらに、植民地から独立しても、イスラーム法の支配は戻らなかった。二〇世紀の人類社会は二分される場合でも、文明国と後進国、先進国と途上国、東西の両陣営（自由主義圏と社会主義圏）、豊かな「北」と貧しい「南」、第一・第二世界と第三世界、欧米とアジア・アフリカ（およびラテン・アメリカ）、というような二分法が支配的であった。イスラーム圏に属する諸国もこのような区分が用いられる国際的な政治・経済に巻き込まれた。

国民国家の時代

第二次世界大戦は、アジア・アフリカの多くの国にとって、自分たちに直接関係のないヨーロッパの戦争に宗主国を通じて動員されるという、理不尽な戦争であった。かつてイスラーム世界であった国々も、イスラーム的に見れば説明のつかない他人の戦争に狩り出された。

戦争が終わると、国連（国際連合）が成立した。サウディアラビアなど当時独立を保っていたイスラーム圏の国も原加盟国として、国連に加わった。英語で「ユナイテッド・ネイションズ」という通り、国連は「ネイション」の集合体である。ネイションは「民族」とも「国民」とも訳されるが、要は民族自決権を行使して国家を樹立した国々が国際社会を形成するという考え方を基本としている。

多くの国々がまだ植民地支配を受けていたが、いずれもさまざまな形で独立を要求し、それを遂げていくことになる。一九六〇年はアフリカの多くの国が独立を達成したため、「アフリカの年」と呼ばれている。アラブ連盟（アラブ諸国連盟）は国連と同じ一九四五年に七ヵ国によって結成されたが、その加盟国は一九七〇年代に二〇に達した。

ネイション（民族、国民）が国家を持って国連に加盟しているのが「国際社会」だとすると、現在見られるような形の国際社会はいつ成立したのであろうか。第二次世界大戦前は、アジア・アフリカの大半が植民地の時代であった。国連が結成された一九四五年が現在の国際社会の出発点とされることが多いが、それでも世界の国々の半分以下しか主権を得ていなかったから、まだ、今日的な国際社会ではない。二〇一一年に国連加盟国は一九三となったが、それに対して、加盟国数がその三分の二に達したのは一九七〇年である。このあたりを分かれ目と考えることができよう。イスラーム圏の国々もこの頃までにおおむね独立を達成した。

イスラーム的な観点から見ると、かつてのイスラーム世界の構成地域が植民地支配を脱したことは、一面では望ましいが、その反面、それらの独立国はイスラームの旗を降ろしてしまっていた。たとえば、一九五五年にバンドゥンで開かれたアジア・アフリカ会議は、独立

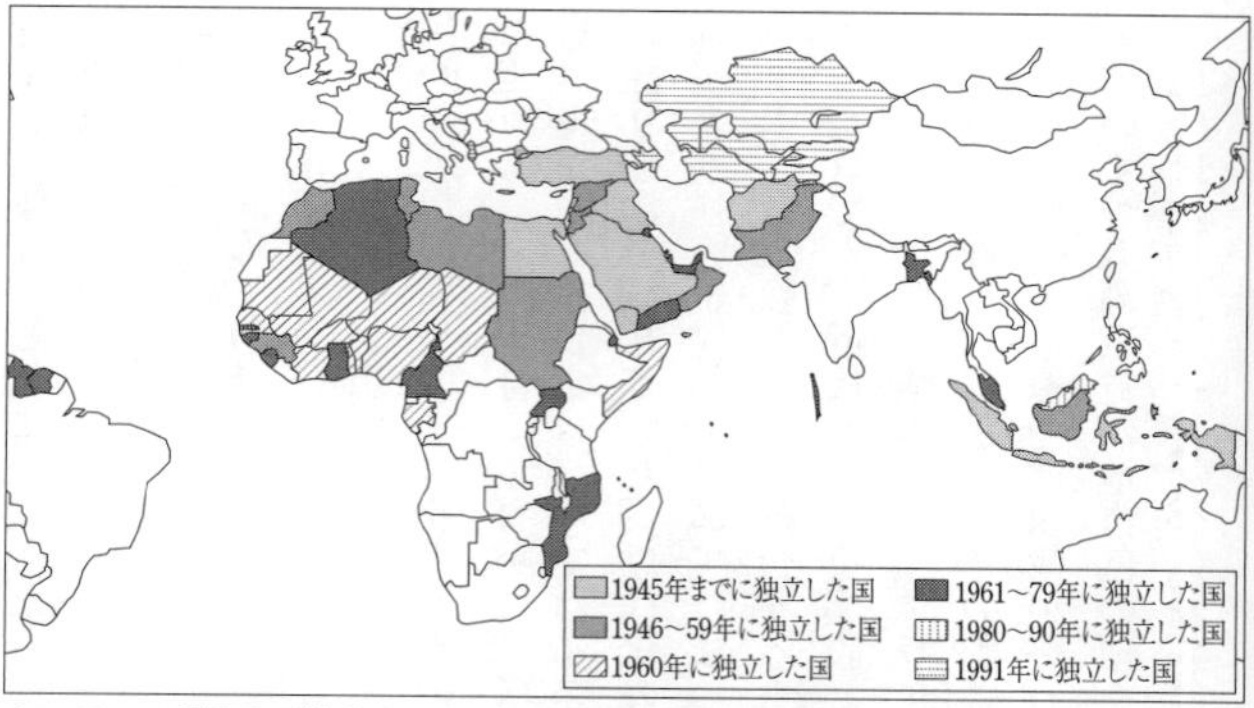

イスラーム諸国の独立　OIC加盟国とその独立年代

を遂げつつあったアジア、アフリカの国々が新しい時代を宣言するものであった。その立役者として、エジプトのナセル大統領、インドネシアのスカルノ大統領、ユーゴスラビアのチトー大統領などが脚光を浴びた。しかし、エジプトでは世俗的なアラブ民族主義が推進され、イスラームを掲げるムスリム同胞団は弾圧されていた。インドネシアでもナショナリズムが推進され、イスラーム国家を求めるマシュミ党は抑圧されていた。ユーゴスラビアは連邦制の社会主義国であり、ボスニア・ヘルツェゴビナなどのムスリムたちは「ムスリム人」という民族カテゴリーとして位置づけられていた。

　当時でもわずかな例外として、サウディアラビア、モロッコなどのイスラーム的な王朝は存在したが、全体的な潮流の中では力を持っていなかった。むしろ、ナショナリズムが進展する中で、保守的な王国は守勢にまわっていた。

　一言で言えば、もはやイスラームのジハードを遂行する主体は、どこにも見あたらなかった。民族の名の下の解放闘争はあっても、ジハードは消滅しかかっていた。

統制なきジハード

伝統的なイスラーム世界が消滅した後、二〇世紀半ばには、イスラーム国家はほぼ消滅し、イスラーム思想は衰え、民族主義、資本主義、社会主義、自由主義など、さまざまな近代的な思想が従来のイスラーム圏の各地に浸透した。

しかし、イスラームがすべてなくなったのかと言えば、そうとばかりは言えない。国家のレベル、国際社会のレベルではイスラームは後退を続けていたが、草の根レベルでは意外なねばり強さを見せていた。近代化の進展でイスラームが衰退するとの予想は、たとえば、伝統がより強い農村部ではあてはまらなかった。人々は信仰を持ち続けたし、また、彼らのイスラームは宗教と社会を統合するものとして、生活の隅々まで根を張ったものであった。

トルコでも、近代トルコを建設したケマル・アタテュルクが大統領の時代（在職一九二三～三八年）には、強力に脱イスラーム化が推進され、イスラーム法は廃止され、西洋型の社会がめざされた。しかし、その影響は地方の農村部にはそれほど深く浸透しなかった。アタテュルク時代からの一党独裁が終わって、一九五〇年代に民主化と複数政党制が導入されると、いくつもの政党が地方部の票を集めるため、親イスラーム政策を掲げるようになった。

二〇世紀半ばまでは大方の予想では、イスラームも、キリスト教がかつて経験したように、宗教が政治・社会に大きな影響力を持つ状態から、単なる個人の宗教、内面の救済としてのみ意味を持つような宗教に転換するのではないかと考えられていた。その後のイスラーム復興を見てみれば、その予想が外れたことははっきりしている。言いかえると、イスラーム国家の消滅で「剣のジハード」は実践されなくなったとしても、内面のジハード、社会的ジハードがただちに消えたわけではないということである。自分の心の悪と戦うことや、社会の不正を是正する努力は、個々の信徒によって、あるいは社会の一部で続けられた。これらが、奮闘努力としての「ジハード」を前提としている以上、剣のジハードの精神的基盤としての内面や社会のジハードは残っていたことになる。

しかし、いったんイスラーム国家が消滅してからは、剣のジハードを統制・統御する主体はなくなっていた。帝国なきあとのジハードは、公式の統御者なきジハードということになる。剣のジハードを復活させたい者が現れた時、それを誰が担《にな》うのかが、やがて大きな問題となる。現代になったからと言って、外国軍の侵略、占領といったものがなくなるわけでも、ムスリムが住む郷土や土地の防衛が無用になるわけでもなかったから、剣のジハードという問題は残った。

パレスチナ問題

第二次世界大戦が終わった後、とりわけ大きな問題が生じた。それまで植民地だった地域のほとんどで何らかの独立が達成されたのに対して、ここでは、二一世紀に至るまで紛争が続くことになる。それは、パレスチナ問題であった。

パレスチナの地は、第一次世界大戦の後に委任統治の名目で、イギリスの支配下に入った。そこへユダヤ移民が入植し、やがて第二次世界大戦後にイスラエルが建国され、パレスチナ人が祖国を失うとともに、大量に難民となった。かつてのイスラーム地域が植民地化された場合、独立を回復すれば、独立国家の性質がどのようなものであれ、とりあえずは問題解決とされた。しかし、パレスチナの場合、新たな移民国家が作られ、パレスチナ人の自決権が保証されなかったために、紛争が続いた。

パレスチナは単なる一つの「イスラーム地域」ではない。パレスチナは四つの点から、イスラームにとって中心的な重要性を持っていた。第一に、それは父祖イブラーヒーム（アブラハム）の地であり、その子孫として彼らが継承権を持っていると考えられること、第二に、七世紀においてイスラーム国家がアラビア半島の外で最初に獲得した地域であること、第三に、それ以来ずっと深いイスラーム化が進み、ムスリム住民が暮らし続けてきたこと、第四に、その中心に位置する聖都エルサレムがイスラームにとって第三の聖地であり、それをずっと歴代のイスラーム王朝が護持し、平安を保ってきたこと、である。ムスリムたちにしてみれば、長い歴史の中で、イスラーム王朝は聖地を護持し、それぞれの宗教がそこで安全に暮らせるように責任を果たしてきたから、それがもっとも正統で合理的な状態であった。

ところが、ヨーロッパで迫害を受けたユダヤ人たちがこの地に民族国家を築こうと移民運動を一九世紀末に開始したところから、紛争が始まる。「シオン（エルサレム）へ還ろう」と主張するこの運動は「シオニズム」と呼ばれるが、初めはヨーロッパでも人気がなかった。ヨーロッパに何世紀も住んでいるユダヤ人にとって、聖書の地は、宗教的には愛しい土地だとしても、実際問題として異国である。ヨーロッパにいても迫害を受けるから、聖地に行こう、と言われても、簡単に賛成できるものではない。それよりも、イギリスやフランスの市民として生きていく方が理にも適っているし、得であると多くの人は考えた。

パレスチナはオスマン帝国の解体によってイギリスが支配するところとなり、ユダヤ移民

①1948年にイスラエル建国（パレスチナ人にとっての祖国喪失）
②ガザ地区：1949年からエジプトの信託統治、1967年イスラエルが占領。2005年一方的に撤退
③ヨルダン川西岸地区：1967年、ヨルダン領からイスラエル占領下に（現在まで。一部はパレスチナ自治区）
④東エルサレム：1967年にイスラエルが占領、併合（国際的には認められていない）
⑤ゴラン高原：1967年にシリア領をイスラエルが占領し、併合
⑥シナイ半島：1967年にイスラエルが占領。1979年の和平条約によって、エジプトに返還
⑦南レバノン：1982年にイスラエル軍が侵攻・占領。レジスタンスが激化し、2000年に撤退。2006年、再び侵攻

パレスチナ問題　容易に解決せず、ついに世紀を超えて、紛争が続いている

岩のドーム　エルサレムにあるイスラームの聖地は、パレスチナ人の抵抗の象徴となった

はそれ以前より容易になったが、移民するのはヨーロッパにいても何も得られない下層の者ばかりであった。ところが、ナチ・ドイツが出現して、状況が一変した。ナチによる組織的かつ大規模なユダヤ迫害は、富裕なユダヤ人さえも移住せざるをえない状況を生んだのである。

パレスチナの地では、イスラーム、キリスト教、ユダヤ教の信徒たちは、イスラーム帝国の支配下で何世紀にもわたって共存してきた。ところが、オスマン朝の解体で、イスラーム的な宗教共存の図式は崩れたのであった。

実は、ヨーロッパからの移民がもたらしたのは、単なる人口の変化ではなかった。ナショナリズムも強まった。シオニズムは、「ユダヤ民族の国」を作ろうとする民族主義である。ところが、アラビア語の「ヤフード」には「ユダヤ教徒」の意味しかない。現在に至ってもなお、ムスリムには「ユダヤ人」という観念が理解できない人がたくさんいる。彼らは、あくまで宗教的な区分として「ユダヤ」をとらえている。

ナショナリズムは、ヨーロッパでは一九世紀に各地でしっかりと根を下ろした。前近代では「ユダヤ教徒」であった人々が「ユダヤ人」に転換したのも、ナショナリズムの進展と軌を一にしている。中東の場合、オスマン帝国の危機の中でトルコ民族主義がまず発達した。アラブ民族主義もそれに触発されて、二〇世紀になってから発達し始めたものの、全体として遅れは否めない。第二次世界大戦後になって、ようやく民族主義が高まりを見せるようになった。

その大きな契機は、一九四八年にイスラエルが建国を宣言し、「ユダヤ民族の国」ができたことであった。これによって、ユダヤではないアラブ人（宗教的にはムスリムとキリスト教徒）は祖国を失い、その多くが難民となった。この時点で、イスラームは力を失っていたから、アラブ人の多くは民族として新しい危機に対処しなければならない、と自覚するようになった。それによってアラブ民族主義が高揚したとすれば、ユダヤ移民は、ユダヤ民族主義をもたらし、それによってアラブ民族主義を加速することで、それまで宗教優先であった地域を、民族主義に変えたとも言える。

パレスチナの民衆蜂起　少年たちは石つぶてで占領者に立ち向かった

第一〇章　イスラーム復興と現代

イスラーム復興の始まり

転換点・一九六七年

パレスチナ問題の誕生は、イスラーム世界解体の流れの中で、その最終章と言うべき深刻な一撃だったかもしれない。一九四八年にイスラエルが誕生したため、アラブ諸国では急進的なアラブ民族主義が席巻《せっけん》することになった。いよいよイスラームの影は薄くなった。この時代を見ると、かつてイスラーム世界の中核地帯であり、いくつものイスラーム王朝が栄えた中東ですら、「宗教の時代は終わり、民族主義の時代となった」との印象が強い。

しかし、歴史の皮肉のようでもあるが、パレスチナ問題こそが、まもなくイスラーム復興の契機を生み出す。それは、一九六七年の第三次中東戦争で、イスラエルが大きな勝利を得たからであった。イスラエル側は、電撃的な奇襲でアラブ側の空軍を破って制空権を握り、大きな勝利を得た。彼らは、わずかな日数で勝利をあげたことを誇って「六日戦争」と呼ぶ。アラブ側では、大敗北によってアラブ民族主義が急激に衰えることになった。

歴史的なパレスチナのうち、一九四八年の建国時にイスラエルが制覇したのは約八割の領

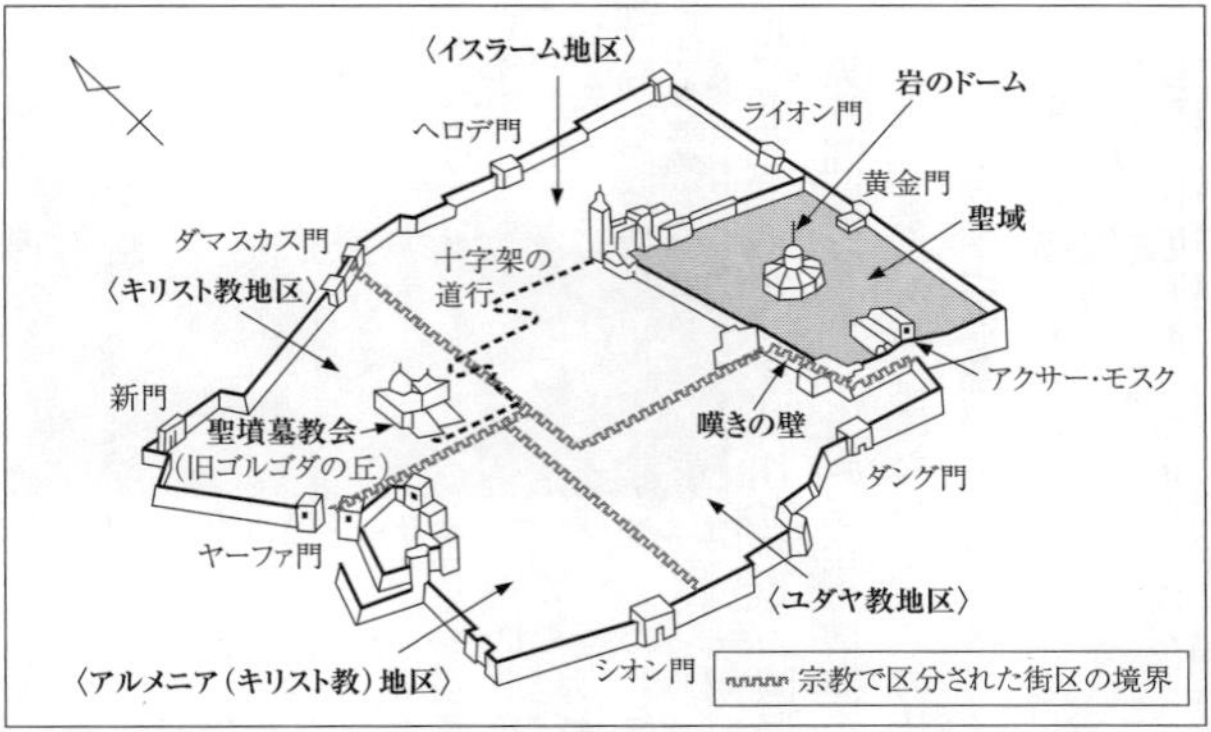

三宗教の共通の聖地　現在のエルサレム旧市街

土であった。残り二割は、ヨルダンに併合されたヨルダン川西岸地区、エジプトの信託統治領となったガザ地区である。一九六七年には、この残り二割も占領された。それだけではない。東エルサレムさえも占領された（三一一頁参照）。

東エルサレムとは歴史的なエルサレムであり、その旧市街に三つの宗教の聖地が含まれている。イスラームにとっての聖域には、アクサー・モスクと「岩のドーム」が建っており、その聖域の西側の外壁はユダヤ教の聖地となっている。また、キリスト教地区には聖墳墓教会が、イエスが十字架にかかったかつてのゴルゴダの丘に建っている。そのほかにも三宗教ゆかりの多くの聖なる場所がある。新市街である西エルサレムは、委任統治時代に発展したが、宗教的な意味は全く持っていない。国際的に「エルサレム問題」と言われる際のエルサレムとは、東エルサレムのことである。

エルサレムのアクサー・モスク　著者撮影

ここは、一九四八年にはヨルダンが支配権を握り、西岸地区とともに、ヨルダン領として管理していた。六七年戦争で、この東エルサレムまでもがイスラエル軍の占領下に入った。これがイスラーム圏に与えた衝撃は強大なものであった。イスラーム復興を呼び起こすほどのインパクトが生じた。

それがもっとも劇的に生じたのは、イスラエルに手ひどい敗北を蒙《こうむ》った当のエジプトであった。国中に「悔悟」の気分が蔓延《まんえん》したという。ナセル大統領自身が、「これはアッラーのお与えになった試練だ」と述べて、辞意を表明した。イスラームをないがしろにしてきたために、これほど屈辱的な敗北が生じた、という畏れを多くの国民が感じたのであろう。

実際問題として、民族主義の精神がくじけ、今や「不敗の神話」を築いたイスラエルと互角に戦うことが困難になった。その状況において、国民の精神を鼓舞し、軍隊を再建するためにエジプト指導部が取ったのは、イスラーム回帰策であった。すなわち、「剣のジハード」の復興である。

第四次中東戦争と石油ショック

エジプト政府はウラマーから「対イスラエル戦争は正当なジハードである」との宣言を受け、軍隊を再建した。イスラエルがシナイ半島を占領したため、スエズ運河が両軍の対峙する前線となり、運河の閉鎖はエジプト経済にも世界経済にも打撃を与えていた。運河を取り戻すことは優先課題とされた。そのため、戦車隊が運河を渡る新兵器として、迅速に展開できる折りたたみ式の橋が開発された。戦車隊を、イスラエル空軍から守る対空ミサイルも周到に準備された。さらに、徴兵された兵士は一九六七年以降、誰も除隊することなく、大きな軍隊が準備された。

六年後の第四次中東戦争は、一九七三年一〇月六日に始まった。エジプトは、イスラエルのお株を奪うような奇襲作戦で、スエズ運河を渡り、総攻撃を開始した。兵士たちが「アッラー・アクバル（アッラーは偉大なり）」と叫びつつ前線へ向かうイメージは、戦後広く流布されるようになった。

戦争の結果は、アラブ側の総合的勝利であった。戦場では、前半戦をエジプトが圧倒的に優位に展開したが、イスラエル側も後半は必死の反撃を加え、軍事的に言えば一勝一敗と言える状態となった。しかし、アラブ産油国が、劇的な石油禁輸政策を取った。それは、「アラブの大義を理解しない非友好国には、石油を供給しない」というものであった。これによって、世界経済は第一次石油ショックに見舞われ、多くの国が親アラブ政策を採用せざるをえなくなった。これは政治的な大勝利であった。戦場における勝敗も引き分けと言うにとどまらない。「イスラエル不敗の神話」が打破されたからである。

日本も、石油ショックの衝撃を受け、「アジアの奇跡」とされた経済の高度成長が止まった。一九六四年の東京オリンピック、一九七〇年の日本万国博覧会（大阪万博）を経て、驚異的な経済発展を遂げていた日本にとって、アラブ諸国から「非友好国」と断じられたことは心外であり、ショックであった。

日本とアラブ諸国の間は良好な経済関係に支えられ、それまで友好的な関係が続いていた。と思っていたのは、実は日本側だけだったことになる。アラブ側は、日本はパレスチナ問題に対して冷淡な態度を取っていると評価していたのである。「アラブの大義」とは、祖国を奪われたパレスチナ人の苦難を理解することにほかならない。日本は、それを基準に対アラブ政策を改善し、その後の友好関係の基礎を作り直した。

イスラーム首脳会議

六七年戦争の後の展開で、忘れてはならないのが、一九六九年の第一回イスラーム首脳会議である。六七年戦争で、東エルサレムが占領されたことは、世界中のムスリムたちに衝撃を与えた。その上、六九年にはアクサー・モスク放火事件が起こり、ムスリムたちを震撼《しんかん》させた。そこで、サウディアラビアとモロッコという二つのイスラーム色の強い王国が、イスラーム首脳会議の開催を呼びかけた。

六七年以前であれば、急進的なアラブ民族主義の国は、このような呼びかけには応じなかったであろう。そのような動きはおおむね、「反動派がイスラームの衣を被って策動している」というような解釈をされた。しかし、すでに民族主義派は穏健化していたから、モロッコのラバトで首脳会議が開催され、イスラーム諸国会議機構（ＯＩＣ）を設立することも決められた。

もし、オスマン帝国の終焉《しゅうえん》とともに、伝統的なイスラーム世界が瓦解《がかい》したのだとすると、この首脳会議は新しい現代イスラーム世界の再生を象徴するものであった。この時、首脳たちは、「汎《はん》アラブ主義」「アジア・アフリカ連帯」などのスローガンではなく、イスラームを紐帯《ちゅうたい》として一堂に会した。今日、「イスラーム国」とは何かという場合、もっともわかりやすい定義は「ＯＩＣの加盟国」である。とすれば、この時に集まった二六ヵ国・地域の首脳たちは、国際社会の中に「イスラーム諸国」があることを示し、それを通じて「イスラーム世界」を再び目に見えるものにしたと言える。

分水嶺・一九七九年

一九六〇年代から七〇年代にかけて、他にもさまざまな形でイスラーム復興を促《うなが》す要素が各地で生じるようになった。近代化から取り残された人々が、イスラーム的な福祉制度に救済を求めることもあったし、逆に、近代化の成功によって生じた新しいエリート層が、自己のアイデンティティを求めてイスラームに目を向けることもおこった。

また、イスラーム銀行の設立も行われるようになった。その背景には、第一次石油ショックの結果としての石油価格の高騰、産油国の勃興《ぼっこう》、巨大なオイル・マネーの誕生といった現象がある。一九七五年のドバイ・イスラーム銀行を皮切りとして、イスラーム諸国ではいわゆるイスラーム金融機関がいくつも設立されるようになった。これは、経済面でのイスラーム復興を追求するものであった。

しかし、イスラーム復興の胎動があちこちで見られたと言っても、その多くは伏流であった。また、日本が一九七三年の戦争を「アラブ民族主義の発露」と誤解したように、欧米でも、イスラームに着目する視点は欠落していた。中東での出来事については、近代化論または民族主義論からの分析が主流で、どちらにしてもイスラームは軽視されるか、無視されていた。

それが劇的な転換を遂げたのは、一九七九年である。この年の重要性はいくら強調してもしたりない。まず二月に、前年から続いていた反王制運動によって、イランでイスラーム革命が成立した。それまでのイランは、パフラヴィー朝の盤石《ばんじゃく》な体制の下で軍事力も強化して、湾岸最強の君主制と目されていたから、この革命は世界を驚かせた。また、産油国のイランで革命が起こったため、第二次石油ショックが世界経済を襲った。

それ以上に世界を驚愕《きょうがく》させたのは、この革命がウラマーの指導下に「イスラーム革命」として立ち現れたことであった。ホメイニーという八〇歳近い老法学者が黒いターバンと長衣というウラマー独特の服装で、革命指導者として世界ニュースのトップを飾るようになった。フランス革命以来の国民革命（民族革命）、ロシア革命以来の社会主義革命のいずれも、世俗主義を前提としてきた。二〇世紀も終わり近くになって、宗教による革命が起こるなど、誰が予測しえたであろうか。革命の主張には「ジハード」と「殉教」が主要なトーンをなしていた。欧米のメディアの中には、これを「神の革命」と呼ぶものもあった。

イランはまもなく、国民投票で国名を「イラン・イスラーム共和国」とし、さらに一一月にはホメイニー支持者たちが首都テヘランの米国大使館を占拠する事件が起こり、米国との対決姿勢を強めた。イスラーム法の支配を明記した憲法も採択され、現代にイスラーム政治が復活した。

それだけではこの年は終わらなかった。一一月にサウディアラビアでは、聖地マッカで武装反体制派の蜂起《ほうき》が起こった。彼らは、王制打倒を主張して、マッカの聖モスク（カアバ聖殿とそれを囲むモスク）を占拠し、信徒たちに「マフディー（救世主）」への誓いを求めた。サウディアラビア王国が一九三二年に宣言されて以来、最大の国内危機であった。

カアバ聖殿の占拠という手法も衝撃を与えた。また、世界最大の石油大国サウディアラビアで、過激な反体制運動が起きたということも衝撃を与えた。しかし、それ以上に大きな衝撃は、イスラーム国と見なされていたサウディアラビアで、イスラーム的な反乱が起こったことであった。二〇世紀に入って伝統

ホメイニー　亡命から凱旋した革命指導者が支持者に応える

的なイスラーム世界が瓦解し、ほとんどの国が植民地化され、また独立後も非イスラーム的な原理で動くようになった。その中で独立を保ったのみならず、イスラームを国是としてきたのがサウディアラビアであった。そのイスラーム王国を、イスラーム派の反体制運動が打倒しようとする——これは、ある意味ではイランでの革命よりも衝撃性を持っていた。

一九七九年の最後を飾る大事件は、ソ連軍のアフガニスタン侵攻であった。この国では一九七三年に共和革命、七八年に共産政権による権力奪取があったが、その一方でイスラーム復興も広がりつつあった。隣国のイランでイスラーム革命が生じたことも、地域のパワー・バランスを崩すものであった。ソ連は、共産政権を擁護《ようご》するために大きな軍隊を送り込んだのであった。

その結果、反ソ闘争が起こり、八〇年代を通してレジスタンスが行われた。さまざまな団体や運動が参加したが、その兵士たちは「ムジャーヒディーン」すなわち「ジハードの戦士たち」と呼ばれた。この場合のジハードは剣のジハード、レジスタンスとしてのジハードである。

アフガニスタンは、植民地化を免れたごく少数のイスラーム国の一つであり、また非常に伝統的なその社会はイスラーム色を強く残していた。また、改革派によるイスラーム復興の運動も盛んであった。そのような国にソ連軍が侵攻したことは、他の諸国のムスリムたちにも衝撃を与えた。イスラーム色の強い国、共産主義という明白な敵、軍事侵攻というあからさまな侵略など、剣のジハードの大義が成り立ちやすい条件が揃っていた。

やがて、アフガニスタン人たちが反ソ・ゲリラ闘争に立ち上がっただけでなく、アラブ諸国からの義勇兵も続々と参集するようになった。

アフガニスタンの大地から

アフガニスタンでの闘争に対して、イランの場合と違って、米国も西欧諸国も「反ソ闘争」として彼らを支持した。アフガニスタン人のほかに、イスラーム圏からの義勇兵も数千人規模で参戦した。彼らは、共産軍の侵略をウンマの危機であり、明白な郷土防衛の義務が生じたと理解した。

ここでも、パレスチナ人指導者が大きな役割を担《にな》った。名をアブドゥッラー・アッザームという。彼はアラブ義勇兵たちを組織し、剣のジハードを鼓舞した。小冊子ながら、多くの著作を著しており、現代ジハードに関する重要な思想家と見ることができる。彼の下で義勇兵の徴募にあたっていたサウディアラビア人がウサーマ・ビン・ラーディンである。ビン・ラーディンはサウディアラビアの財閥の出身で、二〇〇一年九月の米国における同時多発テロ事件で一躍世界的な著名人となった。しかし、組織者としてはともかく、思想家としてはアッザームの方がはるかに大きな貢献をなしたと思われる。

アッザームは『ムスリムたちの土地の防衛は、もっとも重要な個人義務である』と題した小著の中で、「無視され、忘れられているもっとも重要な義務として、ジハードの義務がある。それは、ムスリムたちの現実の中に見あたらない」と述べている。彼が述べている「ム

「ジハードの美徳」を説くアッザームの書

スリムたちの現実」とは、前章でも触れたような、剣のジハードを主宰するイスラーム国家が存在しない状態に起因している。その場合、個々人がどのように郷土を守るかが問われることになる。

　アッザームは、外国軍が侵入した場合、当該地の住民は個々人の義務として郷土を防衛しなければならない、それで足りない場合は、近隣からも援護に駆けつけなければならない、と言う。侵入を受けている土地はいくつもあるが、中でもパレスチナとアフガニスタンが重要である、と彼は唱えた。それは、放置すると占領地が拡大するから、という。そして「アラブ人でパレスチナで戦うことが可能な者は、そこから始めるべきである。それができない場合は、アフガニスタンに行くべきである。他の（非アラブの）ムスリムたちについて言えば、私見ではアフガニスタンから始めるのがよいと思う」と述べている。

　その理由は、アフガニスタンの方が大事というわけではない。彼は「パレスチナこそ、イスラームの第一の課題であり、ここがイスラーム世界の中心である」が、アフガニスタンでの闘争はイスラームの旗を明白に掲げており、目的もイスラーム国家の樹立である。だからアフガニスタンの方がやりやすい、と言う。彼が著述していた一九八四年には、パレスチナの闘争は世俗国家の樹立をめざすＰＬＯ（パレスチナ解放機構）の指導下にあった。

アッザームが「敵軍がスグールを攻撃した場合、防衛は個人義務である」と述べているのは興味深い。「スグール」とは敵国との緩衝《かんしょう》地帯で、アッバース朝時代にビザンツ帝国との境界地域を指す言葉として確立した。第五代カリフ、ハールーンがビザンツ帝国と戦っていた頃は、現在のシリアの北側のあたりがスグールであった。イスラーム法では、ジハード軍に志願する場合、両親や妻の許可がいるとされている。つまり郷土に直接的な危険が迫っていない段階では、親孝行や家族の扶養の方が優先的な義務なのである。しかし、いったん敵軍がスグールを越えて侵攻してくる場合、そのような許可が不要となる、とアッザームは言う。

彼は「財によるジハード」も推奨している。つまり、ジハードに対する財政的な支援である。彼の呼びかけは少なからぬ若者たちの心を動かし、また、多くの資金を集める効果を持った。また、八〇年代には、アフガニスタンから世界最大級の難民が流れだし、パキスタンやイランの難民キャンプに暮らしていたから、イスラーム諸国では彼らに対する「困窮者への喜捨」も盛んであった。

急進派が表舞台へ

アル＝カーイダの登場

アッザームは、ペシャワール（パキスタン北西部で、アフガン難民の中心地）で一九八九年に事故死したとされる。その後に頭角を現したのは、ウサーマ・ビン・ラーディンであった。

アフガニスタンのその後の状況は、やや錯綜しているので、説明を要する。ソ連軍は、ムジャーヒディーンたちの反ソ闘争に持ちこたえられず、一九八九年に撤退した。ソ連はまもなく崩壊するが、西側陣営との戦いに負けただけではなく、イスラーム世界との闘争にも敗北したことになる。しかし、反ソでは一致できたムジャーヒディーン組織は、一九九二年にイスラーム政権を樹立した後、互いの間で内戦を始め、アフガニスタンの国民にもアラブからの義勇兵にも呆れられてしまう。そのため、保守的なイスラーム勢力であるターリバーンが勃興し、一九九六年頃までに国土の大半を実効支配するにいたった。ムジャーヒディーン組織は北東部に籠《こも》り、北部同盟として知られるようになった。

ターリバーンは「学生」という意味で、イスラーム寄宿舎の学生たちを組織したところから、この名がついた。その思想は一九世紀の改革派イスラームで、二〇世紀末としてはかなり古めかしい。彼らは、女性の就業禁止や被り物の強制を行った。米国は、最初はターリバーン政権を安定をもたらすものとして歓迎していたが、米国内で「女性抑圧」として批判が高まると、距離を置くようになった。

　ムジャーヒディーン同士が内戦をしていた時期は、ビン・ラーディンも多くの義勇兵たちもアフガニスタンを去っていた。ボスニア紛争においてムスリム側に参戦する者もあったし、祖国に戻って地下活動をする者たちもいた。アルジェリアの場合、イスラーム復興を軍政が圧殺したため九〇年代から内戦状態に入ったが、アフガニスタンからの帰還兵が数多く武装イスラーム組織に加わったと言われる。

　ビン・ラーディンとその同盟者たちは、ターリバーン政権がそれなりに安定すると、保護者を求めてアフガニスタンに戻った。この頃には、彼らの組織は「ジハードの基地」を略して「アル＝カーイダ（基地）」と呼ばれていた。このアフガニスタンの根拠地から、彼らは二〇〇一年九月の米国での同時多発テロ事件を指示したと考えられている。

ターリバーン兵　イスラーム路線を掲げ、アフガニスタンを席巻した。1996年

　実のところ、ビン・ラーディンとアル＝カーイダをめぐる「事実」は十分知られているとは言い難い。米国は同時多発テロ事件に関する詳細な報告を発表しているが、これもビン・ラーディンと戦っている当事者の主張であるから、鵜呑みにすることはできない。他方、ビン・ラ

ーディンの側は地下組織であり、その実態は判然としない。

一九九六年に設立されたアル＝ジャズィーラ放送は、カタルから放映されているニュース専門のアラビア語衛星テレビであるが、これがビン・ラーディンらを積極的に取り上げるようになった。また、それによって、この放送は新しいマーケットの開拓に成功した。アジア・アフリカの情報メディアが欧米のメディアに対抗して商業的に成功することは非常に困難であるから、珍しい成功例と言える。少なくとも、アル＝ジャズィーラ放送によって、欧米からだけ情報が流される状態は改善した。もっとも、ビン・ラーディンの側も目的を持ってメディアに接しているから、情報量が増えただけでは実態はわからない。

反米路線の始まり

しかし、はっきりと言えることもある。一つは、かつて反ソ闘争をしていたビン・ラーディンたちが、一九九〇～九一年を境に反米に転じたことである。その理由は、一つには、ソ連が敗北してアフガニスタンから撤退し、反ソ闘争が終了したこと。次に、一九九〇年に湾岸危機が起こったことである。この危機は、イラク（サッダーム・フサイン政権）が隣国クウェートに侵攻し、これを併合したことから生じた。米国を始めとする多国籍軍が組織され、翌年、イラク軍をクウェートから撃退することになった。いわゆる湾岸戦争である。米国のジョージ・ブッシュ大統領（父）は、この戦争を通じて冷戦後の「新世界秩序」をめざした。

ビン・ラーディンにとって問題だったのは、米国軍が祖国サウディアラビアに進駐したことであった。サウディ国王はイスラーム世界の盟主を自任していた。特に、一九七九年のマッカ事件の後には、一九八六年に「二聖都の守護者」という、かつてオスマン朝のスルターンが名のっていた称号を名のり、イスラーム的路線を強化していた。ビン・ラーディンも、そのことに誇りを持っていたはずである。そもそも、ビン・ラーディン財閥は二聖都の建設事業で勃興した（今日でも、それは変わらない。ウサーマは、ビン・ラーディン一族の中では数多い兄弟の一人に過ぎず、彼が「ビン・ラーディン」の名を世界メディアの中で独占したことは、他のメンバーにとって迷惑と思われる）。

ビン・ラーディン　怒れる若者たちのシンボルとなった

湾岸戦争に際してサウディアラビア全体でも、イスラーム国が非イスラーム国（米国）の軍事支援を受けてよいのか、議論が起こった。それはイスラーム国家の独立の原則に関わると同時に、石油大国が毎年巨額の軍事投資をしながら、自国の防衛ができないのか、という深刻な疑問、批判を反映していた。ビン・ラーディンは国王に、自分たちの義勇兵軍で祖国を守りたい、と申し出たという。

しかし、王国は、彼らを反体制派として取り締まる挙に出た。ビン・ラーディンが、米軍がサウディアラビアを占領し、サウディ政府を操っているという見解を持ったのは、その後である。彼の世界観の中で、聖地エルサレムを占領しているイスラエル軍と同様に、二聖都を擁《よう》するアラビア半島を占領する米軍は、ウンマ全体の敵であるとされた。

一九九八年のケニア、タンザニアにおける米国大使館爆破事件、二〇〇〇年のイエメンにおける米駆逐艦攻撃事件などは、アル＝カーイダの攻撃によるものとされる。大使館爆破事件の直後、当時自身の性的スキャンダルに追われていたクリントン大統領は、外交で得点するためにも、アフガニスタンとスーダンへの報復を命じた。アフガニスタンにいたビン・ラーディンめざして、巡航ミサイルが放たれたが、個人が巡航ミサイルの標的とされたのは初めてであった。

ビン・ラーディンの反撃は、米国本土を標的として、二〇〇一年九月の同時多発テロ事件となった。

急進派と中道派

同時多発テロ事件によって、ビン・ラーディンや彼の率いるアル＝カーイダという組織が世界中に知られるようになった。また、ブッシュ大統領（子）は「反テロ戦争」を宣言したから、テロと反テロが、国際関係を動かす大きな軸の一つとなった。冷戦が終結し、ソ連が崩壊した後の世界が、二一世紀にはいって「テロと反テロ」の時代となったとも言える。

このため、「イスラームはテロと関係があるのか」「ジハードは偏狭な聖戦か」といった短絡的な疑問も聞かれるようになった。あらためて述べるまでもなく、イスラームによって一部の武装闘争やテロを説明するのであれば、イスラーム圏の大半の人々の平和な暮らしは説明がつかなくなるし、ジハード思想が必ずテロを呼ぶのであれば、いつの時代にもテロが満ちていたはずである。また、テロはイスラーム世界にだけ関係するわけではない。他の宗教とテロの関係を見ると、自爆攻撃さえもイスラームの創始ではないことに気がつく。歴史的にはスリランカが最初の例であった。しかし、宗教的には仏教とヒンドゥー教が関わっているスリランカの紛争を、宗教で説明するのであろうか。一九九五年のオクラホマ連邦ビル爆破を含めて、キリスト教徒によるテロ事件もいくらでもある。それを見て、キリスト教はテロと関係があるのか、と問うのであろうか。

テロをめぐる短絡的な議論がいかに間違っているかは、多くの書で論じられている。イスラームのジハードを論じる本書では、そのことを検討するのではなく、より的確な設問をしてみたい。それは、「過激派はいかにジハードの理念を武装攻撃の正当化に用いているのか」「イスラームの論理では、どのジハードが許容され、どのジハードが過激派の逸脱とみなされるのか」ということであろう。

ジハード思想は、もともと、人間が内面の悪と戦うことから始まっている。それが、外敵に対する防衛という「剣のジハード」となる局面もある。しかし、郷土の防衛は、どこの国にもある思想で、ジハードだけの特徴ではない。どこから、正当な郷土防衛と、過激な武装闘争とが、分かれるのであろうか。

それを明らかにするためには、現在のイスラーム世界の大半の人々が信じている「普通のイスラーム」がどのようなものであるか、健全で穏健なイスラーム思想とはどのようなものであるか、考えてみる必要がある。筆者は彼らを「中道派」と呼んでいるが、大多数を占めているのは、この中道派である。それに比して、少数ながら、急進派・過激派も存在するのである。

両者は、どこに違いがあるのであろうか。その差異は、単に武力を肯定する・しない、ということではない。中道派と急進派・過激派が分かれるのは、現代におけるイスラーム社会をどう考えるか、に拠っている。より具体的に言えば、イスラームとはどのような教えか、という理解の違いであり、またイスラーム復興のブループリントの違いである。

草の根のイスラーム復興

現在につながるイスラーム復興が生じたのは、一九六〇年代後半からである。それ以前にもイスラーム復興の波はあったが、自由主義に押されたり、民族主義に支持者を奪われたり、社会主義に圧迫されたりした。再び復興の勢いが強まったのは、他の潮流がうまくいかなかったためでもあるし、世界的な宗教復興と共振したためでもある。

復興の現象は、現地で細かく観察すると、ほとんどが草の根レベルでの宗教覚醒や生活改善と結びついている。たとえば、礼拝の励行、モスクの建設、聖典クルアーンの暗唱、断食の推奨、倫理教育の強化など、宗教的な諸側面と関わる復興、あるいは、貧者のための喜捨（募金と分配）、低所得者向けのクリニック、母子家庭の支援、地震等の被災者救援のような社会福祉的な活動などである。富裕層の運動としては、イスラーム銀行の設立などもイスラーム復興の一側面をなしている。

イスラーム社会をモデル化して考えれば、基盤をなしているのはイスラーム的な信仰であるが、それを基にイスラーム法は、信仰行為、モスクなどの建設、家族関係、コミュニティー構築、公共財の形成、社会秩序の維持、国家と行政、そして最後にイスラーム的な国際関係を定めている。内面のジハードや社会的ジハードは、個々人の信仰や公共空間の倫理などに反映するが、剣のジハードは国家が管理する軍事的・対外的な事項に属している。このようなモデルに表しうる法学的な世界観は、アッバース朝時代の中期にはおおむねできあがっていたと見ることができる。コミュニティーのあり方や公共財の考え方などは、時代や地域によっても異なるであろう。しかし、ウンマがこのような全領域を包摂した共同体であることは、いずれの場合でも共通している。

二〇世紀に入って伝統的なイスラーム世界が瓦解する過程は、このモデルの上層部（国際関係や国家、政治）が壊れていく過程であった。列強の支配する世界秩序が強制され、植民地化された国々では主権が制限され、非イスラーム的な西洋法が導入され、経済システムにも資本主義が浸透した。しかし、近代化によってこのモデルが消滅して、全く異なる理念に基づく近代社会が形成される、との予想が二〇世紀半ばまであったとすれば、それは誤りであった。

その結果生じた現代中東の実態は、伝統的なイスラーム社会でもなく、かといって西洋化・近代化・世俗化が完了した社会でもない。イスラーム的な価値観が西洋化に抵抗して継続しえた理由の一つは、家族法の領域にある。

イスラーム法の中で家族法は、結婚、離婚、養育、遺産相続などの家族関係を扱う。さらに言えば、イスラーム世界で「保護されたマイノリティー宗教」であった諸宗教も、みな、自分たちの家族法を持っている。一言で言えば、宗教によって婚姻関係・親子関係を定めているのが家族法である。近代化にもかかわらずこのような法が残存したのは、もともと家族観や婚姻制度がそれぞれの文化に依拠するもので、政治・経済のような「発展」になじまないという面もある。一部の知識人を除いて、国民の多くが結婚や家族について西洋を模倣する気が起きなかったという面もあるであろう。

どの宗教の家族法でも、同宗教内の婚姻を推奨するから、ムスリムはムスリム同士、キリスト教徒はキリスト教徒同士で家庭を作り、子どもをもうけるのが通常となる。親が子どもにつけるファーストネームは、ほとんどの場合、宗教的な含意を持っている。アラビア語で言えば、ムハンマドはイスラーム、ウマルはスンナ派、アブドゥルフサインはシーア派、ブトルスはキリスト教徒と、ほぼ決まっている。つまり、名前が個々人のアイデンティティ形成に大きな役割を果たす仕組みとなっている。

草の根のイスラーム復興は、信仰行為や家族法のレベルから、イスラーム社会を再構築しようとする。いわば、上から壊された建物を土台から上に向かって再建するようなものである。それに対して、イスラームの破壊は何よりも国家と政治のレベルで起きた、と考える人々がいる。彼らは、まずそれを修復すべき、と論じる。しかも、国家と国際関係は軍事の世界に属するから、それを取り戻すためには軍事的な行動が必要となる。かくして、上からのイスラーム復興を唱える人々は「剣のジハード」を最優先とする。急進派であり、武装闘争派である。

過激派の時代か？

もう一つの大きな問題は、「過激派」の誕生であった。この場合の「過激」とは、共同体のコンセンサスに従わないことを意味する。コモンセンスの欠如、と言ってもよい。

本書でも詳しく見たように、初期イスラームにおいて内乱や分派の誕生などの問題が生じて、イスラームとは何か、正しい信徒のあり方とは何かをめぐって、混乱した時代があった。ウラマーたちは、それに対する解答を生み出すとともに、その「解答」の力によって自らイスラーム世界の宗教指導者としての立場を確立した。アッバース朝カリフ、マアムーンのように「ミフナ（審問）」を設けて、ウンマの思想を統制しようとした者もあったが、それはウラマーの抵抗によって潰えた。

ウラマーたちの処方箋は、四つの鍵を持っていた。一つ目は、ウンマの一体性を重視し、他人の内面を問うて争わないこと。二つ目は、社会のイスラーム性はイスラーム法によって保障されていること。三つ目は、イスラーム法の解釈権はウラマーにあり、一般信徒は（統治者も含めて）ウラマーの指導に従うべきこと。四つ目は、統治と軍事（剣のジハード）は統治者にあずけ、私的に行わないこと。

スンナ派とシーア派の間では多少のニュアンスの違いはあるが、両者ともにおおむねこのような考え方が主流となった。急進的なシーア派（イスマーイール派）のファーティマ朝が終わりを迎えた一二世紀頃には、このような考え方が広まるようになっていた。

このようなコモンセンスともっとも対立したのは、初期分派のハワーリジュ派であった。彼らは「出て行く者たち」という名が示すように、自分たちの考えにこだわって、第四代カリフ（かつシーア派にとっては第一代イマーム）のアリーの陣営を出ていった。彼らは、自分たちと意見の異なる者を倒すために、暗殺戦術を採用し、実際にアリーはその凶刃に斃《たお》れた。

彼らの暗殺を逃れたムアーウィヤがウマイヤ朝を開いたことは第五章で述べたとおりである。ハワーリジュ派は、その後も、「篤信《とくしん》の信徒ならば誰でも指導者になれる」という政治観、間違った考えのムスリムは武力で倒してよい、というイスラーム観によって、反体制派の道を歩み続けた。そのため逆に、彼らの勢力と思想を払拭することで、コンセンサスを重視するイスラーム世界が成立しえたのであった。

一九七〇年代以降、イスラーム世界では、「現代の過激派は、新しいハワーリジュ派のようなものではないか」という声が聞かれるようになった。端的に言えば、一九八一年にサダト大統領暗殺を実行したジハード団である。彼らは、サダトはイスラエルと和平を結んだがゆえに、もはやムスリムではなくジハードの対象となる、として暗殺戦術を実行に移した。

この事件は、ジハードをめぐる考え方という点で、外敵ではなくムスリムの統治者を倒すジハードが唱えられたため、イスラーム世界全体に、特に中道派の人々に大きな衝撃を与えた。「これは、ハワーリジュ派に似ているのではないか？」という疑念が生じたのである。サダトの内面を問うてイスラームに背く者として剣のジハードの対象にしたのは、ハワーリジュ派が第四代正統カリフ、アリーを暗殺したのと通じるのではないか。

そのような懸念は、二〇世紀に入ってイスラーム世界の統一性が崩れ、再び、イスラーム初期のような分派の時代になったのか、過激派が再来する時代なのか、という不安を反映している。一九七九年のマッカ事件も、「マフディー（救世主）」を主張した。それを見て、「初期の過激なシーア派を思い起こす」という疑問が湧くのも当然かもしれない。

野戦司令官ビン・ラーディン

他の信徒のことを「ムスリムではない」と断罪することを、「タクフィール（不信仰断罪）」と言う。ハワーリジュ派はこれを得意とした。逆にイスラーム世界の主流派は、他人の不信仰を断罪しては絶対にいけない、ということを教義として、何世紀もやってきた。イスラームによさがあるとすれば、それは現実主義で、他人の内面をとやかく言わないことだ、と考える人は多い。ところが、それが現代に至って崩れかけた。これは、中道派が危機感を抱く事態であった。

これを過激派と呼ぶならば、実は、ビン・ラーディンは過激派ではない。急進的な武装闘争派であるものの、彼はサダト暗殺を行ったジハード団とは違い、サウディアラビア国王を倒そうとしているわけではない。国王批判も「米国に占領され、操られている」と間接的である。

タクフィールは、上にあげた四つの原則の第一である「ウンマの一体性を重視し、他人の内面を問うて争わない」に反している。それに対して、ビン・ラーディンの問題は、第四の原則「統治と軍事（剣のジハード）は統治者にあずけ、私的に行わないこと」に抵触することになる。あるいは、剣のジハードにおいて、罪なき民間人を標的にしたことにある。

しかし、ビン・ラーディンの側にすれば、ここに大きな問題が存在する。統治と軍事をあずけるべき統治者とは、誰なのか。サウディ国王は米軍を呼び込むことで、ムスリム統治者として軍事権を把握できないことを証明した。しかし、たとえ統治者が無能であっても（アッザームが論じたように）、郷土の防衛は信徒みなの義務である。おそらく、ビン・ラーディンは、「だからウンマのために私たちが決起しているのだ」と言うであろう。

ビン・ラーディンは宗教教育を受けたわけでも、ウラマーとして生きてきたわけでもない。彼は、ジハードについて、声明で自分の見解を発表しているが、その立場は野戦司令官と言うべきであろう。ウンマの正統な軍隊が不在であるために、自らゲリラ軍を組織した野戦司令官が、自分の判断で活動を展開した。

この状態は、二〇〇三年以降のイラクでも生じた。反テロ戦争の一環として、米英軍はイラクに侵攻した。サッダーム・フサイン政権が大量破壊兵器を隠し持っているとの嫌疑が表向きの理由であったが、実際には、父親のブッシュ政権から引き継いだイラクとの対決という面もあったと思われる。

いずれにしても、戦争中にフサイン政権が打倒され、正当な政府が不在の状態になり、外国の占領軍が駐留しているという状態になった。郷土防衛としてのジハードを外国軍に向ける武装グループが登場しただけではなく、二〇〇四年に形の上で暫定政府に主権委譲が行われてからも、米国の後押しを受けた政府を「傀儡《かいらい》」として攻撃するグループ、さらに、「エジプトは不信仰の政府」と不信仰断罪を行って在イラクのエジプト人外交官を誘拐するグループまで現れた。

もし、正当なカリフを戴くイスラーム王朝が存在しているとすれば、自分で自分を任命している野戦司令官たちに「勝手な軍事行動を慎むよう」命じることもありうるかもしれない。しかし、実際問題としてOICの加盟国でも、自国の体制をイスラーム国家と規定して、その軍隊がイスラーム軍と考える国はほとんどないし、また、OICには加盟国間の外交協力、経済協力、文化協力はあっても、安全保障や軍事面での協力や同盟は存在しない。ジハードの統轄者なき状態があり、自称司令官たちが過激な活動を続けているのが現状なのである。

ジハードをめぐる論争

歴史上のジハード

ジハードをめぐっては、古今さまざまな議論がなされてきた。現代において、再びジハード論議が盛んになっている背景には、急進派や過激派がジハードを主張して、自分たちの武装闘争やテロ活動を正当化している現況がある。また、冷戦が終わって以降、国際社会の中で戦争をめぐる論議が活発になされていることも、影響を与えている。

ここで、ジハードをめぐる考え方をまとめておきたい。

まず、歴史を概括しよう。預言者時代を見ると、マッカ期には、ジハードは純粋に宗教的な奮闘努力を指しており、戦闘の概念は全く含まれていなかった。「戦い（キタール）」はヒジュラ以降にクルアーンの「戦闘許可の節」によって、正当化された。マディーナに樹立された最初のイスラーム共同体は軍事的な危機に晒《さら》されていたから、防衛の必要性からも「剣のジハード」は正当なものとみなされた。「剣のジハード」に関する章句も登場し、ジハードとともに、自己犠牲による「殉教」が宗教上の美徳として確立された。とはいえ、全体としてみればイスラームに立脚する社会構築が第一義で、戦いはその手段の一つとみなされていた。

マッカ征服でカアバ聖殿を取り戻すと、アラビア半島は史上初めて統一されることになった。半島内ではジハードは必要でなくなり、交渉と呼びかけがイスラームを広める道となった。しかし、新興国の勃興は近隣の二大帝国にとって脅威とみなされたため、誇り高い（属国として生きる気のない）イスラーム国家には、帝国と対決するほかに選択肢はなくなった。ムハンマドはシリア遠征に手をつけたところで、没した。

続いて、後継者となった正統カリフたちは、半島内の反乱を「リッダ戦争」によって制圧し、その余勢をかってササン朝ペルシアとビザンツ帝国との対決に赴《おもむ》いた。大征服の始まりである。征服事業の拡大や行政機構の必要性に応じて、軍務庁などの官庁も作られた。征服に従事したアラブの諸部族は、信仰心の発露、戦士として支給される給与、戦利品などの実利といった動機から、喜んで軍務に参加したと考えられる。

大征服はウマイヤ朝時代にも続き、西はイベリア半島から東は中央アジアに達する膨大な版図が確立された。アッバース朝もこの版図をおおむね継承し、インドや中央アジアで領土を少し拡大した。これまでの征服でイスラーム世界の中核地域が確保され、イスラームは自己確立に成功した。

その一方で、内乱の苦い経験などから、剣のジハードの統御を統治者の専権事項とみなす傾向が強くなった。アラブ的な紐帯を重視したウマイヤ朝から、多民族的なイスラーム帝国を確立したアッバース朝初期までの間に、イスラーム的原則も明確となった。アッバース朝カリフ、ムウタスィムの代に、職業的な軍隊が導入され、「信徒皆兵」の時代は終わった。信徒たちが兵士として俸給を得る制度も終わりを告げた。剣のジハードは、統治者の軍事・

防衛の事項とみなされるようになった。

防衛的ジハード論

国家によるジハードの統制は、オスマン朝の解体まで続いた。オスマン朝は第一次世界大戦にあたって、君主としてウラマーからジハード宣言を得ることができた。その一方、西洋からの軍事攻勢とともに、「イスラームは好戦的」という思想的な批判が行われるようになった。それに応えて、思想家たちはジハードは本来「防衛的」であるとの理論を発展させた。

一九世紀から二〇世紀にかけて、防衛的ジハードの思想が主流となったが、列強の侵攻を受けて、防衛的なジハードを発動する機会は少なくなかった。オスマン朝の解体によって、伝統的なイスラーム世界は姿を消し、ジハードの主宰者もいなくなった。

なお、大征服を生み出したジハードも、通常はイスラーム国家存亡の危機に際してササン朝ペルシアやビザンツ帝国と対決する必要があったとの解釈で、「防衛的」と見なされることが多い。そうでないにしても、イスラーム世界が自己確立する必要がある段階での戦いは正当なものであり、また大征服はイスラームに与えられた神の恵みという見方も根強くある。

また、前近代では、非イスラーム圏で布教をする自由はありえなかったから、一見攻撃的に見える場合でも、「布教の自由を確保する」ことが目的だったとも説明されている。征服はそれ自体が目的なわけでも、ましてや「力による改宗」が目的でもなかった。イスラームの広がりが軍事力による強制改宗との解釈が誤りであったことは、西洋でも広く認められるようになった。

ただし、イスラーム的な口実をつけても、つけなくても、王朝が版図や貿易路を確保するために征服事業を行うことは、それ以後もしばしば見られた。防衛策からの征服という点から見ると、ウマイヤ朝時代の征服でも、イベリア半島までも征服を行う必要があったのか、むしろその真の動機は戦利品ではなかったのか、という疑問も最近は出されている。もっとも、結果論から見れば、イベリア半島がなければウマイヤ朝は七五〇年の時点で命運が尽きて、一〇三一年まで後ウマイヤ朝が栄えることはできなかったであろう。

初期イスラームの征服事業は、素朴なものだったように思える——戦わざるをえない状況があったので戦い、勝利を得た。彼らはそれを素直に喜んだ。多くの勝利があり、結果として大帝国ができあがった。

後の時代の「攻撃的」「防衛的」というジハードの区分は、やや弁護論的な印象が強い。直面する危機を打開するために戦いを続けていったら、いつのまにか、広大な土地が支配下に入っていた、と言う方が実態に近いのではないだろうか。

二〇世紀にはイスラーム国家が激減したから、それらの国防としてのジハードも衰微した。しかし、二〇世紀後半に入ると、イスラーム復興にともなって、再びジハードの精神が鼓舞されるようになった。

イラン革命は、そのほとんどが非武装の民衆デモによって担われたが、そこでは反王制闘争が自己犠牲によるジハードとされ、弾圧で命を失うことが殉教とされた。また、弱者が正義を求める闘争をジハードと呼んで、弱者の武器としての「自爆攻撃」を生み出すイスラーム運動も生まれた。新しい時代の特徴は、現代的な闘争をイスラーム的な概念や思想によって正当化する点にある。

中道派のウラマー連盟

ジハードを統御するイスラーム的統治者がいなくなり、外国軍・占領軍と戦うレジスタンス組織、あるいはゲリラ集団、自ら決起した野戦司令官などがジハードを唱える時代となった。このことは、特にスンナ派の諸国で大きな問題となっている。

シーア派の場合は、一九世紀以降、世俗化に対抗してウラマーの階層化・序列化を進め、聖職者のいないイスラームにおいても、あたかも教会があるかのような宗教指導者のヒエラルキーを構築することに成功した。ウラマーの称号も「イスラームの明証」「神の徴」「偉大な神の徴」と、明確な位階をなしている。その背景には、シーア派がもともと、世俗権力をやむをえない次善の策とみなして、権力者と距離を置いてきた経緯がある。

シーア派では強力なウラマー階層が成長した結果、イランのイスラーム革命および革命後の体制はウラマーと深く結びついているし、「自爆攻撃」を生み出したレバノンのヒズブッラー（ヒズボラ、神の党）ですら、ウラマーの指導に従っている。ヒズブッラーは、一五年余の内戦が終わって暴力の時代が終結すると、レジスタンス部隊は保持しつつも、国会選挙に参加して議員団を擁し、草の根の福祉活動やテレビ・ラジオ放送・出版社の経営まで行う総合的な社会運動となって、レバノン社会に根を下ろした。

これに対して、イスラーム世界の九割を占めるスンナ派の場合、ウラマーは階層化していない上に、もともとウラマーと統治者は相互依存の関係にあった。ところが、スンナ派の諸国ではその統治者が世俗化、西洋化するようになり、ウラマーは同盟者を失った。さらに、イスラーム反体制派が世俗的統治者をイスラームの名において断罪することも起こるようになった。サウディアラビアのマッカ事件や、エジプトのサダト大統領暗殺は、その一例である。

このような状況に中道派は大きな危機感を持ってきた。二〇〇一年に米国での同時多発テロ事件が起こると、いよいよ中道派の危機感は深まった。ブッシュ政権が「反テロ戦争」を宣言し、イスラーム急進派との対決姿勢を前面に押し出すと、中道派の地盤沈下は進んだ。中道派はウンマの合意の重要性を信じる人々であり、協議と説得を旨とするから、軍事的な対決路線からは得るところが少ない。野戦司令官ビン・ラーディンは、あたかもイスラーム世界を代表するかのような扱いを受け、中道派は脇に追いやられた。

その危機感をバネに、二〇〇四年七月にムスリム・ウラマー世界連盟が結成された。これは「中道派（ワサティーヤ）」に立脚するウラマーを糾合し、イスラーム世界の公論を形成するためのプラットフォームであり、スンナ派からもシーア派からもウラマーが結成大会に

中道派の結集　ムスリム・ウラマー世界連盟の設立総会（2004年）。著者撮影

参加した。大会で議長に選出されたユースフ・カラダーウィーは、基調報告で、次のように趣旨を述べた。

（一）世界のムスリムたちは統一と連帯を必要としている。（二）イスラーム全体の統一を図るとすれば、まずウラマーたちの統一を図らなくてはならない。（三）イスラームの統一の象徴としてかつてカリフ制が存在したが、今日では、その役割をウラマーが担わなくてはならない。（四）そのためにウラマー連盟の結成を呼びかけたところ、多くの賛同を得た。（五）この連盟はすべてのムスリムたちのためにある。（六）知識を持つ女性たちもそのメンバーとなるのであり、女性たちの参加は重要である。（七）連盟は開放的な立場をとり、西洋キリスト教などとの対話を推進する。（八）イスラームは慈悲の教えであり、暴力を否定する。（九）イスラームは中道の教えであり、連盟はイスラーム世界の革新・復興・改革を推進する中道派（ワサティーヤ）の立場に立脚する。

この中で、「イスラームの統一の象徴としてかつてカリフ制が存在したが、今日では、その役割をウラマーが担わなくてはならない」と断言されていることは、注目に値する。一九二四年にカリフ制が廃止された時、多くのムスリムたちが「ウンマの象徴が消滅した」と衝撃を受け、涙した。その後長らく衝撃の残響が残り、「もはやカリフは必要ない」とは誰も言わなかった。カラダーウィーの言葉は、もうカリフの時代ではないことを明言している。ここまで来るのに、実に八〇年がかかった。

かつて剣のジハードの宣言権は、カリフにあった。それは、ウンマの公益を考え、内外の状況を判断する統治者の責任であった。カリフ制の役割を中道派のウラマーたちが果たすとすれば、それは、ジハードを急進派、過激派、野戦司令官たちから取り戻すことを、暗に宣言しているのではないだろうか。

二一世紀の眺望

「テロ」と「反テロ」の相克

「テロと反テロ」の時代は、人類を幸福にしない。テロ行動がジハードの名の下に行われているならば、それはなくなる必要がある。しかし、「反テロ」の名の下に暴力的な戦争が行われるならば、それもテロと同じように、暴力の連鎖をもたらすものであろう。

ジハードは本書でも見てきたように、もともと公正な社会を建設するための奮闘努力を指す。そのような社会が国家を持ち、秩序と国土防衛の課題が生じる時、「剣のジハード」も必要とされる。イスラームは宗教と社会、宗教と国家を統合しようとする教えであるから、イスラームがイスラームである限りは、政治を捨てた宗教、軍事と縁を切った宗教になることはないであろう。ジハードが聖典に明示されている限り、教義からジハードがなくなることはない。

しかし、ジハードそのものが宗教的に大きな意義を持っていることは、決して悪いことではない。内面の悪と戦うという倫理的な立場は、宗教が自己の執着や悪への誘惑と戦うことを勧める限り、プラスの意味を持っている。己を捨てることは戦いではなく、ただ執着を捨てること、と説く宗教もあるかもしれない。しかし、イスラームは、悪を捨てることを己との戦いと呼ぶことを好む。イスラームは、仏教のようにもキリスト教のようにもなりえない。それは、宗教それぞれのスタイルであり、志向性の問題であろう。

開祖ムハンマドは、自ら剣を持って戦った。戦場から戻って、「さあ、小ジハードが終わった。これからは、大ジハードである」と、心の修行を促したとされる。開祖にして最大の指導者がそのようなイメージで語られる以上、それがイスラームの基本的な性格を決めている。

ジハードを基盤としながら、イスラーム帝国とその華麗な文明が生み出された。現代にイスラーム復興をめざす人々は、黄金時代へのノスタルジアとともに、それを「宗教と科学が結びついていた時代」として描く。イスラーム復興は、イスラームと現代文明の結合を実現しようと志す。もし、そうであるならば、なぜ、急進派、過激派、武装闘争派がジハードの概念を自分たちの都合のよいように用いることができるのであろうか。

その一つの答えは、イスラームにではなく、イスラームの欠如に求められる。すなわち現代のウンマは下層部でイスラームが生き残っている一方、上層部で脱イスラーム化が進んでいる。草の根のイスラーム復興は、下から徐々にイスラーム復興を進め、個人から家庭へ、家庭から地域コミュニティーへ、そして社会全体へ、さらに国家や政治へ、と構想する。急進派は、それでは待ちきれない、国家こそが解決の鍵である、と生き急ぐ。

つまり、国家と政治におけるイスラームの薄い部分に、イスラームを掲げる急進派が浸透するのであろう。言いかえれば、中道派のイスラームが濃いところには、急進派は浸透することができない。中道派の説く路線が力を持っていないところで、急進派の主張は説得力を持つ。

公正な国際社会をめざして

急進派が活動する余地が生じることのもう一つの大きな理由は、不正の存在である。深刻な貧困の存在、拡大し続ける貧富の差、社会的・経済的な不公平、イスラーム的な公正を無視した統治などは、弱者や困窮者たち、抑圧された人々を悲惨な運命に置く。悲惨な状況が、侵略や占領に起因する場合も同じであろう。イスラームに関わりなく、現在の世界に大きな不公平、不平等が満ちていることは、あらためて述べるまでもない。闘争を主張する急進派や過激派は、そこから支持を引き出してくる。

本章で描いたところからも明らかなように、急進的な民族主義が衰えた後にイスラーム急進派が登場した。民族主義や社会主義に立脚する闘争組織が敗北した後に、イスラーム的な闘争組織や抵抗運動が誕生した。言いかえれば、原因や社会的状況はさまざまでも、闘争の種は初めからそこにあった。イスラーム復興の時代になったから、そのような闘争組織は、ジハードを唱えるようになったのである。半世紀前の中東であれば、「人民解放闘争」を呼号したであろう人々は、今日、「ジハードに立て」と言うであろう。

中道派は、イスラームを定義する力を自分たちの手に取り戻そうとしている。しかし、問題は単に、ジハードの定義だけにとどまらない。そのような闘争を生み出す政治的・社会的矛盾をなくす必要があるからである。それゆえに、中道派ですら、パレスチナのイスラーム抵抗運動に対して、外国軍の占領がある限りレジスタンスは「正当なジハード」である、と擁護する。自爆攻撃に関してすら、「彼らが戦車や機銃を持っていたら、それを使って家族や郷土を守るであろう。何もない人々だから、そのような異常な手段に訴えるのだ」と弁護する。パレスチナ問題に公正な解決が訪れない限り、この問題は解消しようがない。

その意味では、イスラーム世界と国際社会が有意義な対話と問題解決に臨むためには、ジハードを本来の意味で理解すること、そして、問題解決のための対話のアジェンダ（議題と討議行程）を用意することが必要である。この場合の「イスラーム世界」が中道派によって代表されるべきことは、言うまでもない。急進派、過激派が世界を不安定にしているとすれば、それを解決する長期的な方策は、より公正な国際社会を築くことであろう。

もし、イスラーム帝国の歴史を学び、そこにおけるジハードがもともと社会建設の一環をなしていたことを理解するならば、そして、現在の中道派も、そのようなものとしてジハードを再構築しようとしていることを知るならば、その理解から対話の糸口へと道をつなげることも可能なのではないだろうか。そのことを密かに期待して、本書の筆を擱《お》きたい。

あとがき

イスラーム帝国は、アラビア半島という「空白地帯」から突如として登場し、燦然《さんぜん》と輝く世界文明を築き、やがてその後継者たちに道を譲った。それを一言でまとめるならば、帝国は栄光とともに消え去り、イスラームは残った――と言うべきであろうか。

この興亡の世界史の一巻として、イスラーム帝国についての執筆依頼を受けた時、しばし躊躇《ちゅうちょ》したのは、自分がはたして適任者かという思いであった。確かに、私はすでに『ムハンマド――イスラームの源流をたずねて』（山川出版社、二〇〇二年）を著し、それ以前にもマディーナ憲章をめぐる実証的な研究も行っていた。しかし、それは思想史の立場からであって、私はイスラーム史そのものの専門家ではない。研究者としての私は、七世紀以来のイスラーム思想史を一つの柱とし、現代イスラーム世界と中東地域研究をもう一つの柱として、これまでやってきた。

考えあぐねている私の背中を押したのは、編集委員の杉山正明氏であった。杉山氏は、今、世界の歴史を「人類知」の視点から再構成することが必要であり、そのためには、現代が理解できるような歴史の解釈が必要なのだ、それを二一世紀の扉をくぐった日本人に提示したい、と力説した。いや、日本だけではなく、人類全体が、そのような知の営為を必要としている、と説く杉山氏の迫力に、感銘し、共感したというのが、正直なところであった。

今日イスラーム人口は世界のほぼ四分の一であるにもかかわらず、まだ縁遠く、理解が進みつつあるとはいえ、誤解もなくなっていない。たとえば、ジハードを「聖戦」と訳して、十字軍のイスラーム版と勝手に解釈していることも、その一つであろう。もっとイスラーム世界の実体に迫るアプローチが必要、ということには全く同感であった。

もう一つ、本書の執筆に挑戦しようと心を決めた動機は、故ユースフ・イービシュ先生との縁による個人的な理由であった。それについてやや長めに書くことをお許しいただきたい。私がイービシュ先生と親しくなったのは、一九九〇年にケンブリッジ大学に客員研究員として赴《おもむ》いた時、先生が同じく客員研究員だったからであるが、先生のお仕事には以前から影響を受け、すぐに百年の知己のように親しくなった。

イービシュ先生は、数奇な運命の持ち主で、「二〇世紀のイスラーム世界の激動の生き証人」とでもいうべき方である。もともとクルド系のアラブ人（アラブ化したクルド人、というべきであろうか）で、ダマスカスで大地主の一家に生まれたが、ハーバード大学大学院でイスラーム研究の碩学《せきがく》ハミルトン・ギブ教授の下に留学中に、革命政府によって財産を没収され、長距離トラックの運転手をしながら博士号を取ったという。名家の出であることは、一九世紀のアルジェリアにおける対仏レジスタンスの英雄で、その後シリアで没した神秘家アミール・アブドゥルカーディルの孫娘と結婚なさったことからもわかる（アブドゥルカーディルはムハンマドの子孫で、高貴な家系とみなされている）。先生のアラビア語古典の教養は驚くべき深みを持っていたが、同時に、先生はレバノンやアメリカで教育を受け、現代西洋についても知悉《ちしつ》していた。現代の中東政治についても第一人者であり、ベイルート時代にはラース・ベイルート地区のカフェに、先生から政治や文化の話を聞こうとする知識人や学生のサロンが形成されていたという。研究関心も、歴史と現代を結び、専門の政治史だけではなく、科学や文化にも及び、非常に多彩な著作物を刊行している。いわば、洋の東西を合わせた知識人の一人であった。

余談になるが、ケンブリッジで出会う前に先生とニアミスしたことがある。それは一九八二年のレバノン戦争の時で、私はユニセフの仕事をする写真家を手伝って、イスラエル軍に包囲された西ベイルートにいた。その時、西ベイルートにまだ住んでいらした先生は、流れ弾が二発貫通する不運に見舞われ、病室が空くまで応急手当てのままに木陰で二日間過ごした、という。

余談ついでに言えば、この戦争の際に、先生が編集なさった『ラシード・リダー政治論集』全六巻の草稿が行方不明になったことがある。リダーは『マナール（灯台）』誌を一八九八年から一九三五年まで主宰したイスラーム復興の指導者で、先生はこの雑誌の中から多大な努力をしてリダーの政治論を抽出した。草稿とともに長い間の努力の成果が失われ、先生ががっかりしたことは容易に想像できる。ところが、後のある日、清掃業者から電話があり、回収されたゴミの中から草稿が戻ってきたのであった。「辛抱強く頑張っていれば、いつかは陽の目を見るものだ」というのが、先生の感慨であった。

ケンブリッジでお会いした時は還暦を迎える頃で、ベイルート・アメリカン大学や米国のいくつもの大学での教鞭《きょうべん》を執った後、すでに引退するおつもりであった。しかし、専門領域が近接している私と出会って共振作用が起こったのか、いくつもの研究プロジェクトを精力的に提案なさり、それ以後、先生が亡くなる二〇〇三年までずっと共同研究を行うことになった。先生は「研究という仕事は、松明《たいまつ》をリレーして行くようなものだ」と常々語っていたが、私も先生の松明を引き継ごうと心に決めた。

先生と一緒にした仕事はいくつもあるが、本書に関係があるのは、『イスラーム政治思想の遺産』と「イスラーム制度論」である。前者は、八世紀のアブー・ユースフ（本書二二二頁参照）に始まり二〇世紀後半に至るイスラーム政治思想のアラビア語原典を、厳選し編集したものである。およそ六〇名の著作家たちが収録され、二〇〇五年になって大判・二段組で一〇〇〇頁近い書として刊行された。思想を社会の動態と連関させながら解析するというのが私の作法であるが、この原典資料集を元に『イスラーム政治――歴史の水脈と思想の系譜』を書くのが先生との約束であった。

もう一つの「イスラーム制度論」は、「イスラーム社会――その諸制度の生成と史的展開」が仮題であったが、ムハンマド時代から一三世紀くらいまでのイスラーム社会を、イスラーム的諸制度の生成という観点から再構成するというプロジェクトである。九〇年代を通して、米国の東海岸のいくつもの専門図書館（膨大なアラビア語書籍が所蔵されている）を中心に、先生と二人でこのプロジェクトのための史料を二万頁ほど集める作業をした。その後の予定では、具体的な解析と執筆の作業に入り、英語・アラビア語・日本語でそれぞれ著述・刊行することになっていた。しかし、私が京都大学に移り、先生もロンドンのフルカーン・イスラーム遺産財団（写本の保全や研究を推進する文化財団）の所長となり、それぞれが忙しい日々に追われることになった。先生の訃報によって、これはついに未完の共同プロジェクトとなってしまった。

すでにおわかりのように、本書は、『イスラーム政治——歴史の水脈と思想の系譜』と「イスラーム制度論」を準備する作業を下敷きにしたものである。先生とのまだ果たしえていない約束を、本書の執筆でいくぶんか実現できるのではないかと思い、イスラームの政治史と思想史の結合という冒険を行うことにした。冒険の成否については、読者の皆様のご判断をお待ちしたい。

イスラーム史については、欧米でも日本でも、相当な研究が蓄積されている。アラブ諸国においても、多くの研究がなされてきた。より厳密な歴史研究において、本書で扱った時代を専門とする優れた研究者が日本にも幾人もおり、特に最近は傑出した若手が登場している。内外の研究成果を参考にしながら、本書の執筆を進めたことは言うまでもなく、参照させていただいた皆様に敬意と感謝を表したい。しかし、論争となっている部分についての判断は、最終的には筆者が責を負うべきものであろう。アッバース朝研究の第一人者である畏友・清水和裕氏には、お忙しい中、草稿をお読みいただき、アドバイスをいただいた。深く御礼申し上げる次第である。

人類の歴史を再考し、再構築するという壮大な本シリーズに参加する機会を得たことは、筆者にとってさまざまな意味で貴重な機会となった。お世話になった皆様に深謝申し上げたい。

最後に、本書を故ユースフ・イービシュ先生に捧げる。

その後のジハード——学術文庫版のあとがき

本書の原本が出版されてから一〇年の間に、国際的なニュースをイスラーム過激派がにぎわす機会がいっそう増え、「ジハード」の言葉を耳にすることも多くなった。今では、ジハード主義者を意味する「ジハーディ」という言葉も、通常のメディア用語として定着している。さらに、二〇一四年六月には、アル゠カーイダ系の分派組織の一つがイラク、シリアの一部を領土として「イスラーム国」を名乗り、その指導者であるアブー・バクル・バグダーディーが「カリフ」であると宣言するに至った。

最初のイスラーム国家がいかにしてムハンマドの指導下に成立したか、彼の後継者となった「カリフ」とは何か、といったテーマは、七〜一〇世紀を対象とした本書において、さまざまな角度から検討したことである。一九世紀になってから、危機に陥ったオスマン朝スルタンがイスラーム世界からの支持を集めるために、「カリフ」の称号を再び用いるようになったことについても、第九章で触れた。

しかし、そのような歴史的な経緯を持つ物語が、二一世紀になってから過激派組織の手によって現実のものとして再び国際舞台に持ち出されるとは、大きな驚きであろう。オスマン朝のカリフ位が消滅した一九二四年以降も、カリフ復活論は続いていたし、確かに今日でも、イスラーム解放党（一九四九年設立）などはカリフ制樹立を主張し続けて、東南アジアや中央アジアで党勢を伸ばしている。とはいえ、イスラーム世界の大勢としては「イスラーム国家」の正統性はイスラーム法の施行によって確保されるもので、国家元首の称号によるものではない、というコンセンサスが二〇世紀後半には広がっていた。

にもかかわらず過激派の「イスラーム国」が具体的な領土を持って登場し、非常に過激なその主張に対して、世界中で不満を抱くムスリム青年が共鳴し、何千人もの義勇兵が「イスラーム国」の旗下にはせ参じることになった。さらに、二〇一五年以降はフランスやベルギーで「イスラーム国」の指示とされるテロ事件が起きた。二〇一五年一月にはシリアで、日本人人質も二人「イスラーム国」に殺害された。過激派の流れはまだまだ容易になくならないであろう。そこからわかることは、「ジハード」や「カリフ」といった用語、あるいはそのような用語が発する宗教・政治的なオーラは、決して過去だけのものではないことである。

それにしても、二〇一四年にカリフ位を宣言した「アブー・バクル・バグダーディー」という名乗りの仰々しさは、どうであろうか。この名は当該人物の本名ではなく、宗教・政治指導者としてのイコンを示す名である。「アブー・バクル」がカリフ制の創設者であり、ムハンマドなき後のイスラームを確立した人物であることは、本書の読者はよくご存じであろう。「バグダーディー」とは「バグダード出身」または「バグダードにゆかりの深い者」の意であるが、バグダードがイスラームの黄金期を代表する都であり、また栄光の五世紀を経てモンゴル軍に破壊された「痛恨」の象徴ともなっている。しかも二〇〇三年に、米国は有志連合を率いてイラクに侵攻し、またもバグダードを陥落させた。それ以降に、イラク、シリアで過激派が伸張するようになったのは、この現代のバグダード陥落が引き金であり、それに対する報復戦という側面も持っている。

「その後のジハード」という時の「その後」は、本書の第一〇章で論じた九・一一事件（米国同時多発テロ）、アル＝カーイダの勃興、その指導者ビン・ラーディンの「国際的名声」の、その後ということになる。九・一一事件への対応として、米国・共和党のブッシュ（子）政権は「反テロ戦争」を発動した。それは、二〇〇一年のアフガニスタン戦争、二〇〇三年のイラク戦争に帰結し、その後何年も続いた両国での戦争に疲弊した米国民は民主党のオバマ政権を誕生させた。オバマ大統領は、地上戦以外の方法（空爆、ドローン〈無人機〉による暗殺、軍事顧問の派遣等）によって「反テロ戦争」を継続し、ビン・ラーディンについても特殊部隊をパキスタン領内に侵入させ、暗殺に成功した。オバマ大統領は、ビン・ラーディン殺害時に「世界はより安全になった」と述べたが、間違いであったことがまもなく判明した（詳しくは、拙著『9・11以後のイスラーム政治』岩波書店、をご参照ください）。

アル＝カーイダの勢力そのものは、確かに二〇一〇年頃までにかなり衰えたが、その最大の理由はアラブ諸国で若者たちが革命、改革に立ち上がったためであった。いわゆる「アラブの春」である。二〇一〇年暮れに燃え上がったチュニジアでの民衆運動は一ヵ月ほどで独裁者のベンアリーを倒し、続いて二〇一一年二月にはエジプトの独裁者ムバーラクが退陣し、一〇月にはリビアの独裁者カダフィーが四〇年にわたる支配の幕を閉じた。他のアラブ諸国でも、民主化を求める声が高らかにあげられた。

九・一一事件やほかのアル＝カーイダの活動に対して、イスラーム世界の中にそれなりの共感があったのは、閉塞状況に置かれた若者たちが過激派の行動に自分たちの願いを仮託したからであった。政治的には独裁が続き、経済的には貧富の差が広がり、国際的には大国が幅をきかせているという状況下で「自分たちにできることは何もない」という絶望感は、誰でもいいから何かやってくれる英雄、つまりビン・ラーディンのような人物への期待を生む。

「アラブの春」の民主化運動が始まった時、各地の青年たちの間で「運命を自分たちの手に取り戻した」という高揚感がひしひしと感じられた。そして、アル＝カーイダへの支持は、急速に低下した。問題は、その後で「アラブの春」がたいていの国で失敗に帰したことであった。エジプトでは、ムスリム同胞団のムルシ大統領が二〇一二年に誕生したが、わずか一年でクーデタによって倒された。革命派の青年たちが同胞団の政策に反対し、軍人の再登場を認めたことも民主化の浅さを物語っていたが、その後も、独裁的なシーシ政権、弾圧される同胞団、閉塞状況に陥った革命派・民主派に分極化して、不安定な時代が続いている。

もっとも悲劇的なのはシリアであろう。二〇一一年に始まった民主化を求めるデモは、アサド政権によって「テロリスト」として弾圧の対象となり、やがて反対派も武装し、内戦が始まった。はじめは政権側と、自由シリア軍などの反体制諸派の戦いであったものが、イスラーム過激派が第三極として伸張し、その中のいっそう過激な一派「イスラーム国」も登場した。欧米はアサド政権の強権に反対し、民主化を応援しているはずであったが、「イスラーム国」が勃興すると「反テロ戦争」が優先され、かえって過激派が伸張してしまうような政策や戦術が取られるようになった。

内戦が始まってから五年の間に、二〇万人もの犠牲者が出て、シリア国民の四分の一近くが難民となり、それ以上の数の人びとが国内避難民となった。二〇一五年には命からがら戦火を逃れたシリア難民がヨーロッパに押し寄せ、EUにとっても深刻な危機となった。このような中で移民排斥を唱える右派政党が伸張し、明らかに人権思想は守勢に回っている。経済のグローバル化は進む一方であるのに、政治面では「自国第一」がグローバル・スタンダードになる皮肉な状況さえ見られる。

このような背景を念頭に置きながら考えると、現代的な武装闘争を「ジハード」と呼ぶジハード主義がなぜ伸張しているのかについて、いくつかの論点を見つけることができる。

第一は、冷戦時代が終わって、グローバル化時代となった結果、世界的に富の不均衡が進み、貧富の格差が広がって、過激派が伸張する土壌が作られていることにある。ところが、冷戦の終わりとともに、社会主義などの「抵抗の思想」がやせ細り、現代イスラームが代替案として浮上してきたということであろう。しかも、過激派のイデオロギーが不満を持つ青年たちに訴求力を持っている。イスラーム穏健派は「喜捨」「相互扶助」などの理念で格差を埋めようとしているが、ムスリム諸国の政府・財界が新自由主義に乗っている状況下で、対応しきれていない。

第二は、民主化の失敗や停滞によって、合法的な方法を通じた社会改革がムスリム諸国の大半で成功していないことである。民主的な希望が全くなければ、過激派の主張のほうがかえって現実的に聞こえてもおかしくはない。過激派の人気が「アラブの春」でいったん衰退し、「アラブの春」の失敗とともに息を吹き返したことは、これをよく物語っている。

第三は、大国や国際社会の対応のまずさである。特に、米国が「反テロ戦争」という形で、テロ問題を軍事的に定義し、軍事的な対策を優先してきたことが問題を深刻にしてしまった。しかも、米国の厭戦気分を反映して、近年は、空爆やドローンによる攻撃という、攻撃側が安全で地上の市民が巻き添えになる攻撃が増えているため、住民の間で復讐心を生み出し、過激派への支持をかえって広げるようなことが続いている。

第四は、過激派がインターネット時代の申し子という点が重要である。穏健派もアナログからデジタルへの転換の努力をしているが、はじめからデジタル時代の申し子である過激派のほうに分がある。思想がネットを通じて拡散する結果、フランスなどに住む不遇な移民二世・三世がリクルートされ、「ホームグロウン・テロ（自国育ちのテロ）」も多発するようになってきた。

第五に、アル＝カーイダが過激派なりのイスラーム的論理を持っていたのに対して、いわゆる「イスラーム国」の実態がイスラームから乖離しているという問題がある。この分派は他宗教への攻撃、イスラーム内部での宗派紛争に邁進している。「ジハード」や「カリフ」などの語を乱用しているために誤解を呼びがちであるが、その実態は元々イスラームとは関係のない過激分子によるイスラームの乗っ取りに近い。

第六に、欧米ないしは国際社会の側に理念的な問題が生じている。近年は啓蒙主義が弱まりつつあり、治安的な配慮や排外的な民族主義が優先されるようになってきた。そのため、長期的には融和の思想や人権の配慮こそがテロを根絶する道ということが忘れられ、治安対策としてのテロ問題が強調されるようになった。どこの社会でも社会的な安全を確保することは必要であるが、対症療法だけでは社会の病は治せない。

実際のところ、「その後のジハード」や最近の政治変動は、基本的には第一〇章で述べたことの延長線上にある。今日でも基本的な問いは、ジハードのような長い歴史を持つ理念とその実践が現代で再生する時に、中道派の道が優勢となるのか、過激派が隆盛するのか、ということである。もう一つ付け加えるならば、過激派の中でもイスラームを利用しているだけの過激分子に「ジハード」が乗っ取られるのか、という問題もある。

最近の国際情勢を見ると、「イスラーム国」の樹立や欧米諸国での過激派によるテロ事件などがメディアを騒がせて、過激派が伸張しているかのような印象を与える。その一方で、よく見ると、中道派、穏健派の草の根のイスラーム復興も広がり続けている。たとえば、クルアーンの教えに沿ったイスラーム金融の発展がめざましいし、また日本でも外国人観光客の急増にともない、「ハラール食品」(イスラーム法で合法な食品)をムスリムに供給する動きも盛んになっている。合法で健康な食品を日々食べるべく努めることも、「己を律するジハード」の延長であり、そのような食品が確保できる仕組みを作ることも「社会改革のジハード」の延長であろう。

武装闘争に特化した「剣のジハード」ばかりをジハードとして強調するのか、総合的にジハードを実践して、社会構築に努めるのか——この選択をめぐる闘いは、これからのイスラーム世界でもいっそう熾烈さを増すと思われる。日本にとっても、ジハードと聞くとすぐにテロを連想するのか、本来のジハードはそういうものではないと理解していくのかは、過激派（およびさらに過激な分派）にジハードを独占させないためにも、重要な選択となるように思われる。

歴史に学び、現代を深く考え、融和が実現するよりよい未来へ向かいたいものと切に願いながら、本書を読者諸賢に捧げたい。

放送出版協会　2006年
・大塚和夫『近代・イスラームの人類学』 東京大学出版会　2000年 ▶人類学の立場から長年イスラームを研究してきた第一人者の論考。イスラーム世界が近代と出会ってどう変容したかだけでなく、「近代」そのものの意味も問い直す。同じ著者の次の2冊は一般向けで読みやすい。
・大塚和夫『イスラーム的』 日本放送出版協会　2000年（講談社学術文庫から2015年再刊）
・大塚和夫『イスラーム主義とは何か』 岩波新書　2004年
・バーナード・ルイス著／今松泰・福田義昭訳／臼杵陽監訳『イスラム世界はなぜ没落したか?――西洋近代と中東』 日本評論社　2003年 ▶エドワード・サイードは『オリエンタリズム』で、西洋の中東に対する偏見と支配欲を批判した。その批判対象となった東洋学者の一人がルイスであった。ルイスはイスラーム世界と対立する西洋側の代表的論客であり、本書にはよくも悪くも西洋的なモノの見方が現れている。邦訳も多く、ルイスは歴史家のように扱われているが、ごく初期の作品を除いて実証性は弱い。
・ジル・ケペル著／丸岡高弘訳『ジハード――イスラム主義の発展と衰退』 産業図書　2006年 ▶著者はフランスにおける現代イスラーム研究の第一人者。かつてサダト暗殺事件の分析で名をあげ、現在も精力的に執筆を続け、日本でもよく紹介されている。フランスの保守的な見方から分析しており、ケペルの提示する解決策が啓蒙主義の延長上にしかないことは限界というべきかもしれない。
・小杉泰『現代イスラーム世界論』 名古屋大学出版会　2006年 ▶19世紀後半からのイスラーム復興の思想と実態、社会変革と草の根の運動を、歴史の深層と結び合わせながら論じている。規範としての初期イスラームの影響とそこに見られる「原型」の特質なども検討されており、現代イスラーム世界を考える上での基本問題がきわめて広範に扱われている。巻末の参考文献一覧も充実。急進派・過激派や中道派をめぐる現況、中東の戦争と紛争の構造などについても詳しい。
・小杉泰『9・11以後のイスラーム政治』岩波書店 2014年　▶現代宗教としてのイスラームと、イスラーム抜きには語り得ない世界政治について、その眺望を示す。現代のジハード論についても詳しい。

優れ、バグダードの学界で傑出したが、職を擲って放浪し、やがて外面と内面を合一する境地にたどり着いた。神秘主義が正統教義と適合するものとなったのは、彼の功績による。訳文は読みやすい。
・イブン・バットゥータ著／イブン・ジュザイイ編／家島彦一訳注『大旅行記』（全8巻）　平凡社東洋文庫　1996～2002年　▶イスラーム帝国の多極化時代における「イスラームのマルコ・ポーロ」の大旅行の全記録。詳細な訳注、索引が付けられている。なお、訳者による紹介『イブン・バットゥータの世界大旅行』（平凡社新書　2003年）も読みやすい。
・前嶋信次・池田修訳『アラビアン・ナイト』（全18巻）　平凡社東洋文庫　1966～1992年　▶アラビアン・ナイトは明治以来、西欧から重訳で日本に紹介されてきたが、ついにアラビア語からの初訳が完成。日本翻訳出版文化賞も受賞した名訳。イスラーム的なファンタジーであり、アッバース朝時代のバグダードも重要な舞台となっている。アラビアン・ナイトの文化的背景については、前嶋信次『アラビアン・ナイトの世界』（平凡社　1995年）、西尾哲夫『図説アラビアンナイト』（河出書房新社　2004年）がよい。
・イブン・タイミーヤ著／湯川武・中田考訳『シャリーアによる統治――イスラーム政治論』　日本サウディアラビア協会　1991年　▶アッバース朝が崩壊した後のイスラーム世界で、国家・政治の理論を再構築した法学者の書。現代にまで大きな影響を与えている。

イスラームと現代

現代イスラームを扱った書籍は数多いので、ここでは本書でも言及したイスラームと西洋や、イスラームと現代の関係を特に扱ったものを数点のみあげます。詳しくは、『現代イスラーム世界論』『9.11以後のイスラーム政治』（後掲）およびその巻末の参考文献をご参照ください。

・内藤正典『アッラーのヨーロッパ――移民とイスラム復興』（中東イスラム世界8）　東京大学出版会　1996年　▶ヨーロッパの中でイスラーム復興がなぜ起こるのか、その実態を詳細に調査し、どのような価値の対立があるのかを解明した画期的な研究。次の2冊では、さらに2001年以降の国際的な対立状況を踏まえた上で、根本的な議論を展開している。
・内藤正典『ヨーロッパとイスラーム――共生は可能か』　岩波新書　2004年
・内藤正典『イスラーム戦争の時代――暴力の連鎖をどう解くか』　日本

ている。預言者伝の成立や、アッバース朝前期におけるアラブ歴史学の形成などにも触れられている。

・W・モンゴメリ・ワット著／三木亘訳『地中海世界のイスラム――ヨーロッパとの出会い』 筑摩書房 1984年 ▶ヨーロッパへの文明と文化の伝播を論じた古典。巻末に、西欧語に入ったアラビア語起源の語彙の一覧が収録されている。

・ハワード・R・ターナー著／久保儀明訳『図説 科学で読むイスラム文化』 青土社 2001年 ▶イスラーム科学の歴史。近代科学の基礎が、大きくイスラーム時代の科学に依拠していることが読み取れる。

・アフマド・Y・アルハサン、ドナルド・R・ヒル著／多田博一・原隆一・斎藤美津子訳『イスラム技術の歴史』 平凡社 1999年 ▶工学、建築、化学、農学、軍事などの技術について詳細に論じた書。入門向けには、次が手軽である。

・佐藤次高『イスラームの生活と技術』（世界史リブレット17） 山川出版社 1999年

・菊地達也『イスマーイール派の神話と哲学――イスラーム少数派の思想史的研究』岩波書店 2005年 ▶アッバース朝を正統性と権力の両面から脅かしたファーティマ朝は、シーア派の中でもイスマーイール派というイデオロギー性の高い分派に立脚していた。本書は、これまで十分明らかとなっていなかった同派の思想的な内容を解明した。

古典の翻訳

・アル＝マーワルディー著／湯川武訳『統治の諸規則』 慶應義塾大学出版会 2006年 ▶マーワルディーは11世紀前半に活躍した法学者で、落日のアッバース朝期に、規範的なイスラーム法の国家論、シャリーア論を組み立てた。本書によって、イスラーム国家論の最良の古典が日本語で読める。

・ヒラール・サービー著／谷口淳一・清水和裕監訳『カリフ宮廷のしきたり』松香堂 2003年 ▶10世紀後半から11世紀半ばに生きたブワイフ朝時代の書記・歴史家の著作で、アッバース朝の宮廷の生の姿を伝えている貴重な史料。共同作業によって、訳・訳注ともに非常に丁寧に作られている。

・ガザーリー著／中村廣治郎訳注『誤りから救うもの――中世イスラム知識人の自伝』ちくま学芸文庫 2003年 ▶11世紀後半から12世紀初頭に活躍し、ラテン語名アルガゼルとして西欧にも大きな影響を与えたイスラーム学者の思想的遍歴の書。ガザーリーは法学・神学・哲学などに

バース朝時代に成立した「海域世界」の実相について、詳細かつ実証的に論じている。
・ジャネット・L・アブー＝ルゴド著／佐藤次高・斯波義信・高山博・三浦徹訳『ヨーロッパ覇権以前——もうひとつの世界システム』（上・下）　岩波書店　2001年　▶西洋的な国際システムが形成される以前にイスラームが作り出した国際システムがあったことを論じた書。時代的には13〜14世紀で、本書でいう「多極化の時代」に相応する。
・佐藤次高『イスラームの「英雄」サラディン——十字軍と戦った男』　講談社選書メチエ　1996年　▶アッバース朝末期にエジプトやシリアをカリフの宗主権の下に戻した英傑の評伝。
・加藤博『文明としてのイスラム——多元的社会叙述の試み』（中東イスラム世界6）東京大学出版会　1995年　▶経済・社会からイスラーム世界の歴史を概観しており、貨幣論など刺激的な論考が詰まっている。
・堀井聡江『イスラーム法通史』　山川出版社　2004年　▶イスラーム法の歴史について、日本語で書かれたほぼ唯一の通史。
・柳橋博之『イスラーム財産法の成立と変容』　創文社　1998年　▶財産法から見たイスラーム法の発展がわかる高度な学術書。
・ワーイル・ハッラーク著／奥田敦編訳『イジュティハードの門は閉じたのか——イスラーム法の歴史と理論』　慶應義塾大学出版会　2003年　▶著者は、イスラーム法史をめぐって欧米の学界で論争を呼び起こし、定説を破る新しい立場を確立してきた。今や新たな定説となった諸論文を編んだ邦訳。
・ジョナサン・ブルーム、シーラ・ブレア著／桝屋友子訳『イスラーム美術』　岩波書店　2001年　▶建築、彩色写本、陶磁器、織物、金属製品など、イスラームの美術工芸の概観と通史。図版多数。
・深見奈緒子『イスラーム建築の見かた——聖なる意匠の歴史』　東京堂出版　2003年　▶日本におけるイスラーム建築研究の最新の成果が盛り込まれている。次は、同じ著者による一般書。
・深見奈緒子『世界のイスラーム建築』　講談社現代新書　2005年
・NHK「文明の道」プロジェクト・清水和裕ほか『NHKスペシャル文明の道（4）イスラムと十字軍』　日本放送出版協会　2004年　▶深見奈緒子氏などの研究によって、NHKの番組でデジタル再現されたバグダードが掲載されている。在りし日の円形都城を知る上で、絶好の書。
・林佳世子・桝屋友子編『記録と表象——史料が語るイスラーム世界』（イスラーム地域研究叢書8）　東京大学出版会　2005年　▶文書や実物の史料から何が読み解けるか、この分野における最新の成果をまとめ

・井筒俊彦『イスラーム思想史――神学・神秘主義・哲学』 岩波書店 1975年（中公文庫 1991年、2005年改版） ▶イスラームの成立から思弁神学の発展、スーフィズムの確立、スコラ哲学の展開など、7～13世紀のイスラーム思想を明晰に描き出す。
・ディミトリ・グタス著／山本啓二訳『ギリシア思想とアラビア文化――初期アッバース朝の翻訳運動』 勁草書房 2002年 ▶アッバース朝時代におこった科学・哲学文献の翻訳運動についての研究書。
・アーイシャ・アブドッラハマーン著／徳増輝子訳『預言者の妻たち』 日本サウディアラビア協会 1977年（日本ムスリム協会より2001年再版）
・アーイシャ・アブドッラハマーン著／徳増輝子訳『預言者の娘たち』日本サウディアラビア協会 1988年 ▶学術書ではないが、アラビア語の古典史料に立脚した読み物として、この2冊と次の2冊がある。非売品であるが、入手は容易である。
・森伸生・柏原良英『正統四カリフ伝（上・下）』 日本サウディアラビア協会 1994、1996年（上巻「アブーバクルとウマル」編 日本ムスリム協会より2001年再版）

歴史の中のイスラーム（個別主題）

・陣内秀信・新井勇治編『イスラーム世界の都市空間』 法政大学出版局 2002年 ▶長年のイスラーム建築の重厚な研究成果を、多数の写真・図面とともに紹介している。
・ベシーム・S・ハキーム著／佐藤次高監訳『イスラーム都市――アラブのまちづくりの原理』 第三書館 1990年 ▶独特なアラブ・イスラーム都市が、いかにイスラーム法の規定によって生み出されているかを、実証的かつ説得的に論じている。図版も多く、読みやすい。
・湯川武編『イスラーム国家の理念と現実』（講座イスラーム世界5） 栄光教育文化研究所 1995年 ▶国家から見たイスラームの思想と歴史。なお、ジハード論について、中田考論文が収録されている。次も合わせて全5巻の講座であり、他の巻も面白い。
・堀川徹編『世界に広がるイスラーム』（講座イスラーム世界3） 栄光教育文化研究所 1995年 ▶イスラーム世界が多様な形で広がってきた姿がよくわかる。
・家島彦一『海域から見た歴史――インド洋と地中海を結ぶ交流史』 名古屋大学出版会 2006年 ▶前掲の『イスラム世界の成立と国際商業――国際商業ネットワークの変動を中心に』の続編をなす労作で、アッ

初期イスラーム（無明時代〜アッバース朝）

・堀内勝「亡びたアラブ・アード族伝承（1〜3）」『国際関係学部紀要』（中部大学国際関係学部）30、32、34号　2003〜2005年　▶イスラーム以前のアラビアの預言者については、ほとんど研究が存在しない。これは例外的で貴重な研究。
・井筒俊彦『イスラーム生誕』　人文書院　1979年（中公文庫　1990年、2003年改版）　▶無明時代のアラビア半島の文化的・思想的環境の中からイスラームが誕生する転換期の様子が、独特の韻律を持つ文体で書かれている。井筒ファンというべき読者も多い。
・後藤晃『ムハンマドとアラブ』　東京新聞出版局　1980年　▶初期イスラームを専門とする著者（後藤晃＝後藤明）が、当時のアラブ社会の実相とイスラームの始まりを丁寧に描いている。部族社会と個の確立が矛盾しないことを明確にしている点も重要である。
・小杉泰『ムハンマド——イスラームの源流をたずねて』　山川出版社　2002年　▶イスラームの開祖の生涯をヴィヴィッドに描き、その上で、「巨大な思想現象」としてのイスラームの誕生が人類史的に見てどのような意義を持っているかを論じている。
・モンゴメリー・ワット著／牧野信也・久保儀明訳『ムハンマド——預言者と政治家』（新装版）　みすず書房　2002年　▶1970年に刊行された邦訳の再刊。ワットはイギリスを代表するイスラーム研究の重鎮で、本書は社会学的な方法論をムハンマド時代に適用した1960年代の研究によっている。
・嶋田襄平『イスラムの国家と社会』　岩波書店　1977年　▶初期イスラームの歴史について、次と合わせて、もはや古典となった基本書。
・嶋田襄平『初期イスラーム国家の研究』　中央大学出版部　1996年
・佐藤次高『イスラームの国家と王権』　岩波書店　2004年　▶長年の研究成果に基づいてイスラーム国家論を再論し、新しい機軸も打ち出した好著。
・清水和裕『軍事奴隷・官僚・民衆——アッバース朝解体期のイラク社会』　山川出版社　2005年　▶史料を丁寧に読み解いて、後期のアッバース朝を分析している。アッバース朝がどのような王朝であったかの全体像もわかる。
・家島彦一『イスラム世界の成立と国際商業——国際商業ネットワークの変動を中心に』　岩波書店　1991年　▶アッバース朝期に成立した国際商業ネットワークを実証的に論じ、この時代に東西の世界が一つに結ばれたことを示した画期的労作。

・堀内勝『ラクダの文化誌――アラブ家畜文化考』 リブロポート 1986年
・小杉泰、林佳世子、東長靖編『イスラーム世界研究マニュアル』名古屋大学出版会 2008年 ▶歴史と現代、イスラーム諸地域、イスラーム関連の主題群について、わかりやすい手引きとなっている。付録も充実。

イスラーム史（全般）

・佐藤次高編『世界各国史8　西アジア史Ⅰ　アラブ』 山川出版社 2002年
・永田雄三編『世界各国史9　西アジア史Ⅱ　イラン・トルコ』 山川出版社　2002年　▶上記の2冊で、地域・民族ごとに、イスラーム以前・イスラーム時代・現代までを、専門家たちが分担して執筆している。学術的水準が高く、安心できる。
・佐藤次高『世界の歴史8　イスラーム世界の興隆』中央公論社　1997年　▶中公版の新しい「世界の歴史」シリーズの一冊。初期イスラームを扱っているが、続く2冊と合わせて、全イスラーム時代が網羅されている。このシリーズは単独または2人の著者が執筆しているので、それぞれの巻が一貫した見方で書かれていて読みやすい。
・永田雄三・羽田正『世界の歴史15　成熟のイスラーム社会』中央公論社　1998年
・山内昌之『世界の歴史20　近代イスラームの挑戦』 中央公論社　1996年
・後藤明『ビジュアル版　イスラーム歴史物語』講談社　2001年　▶ビジュアル版で、文章も非常に読みやすい。著者の専門は初期イスラームであるが、日本でイスラーム史全体を俯瞰できる数少ない一人。
・ジョン・L・エスポジト編／小田切勝子訳／坂井定雄監修『「オックスフォード」 イスラームの歴史』（全3巻） 共同通信社　2005年　▶第1巻「新文明の淵源」、第2巻「拡大する帝国」、第3巻「改革と再生の時代」。欧米でオーソリティーとみなされている執筆者たちが各分野を担当。狭義の歴史だけではなく、文化や美術・建築なども広く扱われている。
・佐藤次高ほか『岩波講座世界歴史10　イスラーム世界の発展』 岩波書店　1999年　▶7〜16世紀のイスラーム世界を、11人の執筆者が多角的に論じている。

参考文献

読者の便宜を考えて、手に入りやすい邦語の単行本を中心に紹介します。

イスラーム（概説・全般）

・小杉泰『イスラームとは何か――その宗教・社会・文化』 講談社現代新書　1994年　▶イスラームについての基本をわかりやすく解き明かす。この分野におけるロングセラーで、35刷を超える。

・井筒俊彦『イスラーム文化――その根柢にあるもの』 岩波書店　1981年（岩波文庫　1991年）▶著者は日本人のイスラーム学者として国際的にも名が轟いている。クルアーンの現象学的・意味論的研究で名をあげ、晩年は新しい東洋哲学の創出へ向かっていた。イスラームについては無明時代からの思想的転換がどのように起こったか、説得性の高い独特の分析が光っている。本書と合わせて、イスラームの成立そのものを説明した『イスラーム生誕』（後掲）を読むことをお勧めする。

・中村廣治郎『イスラム――思想と歴史』 東京大学出版会　1977年　▶欧米の研究成果を批判的に吸収し、日本のイスラーム研究のレベルを一気に高めた著作。日本で初めて、「イスラーム教」よりも「教」を付けない方が適切と明示した。

・大塚和夫ほか編『岩波イスラーム辞典』 岩波書店　2002年　▶歴史・思想と現代のイスラーム世界を網羅した基本的な専門辞典。収録語数・分量ともに現在もっとも多く、イスラームについて学ぶとき座右に欠かせない。

・嶋田襄平・板垣雄三・佐藤次高編／日本イスラム協会監修『新イスラム事典』 平凡社　2002年　▶1982年に初版が出た由緒あるイスラム事典の新版。歴史関連の記述が充実している。

・小杉泰・江川ひかり編『ワードマップ　イスラーム――社会生活・思想・歴史』 新曜社　2006年　▶イスラーム世界研究の最新成果を盛り込んだ一冊。執筆者の半数以上が女性であることは、日本での研究が新時代を迎えていることを如実に物語っている。

・堀内勝『砂漠の文化――アラブ遊牧民の世界』 教育社　1979年　▶遊牧の歴史・文化を理解することは、イスラーム世界（特に中東）を理解する上で重要である。本書および次の一冊は、アラビア語における語彙や認識の様態に分け入って、アラブ文化の重要な側面を明らかにしている。

西暦	イスラーム世界	その他の世界
	人質殺害、パリで同時多発テロ事件。アブダビで中道派の「ムスリム社会平和推進フォーラム」始動	

西暦	イスラーム世界	その他の世界
	止するための軍政から、内戦状態へ	
1993	サミュエル・ハンチントン「文明の衝突」論提唱。オスロ合意で、パレスチナ暫定自治へ	
1996	アフガニスタンで、ターリバーン政権が国土の大半を支配下に。ビン・ラーディンらが「客人」として保護下へ	
1997	イランで、穏健改革派のハータミー大統領当選。テヘランでのイスラーム首脳会議で、イラン・サウディアラビアの和解	
2001	メガワティ、インドネシア大統領に。イスラーム世界初の女性大統領。９月11日事件（米国同時多発テロ事件）。米軍がアフガニスタン攻撃、ターリバーン政権崩壊。ビン・ラーディンらは地下に	国連「文明間対話」の年
2002	パレスチナでアクサー・インティファーダ（民衆蜂起）。和平合意は完全停滞	
2003	イラク戦争。サッダーム・フサイン政権崩壊。イラク国内は混乱し、やがて宗派対立に	
2004	ムスリム・ウラマー世界連盟が結成される（本部ドーハ）。中道派の結集をめざす	
2006	西欧でのムハンマド風刺画に対して、イスラーム圏での抗議広がる	
2011	チュニジア、エジプトなどで「アラブの春」が進展。シリアでは民主化運動から内戦へ。米特殊部隊がビン・ラーディン殺害	
2012	マッカでのイスラーム首脳会議が対話と融和を呼びかけ	
2013	各地でアル＝カーイダを名乗る組織が登場。アルジェリアでも天然ガス施設攻撃	
2014	イスラーム過激派の分派がイラクとシリアの一部で「イスラーム国」を宣言	
2015	「イスラーム国」によって、シリアで日本人	

西暦	イスラーム世界	その他の世界
	弱者の闘争を理論化する著書を執筆	
1977	エジプトのクルアーン学者ザハビーを過激派が誘拐、殺害	
1978	エドワード・サイード『オリエンタリズム』刊行。アフガニスタンにクーデタで共産主義政権	
1979	イラン・イスラーム革命。第２次石油ショック。イスラーム共和国が樹立され、「法学者の監督」下のイスラーム国家に。サウディアラビアで武装反体制派によるマッカ事件。ソ連軍がアフガニスタンに侵攻	
1980	イスラーム革命防止のため、イラクがイランに侵攻。イラン・イラク戦争（〜1988）	
1981	エジプトでジハード団によるサダト大統領暗殺事件	
1982	イスラエル軍が南レバノンに侵攻。ヒズブッラー（神の党）が抵抗運動として誕生	
1987	被占領20年を経たヨルダン川西岸地区・ガザ地区で、パレスチナ人の民衆蜂起。ハマース（イスラーム抵抗運動）が誕生	
1989	『悪魔の詩』の著者ラシュディーに、ホメイニーが死刑宣告。イランと欧米の外交関係悪化。この頃、ビン・ラーディンがアル＝カーイダを結成	中国、天安門事件 ベルリンの壁崩壊。冷戦の終結
1990	イラクがクウェートを占領・併合。湾岸危機	東西ドイツの統一
1991	湾岸戦争。多国籍軍がイラクを攻撃。中東和平国際会議。ソ連解体で、中央アジア・イスラーム諸国が独立。チェチェン紛争始まる	
1992	ソ連軍の撤退後、アフガニスタンでイスラーム国が成立するも、内戦に。旧ユーゴスラビアでボスニア・ヘルツェゴヴィナ紛争（〜1995）。アルジェリアでイスラーム政権を阻	

西暦	イスラーム世界	その他の世界
1923	トルコ共和国樹立	議、ヴェルサイユ条約
1924	トルコで、カリフ制廃止。イスラーム世界に大きな衝撃	
1925	イランで、パフラヴィー朝が成立（～1979）	
1928	アタテュルク、トルコ語をアラビア文字からラテン文字に変更。そのほかにも多くの脱イスラーム化政策を推進。エジプトで、ムスリム同胞団が成立	1939年、第二次世界大戦勃発
1945	国連成立、アラブ連盟成立	第二次世界大戦終結
1948	イスラエル建国宣言。パレスチナ問題の始まり。大量の難民が周辺アラブ諸国に流入	1951年、サンフランシスコ講和条約、日米安保条約調印
1952	エジプト革命。王制を廃止、アラブ民族主義による共和国へ	
1954	アルジェリア独立戦争（～1962）	
1958	エジプトとシリアの合邦（～1961）。イラクでも共和革命	
1959	アズハル総長がシーア派（12イマーム派）を正統の範囲内として公式に認知。スンナ派・シーア派の和合進む	
1962	北イエメンで共和革命。ザイド派王朝終焉	
1966	エジプトで思想家サイイド・クトゥブ処刑。急進派イデオロギーのクトゥブ主義の伸張へ	中国、文化大革命開始
1967	第３次中東戦争で、アラブが大敗北。聖域のある東エルサレムもイスラエル占領下に	
1969	第１回イスラーム首脳会議。イスラーム諸国会議機構の設立を決定	
1973	第４次中東戦争。エジプトではラマダーン戦争としてジハード意識を鼓舞。第１次石油ショック。アフガニスタンで共和革命	
1975	レバノン内戦勃発（～1990）。ドバイ・イスラーム銀行が設立される	ヴェトナム戦争終結
1976	内戦下で、シーア派法学者ファドルッラー、	

西暦	イスラーム世界	その他の世界
1834／5	エジプトの啓蒙思想家タフターウィー、パリ見聞録を刊行	1840年、アヘン戦争（～1842）
1847	アルジェリアで、反仏ジハードの終息	
1851	イラン最初の近代的高等教育機関ダール・アル＝フォヌーン創設	中国、太平天国の乱（～1864）
1858	イギリスによってムガル朝滅亡。インドでのイスラーム王朝の終焉	1861年、アメリカ、南北戦争（～1865）
1867	北インドのデーオバンドに改革派の学院設立	
1871	カイロに近代的な教員養成学校ダール・アル＝ウルーム開設	
1875	エジプトの代表的日刊紙『アフラーム』創刊	
1878	アフガーニー、『唯物論者への反駁』で近代思想を批判	
1882	反英運動（アラービー運動）が敗北し、エジプトがイギリスの軍事占領下に	
1884	アフガーニーとアブドゥ、パリでイスラーム復興の雑誌『固き絆』発行	清仏戦争（～1885）
1891	イランで、外国利権に反対するタバコ・ボイコット運動	1894年、日清戦争（～1895）
1898	スーダンのマフディー国家、イギリスによって滅亡。リダー、カイロで『マナール（灯台）』誌を刊行し、イスラーム復興を首唱（～1935）	
1902	カワーキビーが『マッカ会議』で、イスラーム国際会議の必要性を説く。アラビア半島で第３次サウード朝建国運動が始まる（1932年にサウディアラビア王国）	1904年、日露戦争（～1905）
1908	エジプト大学設立（後のカイロ大学）	
1911	アフガニスタンでイスラーム改革運動の啓蒙新聞『情報の灯』創刊（～1918）	1914年、第一次世界大戦勃発
1922	オスマン朝スルタン廃止（オスマン帝国の終焉）。精神的カリフ制は存続	1917年、ロシア革命 1919年、パリ講和会

西暦	イスラーム世界	その他の世界
1406	「社会学の父」イブン・ハルドゥーン没。『歴史序説』で王朝盛衰の法則	1414年、コンスタンツ公会議（～1418）
1418	マムルーク朝期エジプトの文人・法学者カルカシャンディー没。古典的カリフ制論を集成	
1449	ティムール朝第４代君主ウルグ・ベク没。『ウルグ・ベク天文表』が有名	
1453	オスマン朝、ビザンツ帝国を滅ぼす。コンスタンチノープルを征服し、イスタンブルに	1462年、ロシア、イヴァン３世即位
1498	バスコ・ダ・ガマ、水先案内人イブン・マージドの導きでカリカットに到着	1492年、コロンブス、新大陸に到達
1501	イランでサファヴィー朝成立（～1736）。イランのシーア派化を推進	
1517	セリム１世、エジプトを征服	
1526	バーブルがインドにムガル朝を創始	1522年、マゼランの船隊世界周航に成功
1529	オスマン朝による第１次ウィーン包囲。同王朝はハンガリー支配権を確立	1533年、インカ帝国滅亡
1557	イスタンブルにオスマン建築の傑作スレイマニイェ・モスク完成（スィナン設計）	
1611	イラン・イスラーム建築の傑作「王のモスク」、イスファハーンに建設（～1630頃）	1603年、江戸幕府成立 1618年、三十年戦争始まる（～1648）
1632	インドで皇帝シャー・ジャハーンの愛后の墓廟タージ・マハル建立（～1654）	1688年、英、名誉革命（～1689）
1640	シーア派哲学の代表者ムッラー・サドラー没	
1683	オスマン朝による第２次ウィーン包囲が失敗。同朝の軍事的退勢の始まり	1701年、スペイン継承戦争
1744/5	アラビア半島でワッハーブ運動によって第１次サウード朝成立（～1818）	1775年、アメリカ独立戦争（～1783）
1798	ナポレオンのエジプト遠征	1776年、アメリカ独立宣言
1805	エジプトにムハンマド・アリー朝（～1953）	
1821	カイロ郊外にアラブ圏で最初の印刷所設立	
1830	フランス軍のアルジェ占領。翌々年、反仏ジハード始まる	

西暦	イスラーム世界	その他の世界
1204	中世ユダヤ教の代表的哲学者イブン・マイムーン（マイモニデス）没	
1209頃	物語文学の完成者とされるペルシアの詩人ニザーミー没	1215年、大憲章（マグナ・カルタ）の成立
1233	世界史『完史』の著者イブン・アスィール没	
1234	バグダードにムスタンスィリーヤ学院建設。初めてスンナ派四法学派の全部が教授された	1230年、ドイツ騎士団、プロイセン征服（〜1283）
1238	ナスル朝創始者がグラナダでアルハンブラ宮殿を造営	1237年、モンゴルのバトゥ、モスクワなどを攻撃
1240	理論的スーフィズムの大成者「最大の師」イブン・アラビー没	
1242	最後のアッバース朝カリフ、ムスタアスィム即位	1241年、ワールシュタットの戦い
1248	植物学者・薬物学者イブン・バイタール没	
1250	カイロを首都にマムルーク朝成立（〜1517）	
1256	チンギス・ハンの孫フラグによってイランでイル・ハーン朝成立（〜1336頃）	
1258	フラグ指揮下のモンゴル軍によって、バグダード陥落	
1260	マムルーク軍がモンゴル軍を撃破	1271年、フビライ、国号を元とする。マルコ・ポーロの東方旅行（〜1295）
1300年前後	マムルーク朝の金属工芸職人ムハンマド・イブン・ザイン活躍	
1311/2	アラビア語辞典の古典『リサーン・アル=アラブ』の編者イブン・マンズール没	1309年、教皇のアヴィニョン捕囚（〜1377）
1318	イル・ハーン朝の政治家・医師ラシードゥッディーン没。ペルシア語の世界史『集史』	
1320	インドにトゥグルク朝成立（〜1413）	
1325	大旅行家イブン・バットゥータ、イスラーム世界の遍歴に出発	
1326	ハンバル学派の大学者イブン・タイミーヤ没	
1370	ティムール朝成立（〜1507）。首都サマルカンド	1333年、鎌倉幕府滅亡 1368年、明の成立

西暦	イスラーム世界	その他の世界
	スタ運動のキリスト教軍を破る	
1090	古典的イスラーム国際法の集成者サラフスィー没	
1094	イスマーイール派の分派ムスタアリー派が成立	1095年、クレルモン公会議
1096	第１次十字軍の派遣	
1099	十字軍がエルサレムを占領し、王国を建設	
1111	スンナ派イスラームの大学者ガザーリー没	
1122	マカーマ文学を大成したハリーリー没	
1124	イスマーイール派の分派ニザール派の創始者ハサネ・サッバーフ没	
1130	ムワッヒド朝の創始（～1269）	両シチリア王国成立
1131	イランの天文学者・数学者・詩人ウマル・ハイヤーム没。四行詩で著名	
1143	チェスターのロバートとケルンテンのヘルマンがクルアーンのラテン語訳を完成	
1145	フワーリズミーの代数学書がラテン語に翻訳され、西欧代数学が始まる	
1147	ムワッヒド朝がムラービト朝を倒して、マラケシュを首都に	
1154	イドリースィーがシチリアで世界地理の書	
1166	カーディリー教団の祖ジーラーニー没。この頃から各地にスーフィー教団が広まり始める	
1169	サラーフッディーンがスンナ派のアイユーブ朝創始（～1250）	
1171	ファーティマ朝滅亡	
1187	ヒッティーンの戦いで、サラーフッディーンが十字軍に大勝し、エルサレム奪回	1192年、源頼朝、征夷大将軍に
1193	インド最古の大モスク、クトゥブ・モスク建設開始	
1198	アンダルスの哲学者・法学者・医学者イブン・ルシュド（アヴェロエス）没	

西暦	イスラーム世界	その他の世界
935	アシュアリー神学派の祖アシュアリー没	936年、高麗、朝鮮半島を統一
940	アラビア書道の創始者イブン・ムクラ没	
946	シーア派のブワイフ朝がバグダード占領。大アミールの称号を得る	962年、オットー1世、神聖ローマ帝国皇帝となる
969	ファーティマ朝、エジプトを征服し、新都カイロに遷都	
970	カイロでアズハル・モスク建設。世界最古の大学	
987	バグダードで活躍した文人イブン・ナディームがアラビア語書物の『目録』編纂	仏、カロリング朝断絶。カペー朝成立
988頃	イブン・ハウカル、イスラーム世界の全域を網羅した地誌を編纂	
991	シーア派のハディース学者イブン・バーバワイヒ没。シーア派四大伝承集の一つを編纂	
1005	ファーティマ朝カリフ、ハーキムがカイロにダール・アル＝ヒクマ（知恵の館）創設	
1009／10	泉州に中国現存最古の石造モスク清浄寺創建	
1037	哲学者・医学者イブン・スィーナー没。ラテン名アヴィセンナで著名	
1038	セルジューク朝成立（～1194）	
1055	セルジューク朝のトゥグリル・ベグ、バグダード入城。スンナ派の権威を回復	
1056	西サハラでムラービト朝成立（～1147）	
1058	シャーフィイー学派の法学者マーワルディー没。凋落期のアッバース朝カリフを擁護して、古典的なイスラーム国家理論を確立	1066年、ノルマンディ公ウィリアム、イングランド征服
1067	セルジューク朝宰相ニザームルムルク、バグダードにニザーミーヤ学院を創設。国家によるウラマー層の保護・統制のシステムを確立	
1071	大著『バグダードの歴史』の著者ハティーブ・バグダーディー没	1077年、カノッサの屈辱
1086	ムラービト朝がアンダルスに渡り、レコンキ	

西暦	イスラーム世界	その他の世界
813	第7代カリフ、マアムーンが即位（〜833)。数学者・天文学者フワーリズミーが活躍。この頃、天文観測器アストロラーブが実用化	
820	シャーフィイー学派の祖、法源学の創始者シャーフィイー没	
823	アッバース朝期の歴史学者ワーキディー没。預言者時代の遠征の記録『マガーズィー（遠征）の書』	
827	アグラブ朝がシチリア遠征開始。アラブ・イスラーム文化をシチリアに伝える	
830	この頃からギリシア語・シリア語文献のアラビア語翻訳始まる	
833	マアムーンがミフナ（審問）を開始	
836	新都サーマッラーに遷都	
845	歴史家イブン・サアド没	843年、ヴェルダン条約、フランク王国三分割
855	ハンバル法学派の祖イブン・ハンバル没。ミフナに耐えて、スンナ派確立に貢献	
866頃	最初のイスラーム哲学者キンディー没	
868	エジプトでトゥールーン朝が自立	
870	スンナ派ハディース集の最高峰『真正集』の編纂者ブハーリー没	
873	ブハラを首都とするサーマーン朝成立（〜999)。アラビア文字を用いるペルシア語が成立	
875	もう一つの『真正集』の編纂者ムスリム・イブン・ハッジャージュ没	唐、黄巣の乱（〜884)
909	北アフリカでファーティマ朝が成立	907年、唐滅亡
910	ファーティマ朝がカリフ位を称して、アッバース朝に対抗	
923	歴史家・啓典解釈学者タバリー没	
925／932	医者・哲学者・錬金術師ラーズィー没	
929	後ウマイヤ朝がカリフ位を称して、カリフの鼎立時代に	

西暦	イスラーム世界	その他の世界
704	クタイバが総督就任、中央アジア征服へ	
711	イスラーム軍がジブラルタルを越え、ヨーロッパに侵攻	710年、平城京遷都
715	ダマスカスにウマイヤ・モスク完成。ミナレット（尖塔）の創始	
720	この頃、アッバース家の教宣活動が始まる	
732	ポワティエの戦いでイスラーム軍が敗れ、西欧での北進が止まる	
749	クーファで、サッファーフがカリフに即位してアッバース朝始まる（〜1258）	
750	アッバース朝軍がダマスカス占領。ウマイヤ朝人士のほとんどを殺害	
751	唐朝とタラス河畔の戦い。製紙法がイスラーム世界に伝わる	ピピン３世即位、カロリング朝成立
754	第２代カリフ、マンスールが即位（〜775）。アッバース朝の基礎を築く	755年、唐、安史の乱（〜763）
756	イベリア半島で後ウマイヤ朝を開く（〜1031）	
762	バグダード建設（〜766）	
765	シーア法学の基礎を築いた12イマーム派の第６代イマーム、ジャアファル・サーディク没	
767	ハナフィー法学派の創始者アブー・ハニーファ没	
767	『預言者伝』のイブン・イスハーク没	
786	ハールーン・ラシード、第５代カリフに（〜809）。アッバース朝の最盛期となる	
795	マディーナのマーリク法学派の祖マーリク・イブン・アナス没	794年、平安京遷都
798	大法官アブー・ユースフ没。アッバース朝カリフに『地租の書』を献じた	
800	チュニジアでアグラブ朝が自立	
801	女性神秘家ラービア・アダウィーヤ没	

西暦	イスラーム世界	その他の世界
	リア支配へ	
637	カーディスィーヤの戦いでササン朝軍を破り、イラク征服へ	
638	ウマルがエルサレムを訪問し、和議による征服。この頃、軍営都市バスラ建設。続いて軍営都市クーファ建設	
640	ディーワーン（官庁）の創設。エジプト征服の開始	
642	ニハーワンドの戦いでササン朝軍を破り、イラン征服へ	
644	第３代カリフ、ウスマーン就任。クルアーンの正典化へ	645年、大化改新
655	帆柱の戦い。ビザンツ艦隊を破る	
656	ウスマーンの暗殺。第４代カリフにアリーが就任。第１次内乱へ（～661）。ラクダの戦いでズバイル、タルハ、アーイシャらは敗れたが、シリア総督ムアーウィヤは反対を継続	
657	スィッフィーンの戦い。アリー軍とムアーウィヤ軍が講和。不満分子がアリー陣営から離脱し、最初の分派（ハワーリジュ派）となる	
661	アリーが暗殺される。ムアーウィヤがウマイヤ朝を開く（～750）。大征服は継続	
670	チュニジアの軍営都市カイラワーン建設	
680	ヤズィードが第２代カリフ即位（世襲の始まり）。ムハンマドの孫フサインがウマイヤ朝軍によって殺害される（カルバラーの悲劇）	コンスタンチノープル公会議
683	イブン・ズバイルがマッカでカリフ位を主張。第２次内乱（～692）	
687/8	クルアーン解釈学の父イブン・アッバース没	
692	ウマイヤ朝第５代カリフ、アブドゥルマリクによる版図の再統一。公用語のアラビア語化、ディナール金貨の鋳造を行う	

年　表

西暦	イスラーム世界	その他の世界
5世紀半ば	クライシュ族がマッカを制して、定住	
6世紀前半	クライシュ族の隊商貿易が盛んになる	
570頃	マッカでムハンマド誕生	
595頃	ムハンマドが富商ハディージャと結婚	
605頃	クライシュ族によるカアバ聖殿の再建。ムハンマドが黒石をはめる	
610頃	最初の「啓示」。イスラームの布教が始まる	
615	クライシュ族による迫害の激化で、信徒の一部がエチオピアに避難	
619頃	ハディージャおよびハーシム家の家長のアブー・ターリブ没	
621	ヤスリブの入信者たちがムハンマドにアカバの誓い（女性の誓い）	
622	ヤスリブの信徒たちが第２次アカバの誓い。ムハンマドら、マディーナに移住し、イスラーム共同体を樹立（これをヒジュラ＝聖遷といい、この年をヒジュラ暦元年とする）。預言者モスクの建立。最初はエルサレムに向かって礼拝。「戦闘の許可」の啓示	聖徳太子没
624	礼拝の方角をマッカに変更。バドルの戦い。イスラーム軍がマッカ軍に初勝利。この頃、断食の義務が定められた	
625	ウフドの戦い。マッカ軍が報復に成功	
627	塹壕の戦い。マッカ軍が敗退	
628	フダイビーヤの和議。ハイバル遠征	
630	マッカの無血開城。イスラームの確立	
632	「別離の巡礼」を挙行。ムハンマド没。アブー・バクルが共同体の長としてカリフ位に。正統カリフ制の樹立。反乱を制圧する「リッダ戦争」	
634	第２代カリフにウマル就任。大征服が始まる	
636	ヤルムークの戦い。ビザンツ軍を破って、シ	

アシュアリー　Abū al-Ḥasan al-Ash'arī（873〜935）　アシュアリー神学の創始者。バグダードで活躍。イスラーム世界はセム的一神教の伝統に従い、神の啓示を信じることで成立したが、アッバース朝初期にはギリシア哲学・論理学が滔々《とうとう》と流れ込んだ。輸入された高度な思索をどう吸収し、宗教理念と適合させるかは、知識人・思想家たちにとって大問題であった。アシュアリーは最初、ギリシア流の合理主義に凝り固まっていたが、その後、この流派を脱して、啓典を重んじる立場に転じた。彼が成功したのは、論理的な論法を縦横に用いて啓典を擁護するという手法を取ったからである。彼の活躍によって、啓典が「主」で論理が「従」という、イスラーム神学に特有の知の配置が確立した。イスラーム世界では彼以降も、新奇な外来の思想や論理を吸収しつつイスラームの根源的価値との両立を図る思想が、それぞれの時代において主流となる傾向がある。

マフディー　al-Mahdī（874〜934）　ファーティマ朝の創始者。マフディーは「導かれた者」の意で、終末に登場するイマームの称号である。本名はアブドゥッラーであるが、しばしば「ウバイドッラー（小さなアブドゥッラー）」と呼ばれる。王朝も、政敵からは「ウバイド朝」と呼ばれることがある。彼は、自分こそが終末のマフディーであると称し、909年、今日のチュニジアに新国家を樹立した。この王朝はアッバース朝の権威に挑戦し、2世紀半以上にわたって、イスラーム世界の半分を支配した。なお、ファーティマ朝の滅亡後は彼らが奉じたイスマーイール派はちりぢりに分裂し、現在は2系統の子孫がイマームとして伝わっている。

サラーフッディーン　Salāḥ al-Dīn al-Ayyūbī（1138〜93）　アイユーブ朝の創設者。過激なシーア派であったイスマーイール派のファーティマ朝を終息させ、エジプトをアッバース朝カリフの宗主権に戻し、また十字軍を破ってエルサレムを奪回した。このため、現代に至るまで人気が高い。アッバース朝末期の威光は、アイユーブ朝の出現によってかなり回復された。クルド人の出自で、世界史の中でもっとも著名なクルド人となっている。十字軍との戦いでは、イングランドのリチャード獅子心王と騎士道をもって対峙したため、ヨーロッパでもイスラームの騎士道の代表「サラディン」として知られる。ねばり強く政治面・軍事面での努力を続け、小国に分裂していた中東のイスラーム圏を再統一した功績は大きい。

め、東西の要衝の地に新しい巨大な首都バグダードを建設したことは偉業であったが、中央の官僚体制と地方の行政機構の整備、財政基盤なども確立し、その後のイスラーム帝国の基礎を固めた。また、バリード（駅逓《えきてい》）制度によって、帝国の隅々から情報を収集する仕組みを作り上げた。軍隊の整備も重要であった。彼自身は剣の人ではなかったが、人の才能を見抜くことに長けており、創業の地ホラーサーン出身者を中核として、軍事の組織化を行った。イスラーム的にも真面目だったようで、飲酒や音楽も好まなかった。ウマイヤ朝の王子たちの中には、ワインのプールで泳ぎながら水位が下がるほど痛飲した者がいたが、全くタイプが異なる統治者であった。

マアムーン　al-Ma'mūn bi-Allāh（786〜833）　アッバース朝第７代カリフ（在位813〜833）。治世の初めは前代のカリフとの内乱の続きで、国内安定に苦労したが、後には独自の政策によって新時代を築いた。それまでアッバース朝の中核であった軍隊に頼らず、新たにトルコ系奴隷軍団を創出するなどの軍事制度の変革に手をつけただけでなく、ギリシア語・シリア語からの科学・哲学文献の大量の翻訳事業を推進するなど、文化面でも大きな貢献をなした。その後のイスラーム世界の科学的発展を考えると、マアムーンの功績は大きい。さらに、知的で啓蒙的な君主として、イスラームの理念的体系化にも介入し、理性主義的な神学を広めようとした（これは続く2代のカリフが継承したが、国家政策としては失敗に終わった）。なお、マアムーンは単に知的な君主であるだけではなく、ビザンツ帝国への遠征をカリフが自ら率いるという伝統をも忠実に守った。

タバリー　Abū ja'far Muḥammad ibn Jarīr al-Ṭabarī（839〜923）　アッバース朝期の最大の歴史家であり、イスラームの歴史および思想史において最重要の史料を残した人物。大部の主著『諸使徒と諸王の歴史』は、年代記の形で人類の歴史を著したもので、イスラーム史についても多量の情報を収録している。伝承が互いに矛盾する場合でも可能な限り併記しているため、後の歴史家や研究者にとっても、さまざまな可能性を検討する際に貴重な情報源となっている。また、クルアーンの解釈学においても大部の書を著した。ムハンマド時代から2世紀に及ぶ解釈史の情報が詰まっており、これなしでは初期のクルアーン解釈を十分知ることはできない。彼自身、タバリー学派（またはジャリール学派）の開祖であったが、この学派はハンバル学派との競合に敗れて「消え去った法学派」の一つとなった。

「帆柱の戦い」でビザンツ海軍に大勝し、東地中海の覇権を握った。北アフリカ領も大きく切り取った。ムアーウィヤの統治は、一族を各地の総督として分権的に行われた。彼は生前に息子のヤズィードを後継者とすることに成功したものの、実際には、ヤズィードが即位すると第2次内乱が始まった。

ヤズィード　Yazīd ibn Mu'āwiya (642頃～683)　ウマイヤ朝第2代カリフ(在位680～683)。彼が父のムアーウィヤからカリフ位を継承することで、ウマイヤ朝は世襲王朝となった。治世は短く、自己の即位に反対する人々の弾圧に専心したため、不人気ばかりが残った。特に、預言者ムハンマドの孫フサインが反乱をおこすのを防ぐため、クーファに向かって移動中の一行をカルバラーの地で殲滅《せんめつ》せしめたことは、最大の汚点となった。現在にいたるまで、悪の権化として非難されることが多い。後継者となった息子もわずか1～2ヵ月で没し、ウマイヤ朝の統治権は同族内の分家マルワーン家に移った（ムアーウィヤ、ヤズィードの系統はスフヤーン家と呼ばれる)。

フサイン　Ḥusayn ibn 'Alī (626～680)　ムハンマドの末娘ファーティマと従弟アリーの間に生まれた次男。シーア派にとっては第3代イマーム。兄のハサンとあわせて「預言者の2人の孫」と呼ばれ、可愛がられたと伝えられている。祖父のムハンマドが礼拝をしていると、2人がよく背中によじ登って遊んだりしたという。長じてからは、父親アリーの存命中は父に付き従っており、特記事項はほとんどない。アリーの治世が困難のうちに幕を閉じ、兄のハサンが統治権を放棄してムアーウィヤに譲った際も、不満のうちに逆境に甘んじていた。しかし、ムアーウィヤが息子ヤズィードを次のカリフに指名することも、ヤズィードの即位も認めなかった。支持者たちの求めに応じて蜂起のためにクーファに向かったが、その途中で一族郎党とともに戦死した。このカルバラーの悲劇によって、フサインの名がイスラーム史に轟《とどろ》くようになった。特にシーア派は現在にいたるまで、フサインの殉教について語り続け、嘆き続け、ウマイヤ朝を非難し続けている。

マンスール　al-Manṣūr (713頃～775)　アッバース朝第2代カリフ（在位754～775)。この王朝の実質的な建設者。初代カリフとなった異母弟とともに苦難の日々を知っており、カリフとなっても贅沢をせず、20年に及ぶ治世の間、昼夜を分かたず働き続けたという。広大な帝国を治めるた入信者の一人。ムハンマドに実子同様に育てられ、後に彼の末娘ファーティマと結婚。ムハンマドの没後は、マディーナ政権の指導者の一人として活動し、第2代カリフ、ウマルの死に際して「カリフ互選委員会」の一人に指名され、656年には第4代正統カリフに就任した。アリーの支持者たちは、後の時代にシーア派として結集すると、アリー以前の3代は簒奪《さんだつ》であったとの議論を発展させた。彼の治世は第1次内乱期であり、内乱の平定に奔走するうちに暗殺されて生涯を終えた。その後はウマイヤ朝による実権的な支配となったが、アリーが最後にイスラームの理念を再び高く掲げたことは、その後のイスラームの発展にとっては大きな意義を持った。シーア派は第1代イマームとしているが、スンナ派でも神秘主義教団のほとんどはアリーを究極の始祖としている。

ファーティマ　Fāṭima bint Muḥammad（605頃～633）　ムハンマドの末娘。4人の娘のうち、父を看取るまで生きたのは彼女だけである。彼女から生まれた子孫は「預言者一族」として、イスラーム世界において深く敬愛されており、今日その数は何百万人にも及んでいる。たとえば、ヨルダン王家、モロッコ王家、イラン最高指導者（ホメイニー、ハメネイ）などがその中に数えられる（なお、イスラームは父系的と言われるが、ムハンマドの子孫はすべて娘を通した系統であることに注意）。シーア派では、イマームたちと合わせて、彼女を特別な存在としている。14世紀の間に聖者伝的な記述がふくれあがり、模範や象徴としてのファーティマ像が歴史的実像を圧倒している面もある。スンナ派・シーア派を問わず、「ファーティマ」という名前は女児の命名に際してもっとも好まれる一つ。

ムアーウィヤ　Mu'āwiya ibn Abī Sufyān（600前後～680）　マッカが征服された時（630年）のクライシュ族の長アブー・スフヤーンの息子で、その時に父親とともにイスラームに改宗。父親の方は名目的なムスリムにとどまったが、ムアーウィヤはムハンマドの書記として仕え、教友の一人となった（当時クライシュ族で読み書きができる者は20名に満たなかった）。初期のシリア遠征軍に加わり、第2代カリフ、ウマルにダマスカスをまかされた。第3代カリフ、ウスマーンは彼をシリア全体の総督とした。第1次内乱の際には、ムアーウィヤ治下のシリアがもっとも安定しており、これを基盤に660年に第4代カリフ、アリーに対抗して、自らカリフ位を宣言した。661年にアリーが没すると、生き残ったムアーウィヤがウマイヤ朝を創始した。彼の治世では、ビザンツ帝国への攻勢が続けられた。創出したての海軍でキプロス島、ロードス島などを攻め、さらに655年には

628年頃にマディーナに移住してムハンマドの直弟子となった。貧しいがゆえにモスクのスッファ（回廊）に住み、4年の間ムハンマドの言行をよく見聞し、後にそれを多く伝えた。ムハンマド没後は、アーイシャとともに、マディーナでイスラームを教えて暮らした。

サアド・イブン・アビー・ワッカース　Sa'd ibn Abī Waqqāṣ（600頃〜670/678）　イラクを征服したイスラーム軍の司令官。ムハンマドの母方の縁者で、ごく初期の入信者だったため、重きをなした。ムハンマドの戦役のすべてに参戦し、軍功も高かった。ササン朝ペルシアとの戦いにおいて、イスラーム軍が「橋の戦い」でひどく敗北したため、第2代カリフのウマルはサアドを新しい司令官に任命した。この軍隊はカーディスィーヤの戦いで、強大なササン朝軍を打破し、さらに首都クテシフォンを占領した。イラク支配のための軍営都市クーファが創建され、サアドは初代総督となった。ウマルが没する際に後継者を互選すべき6名を任命したが、サアドもその一人であった。自らはカリフとなる道を一切選ばず、第1次内乱も中立を保った。

アムル・イブン・アース　'Amr ibn al-'Āṣ（？〜663）　エジプト征服の司令官。マッカ時代は初め反イスラーム派であったが、塹壕《ざんごう》の戦いの後イスラームに加わり、数々の武功を立てて、大征服の事業においても活躍した。639年から4年でエジプト征服を完了し、総督となった。いったん罷免されたが、第1次内乱でムアーウィヤの陣営に参加して、エジプト総督に返り咲いた。エジプト最初のモスクとして、アムル・モスクが今日もカイロ市内に建っている。

ウクバ・イブン・ナーフィウ　'Uqba ibn Nāfi'（？〜683）　北アフリカでの大征服の武将。戦役の続くムハンマド時代のマディーナで幼少年期を過ごし、大征服に長年従事した。チュニジアの軍営都市カイラワーンを建設。最後の北アフリカ遠征に出かける際に、さすがに再び戻ることがないと自覚したのか、息子たちに遺した言葉が伝わっている。彼は言い残す美徳として、クルアーンに従うこと、気高いアラビア語を身につけること、知識ある者から教えを乞うことと並んで、「たとえ衣服を売り払っても、借金はしないように。借金は昼間の屈辱であり、夜の悩みであり、お前たちの力と名誉を奪う」と戒めた。

アリー　'Alī ibn Abī Ṭālib（600前後〜661）　ムハンマドの従弟で、最初期の

とされる。

ハフサ　Ḥafṣa bint ʻUmar（605頃〜665）　ウマル（後の第2代カリフ）の娘。最初の夫がバドルの戦いの際に没したため、父ウマルは再婚相手を探した。しかし、長老2人が断ったため、不満をムハンマドに訴えたところ、ムハンマド自身が結婚を申し込んだという。ムハンマドはすでにアブー・バクルの娘（アーイシャ）と結婚しており、この結婚を政治的なものと見るならば、ウマルが占めていた重要な位置が判然とする。ハフサは読み書きができたといい、ムハンマドの没後、クルアーンの章句を書き留めた鹿皮紙や獣骨が、ウマルから彼女に預けられた。第3代カリフの命で、クルアーンの正典を作成した際には、それらも参照された。

ウンム・サラマ　Umm Salama（？〜680頃）　ムハンマドのマディーナ時代の妻の一人。子の名から「サラマの母」と呼ばれた。本名ヒンド。夫とともに最初期に入信したが、一族から激しい迫害にあってエチオピアにしばらく避難した。マディーナに移住した後、夫はウフドの戦いの負傷から没した。ムハンマドは、彼女とその子どもたちの窮状を見て、結婚を決意したという。ウフドの戦いでは多くの寡婦が生じたため、ムハンマドを見習って多くの結婚が行われた。彼女は、他の妻たちよりも長生きし、ウマイヤ朝時代に80歳を過ぎて没した。イスラームの法規定にも詳しく、数多くの預言者言行を伝えている。

イブン・ウバイイ　Ibn Ubayy（？〜631）　マディーナのハズラジュ族の指導者の一人で、ムハンマドが移住するまでは、同族の最長老であった。しかし、マディーナの住民のほとんどが新指導者ムハンマドに従ったため、困難な政治的状況に置かれた。ウフドの戦いの際に籠城戦を主張したが、ムハンマドが他の者たちが主張した出撃論に応じたため、戦列を脱した。このため、臆病との批判を受け、著しく地盤が沈下した。イスラームに加わりながら実際には背信的な立場を取っていたわけであるが、ムハンマド自身は宥和政策を貫き、彼が病没すると葬儀を執り行っている。総じて言えば、新しい時代の潮流に対応できなかった旧世代の指導者の代表であろう。イスラームによって7世紀のアラビア半島（さらに周辺地域）は激変したが、誰もがすぐに新しい状況に適応できたわけではない。

アブー・フライラ　Abū Hurayra（？〜678/9）　猫好きであったため、アブー・フライラ＝「子猫の父」と呼ばれる。イエメン生まれで、やや遅く

主要人物略伝

ハディージャ　Khadīja bint Khuwaylid（555頃～619頃）　クライシュ族のアサド家の出身で、ムハンマドの最初の妻。当人は2度夫を亡くし、3回目の結婚で、さらにムハンマドより15歳年上であった。富裕な商人として活躍していただけでなく、大変な美貌であったと伝えられる。後年、ムハンマドが預言者としての活動ができたのも、また子孫に恵まれたのも、すべてハディージャのゆえと言える。創業時のイスラームの最大の貢献者であった。ムハンマドと彼女の間に生まれた子は、男児は夭折したが、娘4人はすべて成人した。

サウダ　Sawda bint Zama'a（？～674）　長年連れ添った妻ハディージャを亡くしたムハンマドの最初の後妻。すでに中年の寡婦であったが、寛容で朗らかな女性だったという。ムハンマドの娘のうちの2人は若く未婚だったため、サウダが養育した。ヒジュラ（聖遷）とともに、マディーナに移住。マディーナに預言者モスクが建てられた時、隣接して最初に建てられた部屋は彼女の住まいであった。後に妻たちが増えると、モスクの壁沿いに部屋も増設された（119頁の図を参照）。サウダはウマイヤ朝初期まで生き、ムアーウィヤが彼女の住まいをモスク拡張のために、18万ディルハムで購入したという。

アーイシャ　'Ā'isha bint Abī Bakr（614頃～678）　後に初代正統カリフとなったアブー・バクルの娘。サウダの後に結婚し、年長のサウダとは非常に仲が良かったという。なお、ムハンマドの再婚はほとんどが政治的・社会的な理由からの未亡人・離婚者との婚姻であり、アーイシャだけが初婚の女性であった。アーイシャは結婚生活に入った時、およそ10歳であった。当時は早婚が普通とはいえ、あまりに年若く見える。ムハンマドは彼女の美貌と利発さを非常に好み、晩年の最愛の妻とされる。ムハンマドの妻たちは全員「信徒たちの母」という称号で呼ばれ、夫の死後は再婚しないものとされていた。アーイシャはムハンマドの没時に18歳と若く、その後45年間にわたって、預言者言行を語り続けた。スンナ派の言行録には、彼女から伝えられた言葉が多く収録されている。しかし、656年にアリーが第4代カリフに就任した際に政治的に対立したため、シーア派からは信頼されず、シーア派系の言行録には登場しない。その意味で、アーイシャはスンナ派を代表する女性とも言える。雄弁で、詩をよくそらんじていた

〈ラ行〉

〈ワ行〉

〈ハ行〉

〈タ行〉

〈ナ行〉

〈サ行〉

〈カ行〉

索引

ムハンマド、イスラーム及び国名など頻出する用語は、省略した。また、見出しに＊を付した語は、巻末の「主要人物略伝」に項目がある。

〈ア行〉

本書の原本は、二〇〇六年一一月、
「興亡の世界史」第06巻として小社より刊行されました。

小杉　泰（こすぎ　やすし）

1953年、北海道生まれ。エジプト国立アズハル大学イスラーム学部卒業。法学博士。立命館大学教授、京都大学名誉教授。専門はイスラーム学、中東地域研究。著書に『現代中東とイスラーム政治』（昭和堂）、『ムハンマド』（山川出版社）、『現代イスラーム世界論』（名古屋大学出版会）、『「クルアーン」――語りかけるイスラーム』（岩波書店）、『イスラームを読む』（大修館）などがある。2012年に紫綬褒章を受章。

講談社学術文庫

定価はカバーに表示してあります。

興亡の世界史

イスラーム帝国《ていこく》のジハード

小杉《こすぎ》　泰《やすし》

2016年11月10日　第1刷発行
2020年12月８日　第４刷発行

発行者　渡瀬昌彦
発行所　株式会社講談社
東京都文京区音羽2-12-21　〒112-8001
電話　編集（03）5395-3512
販売（03）5395-4415
業務（03）5395-3615

装　幀　蟹江征治
印　刷　大日本印刷株式会社
製　本　株式会社国宝社

ISBN978-4-06-292388-0

「講談社学術文庫」の刊行に当たって

これは、学術をポケットに入れることをモットーとして生まれた文庫である。学術は少年の心を養い、成年の心を満たす。その学術がポケットにはいる形で、万人のものになることは、生涯教育をうたう現代の理想である。

こうした考え方は、学術を巨大な城のように見る世間の常識に反するかもしれない。また、一部の人たちからは、学術の権威をおとすものと非難されるかもしれない。しかし、それはいずれも学術の新しい在り方を解しないものといわざるをえない。

学術は、まず魔術への挑戦から始まった。やがて、いわゆる常識をつぎつぎに改めていった。学術の権威は、幾百年、幾千年にわたる、苦しい戦いの成果である。こうしてきずきあげられた城が、一見して近づきがたいものにうつるのは、そのためである。しかし、学術の権威を、その形の上だけで判断してはならない。その生成のあとをかえりみれば、その根は常に人々の生活の中にあった。学術が大きな力たりうるのはそのためであって、生活をはなれた学術は、どこにもない。

開かれた社会といわれる現代にとって、これはまったく自明である。生活と学術との間に、もし距離があるとすれば、何をおいてもこれを埋めねばならない。もしこの距離が形の上の迷信からきているとすれば、その迷信をうち破らねばならぬ。

学術文庫は、内外の迷信を打破し、学術のために新しい天地をひらく意図をもって生まれた。文庫という小さい形と、学術という壮大な城とが、完全に両立するためには、なおいくらかの時を必要とするであろう。しかし、学術をポケットにした社会が、人間の生活にとってより豊かな社会であることは、たしかである。そうした社会の実現のために、文庫の世界に新しいジャンルを加えることができれば幸いである。

一九七六年六月　　　　野間省一

外国の歴史・地理

中世ヨーロッパの都市の生活
J・ギース、F・ギース著／青島淑子訳

一二五〇年、トロワ。年に二度、シャンパーニュ大市が開催され、活況を呈する町を舞台に、ヨーロッパの人々の暮らしを逸話を交え、立体的に再現する。活気に満ち繁栄した中世都市の実像を生き生きと描く。

1776

十二世紀ルネサンス
伊東俊太郎著（解説・三浦伸夫）

中世の真っ只中、閉ざされた一文化圏であったヨーロッパが突如として「離陸」を開始する十二世紀。多くの書がラテン訳され充実する知的基盤。先進的アラビアに接し文明形態を一新していく歴史の動態を探る。

1780

紫禁城の栄光　明・清全史
岡田英弘・神田信夫・松村　潤著

十四～十九世紀、東アジアに君臨した二つの帝国。遊牧帝国と農耕帝国の合体が生んだ巨大な多民族国家・中国。政治改革、広範な交易網、度重なる戦争……。シナが中国へと発展する四百五十年の歴史を活写する。

1784

文明の十字路＝中央アジアの歴史
岩村　忍著

ヨーロッパ、インド、中国、中東の文明圏の間に生きた中央アジアの民。東から絹を西から黄金を運んだシルクロード。世界の屋根に分断されたトルキスタン。草原の民とオアシスの民がくり広げた壮大な歴史とは？

1803

生き残った帝国ビザンティン
井上浩一著

興亡を繰り返すヨーロッパとアジアの境界、「文明の十字路」にあって、なぜ一千年以上も存続しえたか。皇帝・貴族・知識人は変化にどう対応したか。ローマ皇帝の改宗から帝都陥落まで「奇跡の一千年」を活写。

1866

英語の冒険
M・ブラッグ著／三川基好訳

英語はどこから来てどのように世界一五億人の言語となったのか。一五〇〇年前、一五万人の話者しかいなかった英語の祖先は絶滅の危機を越えイングランドの言葉から「共通語」へと大発展。その波瀾万丈の歴史。

1869

第二次世界大戦の起源
A・J・P・テイラー著／吉田輝夫訳

「ヒトラーが起こした戦争」という「定説」に真っ向から挑戦して激しい論争を呼び、研究の流れを変えた名著。「ドイツ問題」をめぐる国際政治交渉の「過ち」とは。大戦勃発に至るまでの緊迫のプロセスを解明する。

2032

北の十字軍　「ヨーロッパ」の北方拡大
山内　進著（解説・松森奈津子）

「ヨーロッパ」の形成と拡大、その理念と矛盾とは何か？　中世、ヨーロッパ北方をめざしたもう一つの十字軍が聖戦の名の下、異教徒根絶を図る残虐行為に現代世界の歴史的理解を探る。サントリー学芸賞受賞作。

2033

古代ローマの饗宴
エウジェニア・サルツァ＝プリーナ・リコッティ著／武谷なおみ訳

カトー、アントニウス……美食の大帝国で人々は何を食べ、飲んでいたのか？　贅を尽くした晩餐から、農夫の質実剛健な食生活まで、二千年前に未曾有の繁栄を謳歌した帝国の食を探る。当時のレシピも併録。

2051

イスラームの「英雄」サラディン　十字軍と戦った男
佐藤次高著

十字軍との覇権争いに終止符を打ち、聖地エルサレムを奪還した「アラブ騎士道の体現者」の実像とは？　ヨーロッパにおいても畏敬の念をもって描かれた英雄の、人間としての姿に迫った日本初の本格的伝記。

2083

西洋中世の罪と罰　亡霊の社会史
阿部謹也著

個人とは？　国家とは？　罪とは？　罰とは？　キリスト教と「贖罪規定書」と告解の浸透……。「真実の告白が、権力による個人形成の核心となる」（M・フーコー）過程を探り、西欧的精神構造の根源を解明する。

2103

フィレンツェ
若桑みどり著

ダ・ヴィンチやミケランジェロ、ボッティチェッリら、天才たちの名と共にルネサンスの栄光に輝く都市。その起源からメディチ家の盛衰、現代まで、市民の手で守り抜かれた「花の都」の歴史と芸術。写真約二七〇点。

2117

外国の歴史・地理

ウィリアム・H・マクニール著／清水廣一郎訳
ヴェネツィア 東西ヨーロッパのかなめ　1081〜1797

ベストセラー『世界史』の著者のもうひとつの代表作。十字軍の時代からナポレオンによる崩壊まで、軍事・造船・行政の技術や商業資本の蓄積に着目し、地中海最強の都市国家の盛衰と、文化の相互作用を描き出す。

2192

パット・バー著／小野崎晶裕訳
イザベラ・バード 旅に生きた英国婦人

日本、チベット、ペルシア、モロッコ……。外国人が足を運ばなかった未開の奥地まで旅した十九世紀後半の最も著名なイギリス人女性旅行家。その幼少期から異国での苦闘、晩婚後の報われぬ日々まで激動の生涯。

2200

南川高志著
ローマ五賢帝「輝ける世紀」の虚像と実像

賢帝ハドリアヌスは、同時代の人々には恐るべき「暴君」だった！「人類が最も幸福だった」とされるローマ帝国最盛期は、激しい権力抗争の時代でもあった。平和と安定の陰に隠された暗闘を史料から解き明かす。

2215

川北　稔著
イギリス　繁栄のあとさき

今日英国から学ぶべきは、衰退の中身である――。産業革命を支えたカリブ海の砂糖プランテーション。資本主義を担ったジェントルマンの非合理性……。世界システム論を日本に紹介した碩学が解く大英帝国史。

2224

本村凌二著
愛欲のローマ史 変貌する社会の底流

カエサルは妻に愛をささやいたか？　古代ローマ人の愛と性のかたちを描き、その内なる心性と歴史の深層をとらえる社会史の試み。性愛と家族をめぐる意識の変化は、やがてキリスト教大発展の土壌を築いていく。

2235

笈川博一著
古代エジプト 失われた世界の解読

二七〇〇年余り、三十一王朝の歴史を繙く。ヒエログリフ（神聖文字）などの古代文字を読み解き、『死者の書』から行政文書まで、資料を駆使して、宗教、死生観、言語と文字、文化を概観する。概説書の決定版！

2255